区域职业教育资源整合的
研究与实践

程洪莉◎编著

QUYU ZHIYEJIAOYU ZIYUAN ZHENGHE DE
YAN JIU YU SHIJIAN

中国出版集团　现代出版社

图书在版编目（CIP）数据

区域职业教育资源整合的研究与实践 / 程洪莉编著 .
-- 北京 : 现代出版社 , 2018.8
ISBN 978-7-5143-7349-3

Ⅰ . ①区… Ⅱ . ①程… Ⅲ . ①地方教育－职业教育－
教育资源－资源配置－研究－华北地区 Ⅳ . ① G719.21

中国版本图书馆 CIP 数据核字 (2018) 第 199934 号

作　　者：程洪莉
责任编辑：张桂玲
出版发行：现代出版社
地　　址：北京市安定门外安华里504号
邮政编码：100011
电　　话：010-64267325　010-64245264（传真）
网　　址：www.xdcbs.com
电子信箱：xiandai@cnpitc.com.cn
印　　刷：北京永顺兴望印刷厂
开　　本：710mm×1000mm　　1 /16
字　　数：260千字
印　　张：19.75
版　　次：2018年8月第1版　2018年8月第1次印刷
书　　号：ISBN 978–7–5143–7349–3
定　　价：52.00元

前　言

　　加快发展现代职业教育，是党中央、国务院作出的重大战略部署，同时也是推动首都经济社会发展、促进就业、改善民生的重要途径。京津冀协同发展的国家战略又给北京的职业教育提供了新的发展环境。在京津冀协同发展背景下，如何整合与统筹区域职业教育资源、加快发展现代职业教育，是新时代职业教育改革与发展中所面临的新课题。党的十九大报告提出"完善职业教育和培训体系，深化产教融合、校企合作"，国务院办公厅出台《关于深化产教融合的若干意见》(国办发〔2017〕95 号)，以及《国家中长期教育改革和发展规划纲要 (2010—2020 年)》《关于加快发展现代职业教育的决定》等政策文件，为新时代职业教育资源的建设与整合提供了政策指导，为职业教育大量吸纳资源、进行资源平台建设提供了实操的"抓手"。

　　经过多年努力，特别是"十二五"以来，北京市海淀区区域职教资源与整体经济社会发展的适切性和匹配度越来越高，但由于多方面原因，职业教育资源在不同层面仍不同程度地存在着分散化、闲置化的问题。如何在区域范围内进行充分的整合和有效的盘活，形成合理的规模总量和结构分布，是上至国家、教育主管部门，下至基层区域政府都需要解决的问题。

　　本书以京津冀协同发展这一国家战略背景下区域职业教育资源整合为主题，以北京市海淀区这个教育大区、强区为研究范围，通过对这一资源非常丰富、各类资源又不太均衡的比较特别的区域样本的研究，从厘清一些基本概念、理顺几个关键关系和基本的文献梳理以及理论基础把握入手，详细地分析了海淀区职业教育发展概况、海淀区学习型组织建设中职业培训现状、区域范围内主要企业大学企业培训概况等，并在此基础上通过对京津冀三地职业教育发展的实证分析，指出京津职业教育资源丰富、河北省相对匮乏的三地不平衡的现实，结合对京津冀三地职业教育存在的突出问题的研判，提出了京津冀职业教育资源整合的对策建议。本书一定程度上弥补了职业教育研究在资源建设方面的"短板"，对各地的实践有一定的指导作用，而且对建设一个立足区域实际、调动区域现有资源、满足区域发展需要的多种资源协同创新的区域职业教育资源整合提供了理论指导和政策参考。

本书坚持理论与实践结合，将理论文献的系统梳理与北京市特别是海淀区实践做法的详细介绍有机融合，不仅关注学校体系的职业教育，还重点描述了职业教育资源集中的区域学习型组织创建单位、企业大学的特色模式和典型案例，体现了大视野的多元主体协同的资源整合观，将政府对策建议和办学主体合作项目结合，既体现了宏观层面的创见，又有为微观的办学实践服务的设计，比较好地实现了"理实互动"的目标。本书对北京市海淀区职工大学（中关村学院）被赋予的一项新职能——海淀区职业教育资源管理服务中心的建设发展也会有一定的指导作用。

本书的完成，得到了北京市海淀区教育改革与发展专项资金的支持，得到了高校、教育研究机构的知名学者组成的专家组的全程系统指导，收录了在项目开展过程中委托北京师范大学国家职业教育研究院、北京市海淀区教育改革发展研究会所开展的相关研究的成果，得到了北京、天津、河北等地教育主管部门领导、调研企业负责人以及相关人员的大力支持和无私帮助，在这里一并感谢。还要特别感谢本书提及的海淀区学习型组织建设中的相关单位、企业大学以及联合策划合作项目的中关村加一战略新兴产业人才发展中心，这些单位的丰富实践为本书提供了理论佐证的鲜活案例。

感谢现代出版社及本书的责任编辑对本书顺利出版的大力支持和辛勤付出。

由于这个研究方向在国内相对是一个"短板"，可资借鉴的理论和资料都比较缺乏，再加上能力和精力所限，未能进行更加全面深入的研究。希望能够在今后的工作和研究中继续观察、总结，加深对这一问题的认识。

目　　录

导　论

第一节　问题的提出及相关概念界定

一、问题的提出

2014 年 6 月，国务院《关于加快发展现代化职业教育的决定》提出加快发展现代职业教育，这是党中央、国务院作出的重大战略部署。可见，现代职业教育在国家人才培养体系中占有重要位置。而教育资源是职业教育体系中最基础、也是最重要的因素之一。《国家中长期教育改革和发展规划纲要(2010—2020 年)》中明确指出，要"加强优质教育资源开发与应用，促进优质教育资源普及共享"。

目前，区域职业教育资源分布不均、缺乏有效的资源整合和优化，是制约职业教育质量提升的主要原因。因此，在京津冀协同发展背景下，如何整合与统筹区域职业教育资源、加快发展现代职业教育，是新时期职业教育改革与发展中所面临的新课题。本研究基于北京市海淀区职业教育发展的实际，通过对近年来海淀区学校体系职业教育的资源情况、学习型组织建设中职业培训的典型案例和成功经验特别是有关职业培训资源情况的分析和梳理，结合具有海淀特色的高科技企业的职业培训以及企业大学的创新举措的研究，以期探索出京津冀协同发展背景下区域职业教育资源整合和优化的可能路径。

二、相关概念界定

(一)职业教育

职业教育是指让受教育者获得某种职业或生产劳动所需要的职业知识、技能和职业道德的教育。职业教育的目的是培养应用人才和具有一定文化水平和专业知识技能的劳动者,与普通教育和成人教育相比较,更侧重于实践技能和实际工作能力的培养。[①] 狭义的职业教育指的是职业学校为培养工人及相应一级人员的教育;广义的观点则认为,职业教育还应该包括职业培训机构所实施的教育与培训。本研究认为,职业教育包括各级各类职业学校所提供的职业教育,以及用人单位、培训机构、社区所进行的从业前培训、转业培训、学徒培训、在岗培训、转岗培训及其他职业性培训等。

(二)区域职业教育资源

区域职业教育资源是指一个地区或行政区划内在职业教育领域,用于培养技能应用型人才的所有人力资源、财力资源、物力资源、管理资源和信息资源等的总和。[②]

(三)区域职业教育合作

区域职业教育合作是指各区域在自愿的前提下,按照"扬长避短、互惠互利、共同发展"的原则,充分发挥政府、市场、人脉关系等的作用,突破地区、部门的限制而形成的部门之间和学校之间在生源、教师、信息、专业建设、课程、教学、实训基地等方面相互合作的行为,具体体现在职业教育生源市场一体、资源共享、标准统一等方面。[③]

---

① 董蕴琦. 中国再就业工程指南 [M]. 北京:中国人事出版社, 1998.

② 孔祥清,张蕊. 谈职业教育的资源整合、优化与共享 [J]. 天津职业院校联合学报, 2006 (4).

③ 胡秀锦. 区域职业教育合作模式与实现机制研究 [J]. 教育发展研究, 2012 (19).

第二节　文献梳理和理论基础

一、文献综述

目前，国内关于京津冀协同发展或者在京津冀协同发展背景下职业教育发展的研究主要分为三类：第一类研究探讨在京津冀协同发展的背景下，以人才需求和人力资本为分析视角，研究人力资本与经济增长的关系，进行职业教育需求分析与发展对策研究。研究发现，首都产业结构调整需要周边地区提供大量的一线劳动者，首都推进工业化进程需要周边地区提供大量技能型人才，首都职业教育规模萎缩需要周边地区补充生源。第二类研究立足于职业教育对区域经济和社会发展的服务作用，重点研究职业教育及其专业设置、规划发展对于京津冀协同发展的推动作用。此类研究提出区域经济发展在由农业经济转向工业经济、工业经济转向知识经济的过程中，需要职业教育培养出大量应用型人才作为保障，并为区域经济发展提供内驱力。职业教育应当从专业设置、师资队伍建设、教学改革、区域性实习就业、科研服务等方面，服务于京津冀区域经济社会文化的发展。第三类研究立足单个省市的角度研究京津冀协同发展或者在京津冀协同发展背景下职业教育的发展契机，以及职业教育的发展能够为本地社会经济做出的贡献。例如，一些研究者基于承接京津产业转移的视角对河北高职院校高技能人才培养路径进行了研究。为充分发挥环京津优势，做好承接京津产业转移的战略安排，河北省高职院校应当创新高技能人才的培养路径，以助力河北的经济发展。

国外的职业教育区域合作与一体化发展经历了较长的发展阶段，积累了较多的经验。例如，欧盟为了提升职业教育与培训的地位，跨越现存的国家、宪政和经济边界，以自愿方式进行合作。欧盟职业教育与培训的一体化发展在充分尊重各国职业教育传统和办学风格的同时，采用统一标准，使各成员国对职业教育与培训的文凭、证书具有统一认可的标准。2002 年 11 月，欧盟委员会召开关于加强欧盟职业教育与培训合作会议,发表了《哥本哈根宣言》,标志着欧洲职业教育与培训一体化的开始。该宣言实施了欧洲鉴定和认证非正规、非正式学习的共同原则和欧洲通行证、欧洲职业资格框架、欧洲职业教育与培训学分体系、欧洲质量保证参考框架五个统一的"欧洲工具",提出加强欧盟职业教育与培训合作过程中的优先领域,强调加强职业教育与培训机构之间、社会合作者之间以及国家之间的合作,提升欧盟职业教育与培训的国际形象,促进各国之间职业能力和资格的互认等。此后,欧盟每两年召开一次职业教育与培训合作会议,发布了一系列公报,确立了职业教育区域合作的开展机制。

美国职业教育跨区域合作源于合作职业教育,有 100 多年的发展历史,形成了校企合作、区域职业技术中心、职教集团等跨区域合作模式,使区域间人力、财力、物力等职业教育资源形成合力,实现了企业与职业教育跨区域的成功对接。美国职业教育跨区域合作与其完善的职业教育法律体系紧密相关,相关配套激励政策提高了学校、企业及其他社会力量参与跨区域合作的积极性。此外,美国政府还专门成立了全国性的职业教育机构,对跨区域合作进行指导、规范和管理,统筹协调合作项目的开展。职业学校和企业也设有专属部门,配备专业人员负责具体合作事项。政府、企业、学校等各司其职,各尽其责,相互配合,促进职业教育合作的发展。

欧盟和美国职业教育区域合作的这些经验可以为我国京津冀职业教育的协同发展提供一些有益的借鉴。国外区域教育协同发展的主要模式如下。

(一)区域规划模式——加州高等教育系统

在全球化时代,区域合作正在成为新的国际潮流。区域合作的理念正在成为众多国家制定政策的重要指导思想。这种趋势在国际教育的发展中也得到了明显反映。

1. 加州高等教育总体规划

加州高效有序的高等教育结构体系和运行方式是由《加州高等教育总体规划》(以下简称《总体规划》)设计出来的,《总体规划》由时任加州大学校长的著名教育学家克拉克·克尔(Clark Kerr)于 1958 年提出,1959 年起草并获得参众两院议会通过，1960 年开始实施。

《总体规划》明确规定：公立高等教育由初级学院、州立学院和加州大学组成，其中，每一个系统都应在各自的领域内追求卓越。各类大学保持自己的自治：加州大学保留原来的董事会制度；加州州立大学系统成立自己的董事会，可以不经过加州大学董事会的批准即可开设硕士学位课程；加州社区学院建立自己独立的管理委员会。在各自独立董事会的基础上，建立了一个公立协调机构——加州高等教育协调委员会，这个委员会后来发展演变为加州中等后教育委员会（California Postsecondary Education Commission，CPEC）。委员会由各个层次学校的代表和州长、公立教育总监等校外人士组成，在加州高等教育系统的共同管理层面进行协调。

《总体规划》的核心内容包括：（1）明确三大系统各自的职责。加州大学担负着培养本科生、硕士研究生、博士研究生和从事科研的重任，专享授予各学术领域博士学位的权利；州立学院主要从事本科生和硕士研究生教育，科学研究必须与其人才培养任务相关；社区学院主要开展职业技术教育，同时提供相当于大学一年级至二年级的通识教育课程。（2）确立分层级招生的原则。加州大学应从加州高中毕业生的前 1/8（12.5%）中招生，同时接收社区学院平均绩点高于 2.4 并有意愿转入加州大学继续学习的学生。州立学院应从高中毕业生的前 1/3（33.3%）中招生，同时接收社区学院平均绩点高于 2.0 并有意愿转入州立学院继续学习的学生。社区学院则担负起招收其余加州高中毕业生的历史责任。（3）确立免学费的原则。《总体规划》确立了加州高等教育免学费的原则，要求高等教育系统只能收取学生的杂费，以保证高等教育能够面向加州所有的适龄人员。

此外，《总体规划》还在加州高等教育三个系统之间采取了学生向上流动的开放转学机制，即加州大学和加州州立大学在本科的高年级每年都预留出25% 的名额接收从社区学院转入的学生，为了保证转学的有效性，该规划还同时确立了几个层次高教系统的课程协调机制，很好地实现了不同层次高等教育之间的流动性和开放性。不仅为有创造力的学生提供了发展的机会，也为加州大学和加州州立大学提供了选择最好学生的机会，还节省了学生求学的花费和加州政府的经费投入，既促进了有限教育资源的有效利用，也因为有效避免了课程的重复设置而大大节省了办学成本，使加州在没有增加多少经费的情况下即实现了高等教育的普及。

《加州高等教育总体规划》对京津冀高等教育区域合作的启示是：首先，需要对当前高等教育体系进行科学的顶层设计和合理的分类分层，促进各高校科学定位，使教育资源有效集中、合理分散与充分共享，避免无序竞争，使有限教育资源得到充分利用；其次，需要促进高等教育与区域经济良好接轨，立足区域大力发展应用型本科和高职高专教育；最后，应理顺政府、高校、社会的关系，建立起我国高等教育多元参与治理的良性发展环境。

2. 加州公立高等教育系统的协调机制

加州公立高等教育系统的三类高校分别有各自的管理机构，即加州大学董事会、加州州立大学理事会和学区管理董事会。这些管理机构由校内外人士共同组成，是半官方的自治组织，负责学校系统内各院校的协调和管理。在三类高校各自独立管理机构的基础上，加州建立了中等后教育委员会(California Postsecondary Education Commission)（原高等教育协调委员会）。这是一个独立的州级中介机构，负责包括公立高等教育系统在内的全州高等教育的规划与协调，其成员来自各公立和私立高校系统，并由州参议员和州长办公室任命。此外，加州还出现了三个相关的协调组织：一是义务性的教育圆桌会议，负责协调院校招生和转学事务；二是学术资助委员会，管理州政府的三类奖助学金；三是加州立法机构成立的教育总体规划开发联合委员会。这些组织在完成特定使命的同时，协调高校间相关事务，以维护各方利益的平衡。这些协调性的中介组织介于高等教育系统和各高校、政府与高教市场之间，不仅加强了加州公立高等教育系统内各类高校之间的合作，还有效减少了系统外部力量的干预。

关于高等教育资源互补与共享方面，加州的做法是，一方面，公立高等教育系统中三类高校在教学管理上实行弹性的学分制，互认学分，实现课程资源的互补与共享。为给学生提供多样化且高质量的课程，各类高校开设了范围广、种类多的课程供学生自主选择。其中，加州州立大学设置有约240个专业中的1800多种学位课程，加州社区学院的课程则几乎囊括所有学科门类。三类高校之间还达成了有关协议，相同专业的课程，尤其是第

一、二年的课程，学生可在校校之间选课。另一方面，高校间图书馆、实验室等资源的互补与共享。加州宪法规定加州大学董事会应适当允许包括加州州立大学和加州社区学院在内的高校教育研究人员使用其图书馆及科研设施。

为了落实转学政策，加州采取了一些具体措施。一是所谓的"60 / 40"比例规定。加州大学和加州州立大学中的高段（三、四年级）和低段（一、二年级）学生规模比例应控制在 60 : 40，以便接收从外校转入的学生。二是课程和学分的标准化。加州社区学院的课程和学分标准应与加州大学和加州州立大学一致，确保实际"可转性"。为此，加州鼓励公立高等教育系统内不同层次的高校低段的教师之间保持联系，倡导他们交流教学内容和方法。三是规定转学的标准。各类高校的转校生应首先在学分和成绩上达到相应标准，其常见的考核方法是将学生每门课程的学分乘以学时，各项总和再除以总的学时，得出平均点积分。加州大学和加州州立大学分别接收平均点积分达到 2.4 和 2.0 的转学生。

（二）政府主导模式——美国高等教育跨州区域协作

美国有四个高等教育州际协作组织，依其成立的先后顺序为：南部地区教育董事会（Southern Regional Education Board，SREB），西部州际高等教育理事会（Western Interstate Commission for Higher Education，WICHE），新英格兰高等教育委员会（New England Board of Higher Education，NEBHE），中西部高等教育委员会（Midwestern Higher Education Commission，MHEC）。这些组织是非营利、非政府组织，但是具有准政府机构的特征。其活动基本经费来自各州拨款，但是也接受基金会、联邦政府以及州相关机构的资助。

其跨区域协作组织将重点放在资源共享以及区域信息共享平台的搭建，并基于有效的运行体制。

1. 法律的保障和分权的管理体制，提供了适宜的制度环境

美国教育分权管理体制下，联邦与各州不是中央和地方的隶属关系，而是在各自范围内享有各自的管理权，赋予各州协商并签订有关合作协议的权力，为高等教育州际协作组织建立并有效开展活动提供了制度空间。

2. 创建了全美州际协议领域的一个专业化政策咨询组织——全国州际协议中心（National Center for Interstate Compacts，NCIC）

该中心由美国州政府理事会（the Council of State Governments，CSG）于 2004 年创建，目的就是要将其建设成为一个全美有关州际协议的信息交换中心、培训和技术的援助者，协助各州审查、缔结、修订和评估州际协议的组织，以不断完善州际通过协商合作来解决跨州公共问题的机制。这些学者的研究工作以及专业化咨询机构的成立，无疑为美国高等教育州际协作组织提供了理论和实际技术指导。

3. 复合型、高素质的工作人员和成熟的工作机制，奠定了自身组织基础

美国高等教育州际协作组织的组织架构和工作机制相对成熟。重要的是，委员会仰仗于中西部高等教育系统中各个组成部门主动参与和监督各个项目的实施。委员会下设各个项目组来全权负责各个项目的具体设计和实施，工作人员来自成员州所属各高等教育机构。MHEC 作为各个项目所需资源的提供者，同时充当中立性的顾问或者协调人。委员会的工作得益于成员州及州所属机构的大力支持。每当委员会就有关事宜征求意见的时候，高质量的建议和各种支持就会汇聚到各个项目组。最后，经过充分讨论，达成一致意见。委员会所有项目都惠及各类高等教育机构，这样既可以保证委员会的项目服务总有购买者，又可以保证所有的项目效益最大化。

（三）综合模式——欧洲教育协同发展

作为一个政治与经济联盟，欧盟除了不断推进各成员国在政治、经济、科技、文化等领域的合作，也在不断推动教育方面的合作与协同发展。

目前欧盟教育合作的类型有：欧盟与其成员国的教育合作、欧盟与其他区域共同体的教育合作、欧盟与其他国家的教育合作。合作的领域主要包括高等教育、职业技术教育和成人教育等。促进合作的形式主要有协助成员国的活动项目和建立欧盟法律法规。欧盟在其合作的过程中成立了相关组织和机构，如欧盟理事会和欧洲议会，它们为推动和促进教育合作提供了重要的平台。此外，欧盟还设置了特定的合作平台，如设置欧洲教育信息网。同时，欧盟教育合作已形成了一系列行之有效的制度，如建立了年度会晤机制、教育合作磋商机制等，定期研究教育合作中的重大教育决策问题。

1. 政府主导

1971 年，欧共体六国教育部长第一次就教育问题正式会面，会议通过了旨在促进欧盟教育合作的教育方案，欧盟教育领域的合作正式开始。1976 年首次通过了教育领域决议案，1992 年根据《马斯垂克条约》的授权，教育议题被正式认可为欧盟拥有合法权责的自主领域。《苏格拉底计划》是《马斯垂克条约》生效以来，欧盟首次推进成员国之间教育合作的方案。2000 年 3 月在里斯本召开的里斯本首脑会议制定了"里斯本战略"，或"博洛尼亚进程"，或"哥本哈根进程"，决定到 2010 年把欧盟的教育培训体系建设成全世界教育质量的样板。并发表宣言，希望将欧洲经济建设成为全球最具竞争力、最具活力的知识经济。为了实现这个目标，由各国的教育部长签署了共同实施的计划，即著名的"博洛尼亚（Bologna）进程"计划。

欧盟成员国通过收缴直接和间接的增值税、农业税、关税和其他税形成欧洲社会和结构基金，各成员国通过欧盟对有价值的教育行动计划予以资助。

2. 区域规划

在教育合作过程中，欧盟教育合作计划规定了合作范围和合作的具体任务。在成员国层面也有执行规则，具体规定了各成员国的协助方法。该模式包括跨境支付的合作方式，如法国政府鼓励全社会充分利用互联网资源发展教育事业，建立数字化大学。

3. 项目推进

20 世纪 70 年代后期，欧洲教育合作主要是通过学生交流和交换项目进行。1985 年，欧共体又实施了科梅特计划，目标是促进大学和企业的合作，刺激学校领域的教育合作与发展。同年，欧共体发布《阿都尼诺报告》，试图进一步促进欧洲学校的合作和教师的交换等活动的发展。

目前，自然人流动的合作方式，如"苏格拉底计划"和"莱昂纳多计划"，都有相当一部分资金用在帮助教育者和学习者互访互学上。

4. 市场主导

商业存在形式的教育合作以中欧教育合作为例，2004 年中欧启动的教育合作项目双方共投资 1100 万欧元。那些在商业上颇有价值的跨国项目在教育方面具有优先性,它们往往具有产业和经济的性质,并与改变就业模式和再就业培训有关。这些项目的资金往往来自就业条约和共同职业培训政策的项目资金。

(四)银行支持模式——拉丁美洲区域教育合作

拉丁美洲区域性教育公共产品的提供与合作教育产品的溢出效用已扩散到国际区域,但因其具有公共产品的非竞争性和非排他性特征,缺乏对提供者的激励,因而存在着供给不足的问题。美洲开发银行(Inter-American Development Bank,IDB)有着长期支持教育领域区域合作的历史。

1.支持学习成果和教育研究的比较评估:第一个国际比较教育研究项目

评估中最重要的是由美洲开发银行向在拉丁美洲和加勒比地区开展的由联合国教科文组织(UNESCO)区域教育办公室主持的"教育质量实验室计划"(the Educational Quality Laboratory Initiative)提供的重要支持。该计划是全面评估该区域大多数国家教育成果的一个成功尝试。

美洲开发银行在支持该项目时,其政策标准体现了以下两个特点:(1)注意跨国利益存在的特点。(2)在国际协调以及在特定活动领域中需要主动的领导角色。

2.支持远程科技教育和基础科技教育的进展:国际虚拟教育网络

20 世纪 90 年代中期,信息技术革命使很多拉丁美洲国家开始关注教育系统和新经济的关联,并力图将信息技术优势最大限度地运用到教育发展中。为了普及计算机知识,各国政府开始向教室大量提供计算机和其他数码技术,并制订相关教师培训计划。在 1998 年初的圣地亚哥美洲首脑峰会上,各国教育部长发表声明,呼吁国际组织直接涉足科技和教育的创新计划。1999 年,美洲开发银行对此做出积极回应,起草了一份价值 50 万美元的技术合作项目,即著名的"国际虚拟教育网络"(IVEN)。该项目是建立在与阿根廷、巴西、哥伦比亚、秘鲁和委内瑞拉等国教育当局的合作基础上的。这一项目具有以下特点:(1)美洲开发银行为此项目提供了聚集资金的优势;(2)在国际协调方面提供了很好的经验。

3.投资区域教育合作：西印度群岛大学发展计划

目前，美洲开发银行已经支持、协调并资助了几个计划。一些国家已通过教育公共产品联合生产的方式为学生和教师提供便利。而此前，各国的类似活动往往缺乏资金资助及国际协调。美洲开发银行在该领域开展活动的最直接例子是对西印度群岛大学的投资。

加勒比地区高中入学率一直偏低，在 20 世纪 90 年代初曾遭遇高等教育发展的"瓶颈"。而该地区国家经济的逐步发展要求培养更多的优质人力资源，并使其在不同民族国家之间流动，以促进地区经济的发展，而西印度群岛大学能够提供给加勒比国家作为区域性公共产品的教育服务。学校作为伦敦大学的一个学院，1948 年在牙买加建立。1991 年，它成为一个由加勒比地区政府首脑会议建立的永久性区域机构。1992 年，美洲开发银行批准了三笔借款业务，并扩大了西印度群岛大学的资金使用权。考虑到西印度群岛大学的主校区横跨三个独立的借贷国，美洲开发银行要求每个国家负责和本国校园直接相关的租金部分。整个投资项目总计 8500 万美元，以加强相当数量的基础设施建设和教授的研修培训等。经过长时间的准备，该计划终于付诸实施，并实现了最初的目标，甚至超过了预期。连续的国家资助、不同国家之间的有效协调、团队合作以及项目管理人员能力突出等，都是这个项目获得成功的重要因素。

以上模式是目前国际上比较成功的区域教育协同发展的几个模式。虽然这些模式有些不是直接针对区域职业教育协同发展的，还有些也不是重点解决区域资源整合问题，但由于是从战略层面整体推进区域教育的发展，区域职业教育资源整合也应该是其中的重要组成部分。因此，这些模式会对京津冀协同发展背景下区域职业教育资源整合有一定的借鉴作用。

二、理论基础[①]

京津冀职业教育合作的理论基础如下。

---

① 王伟哲，闫志利. 京津冀职业教育合作的理论基础与推进措施 [J]. 改革与开放，2015 (7).

（一）协同发展理论

1971 年，哈肯（Haken）提出了协同理论（Synergetics）。协同指系统内部各要素之间彼此协作与有机整合的状态，强调在系统差异的基础上实现各要素的协调，最终产生协同效应。协同发展要求系统内各要素具有高度的协调性和整合度，在相互协作、相互促进中实现整体发展。区域协同发展的关键在于打破区域行政界限，消除市场壁垒，进而推动区域内部各要素合理流动。

职业教育是提高国民素质的教育，承担着为区域经济社会发展提供技术技能型人才支持的重要任务。根据协同发展理论，推进京津冀职业教育协同化发展，不仅能有效应对京津冀协同发展所带来的产业转移及结构优化，还能促使三地各类职业教育资源的整合，提升京津冀职业教育的整体竞争实力，进而形成具有强大社会影响力的职业教育品牌，促进京津冀协同发展的实现。

（二）梯度发展理论

基于前人的研究成果，20 世纪下半叶，克鲁莫（Krunnnc）和海特（Hayonn）等人建立了区域梯度发展理论。认为不同地区的经济发展水平和技术水平存在差异，区域开发战略的实施应根据梯度高低制定，让条件优越的地区优先发展"先进技术"，并逐渐向"中间技术""传统技术"应用地带转移，实现缩小区域发展差距、达到共同发展的目的。梯次性是区域合作内生动力的源泉，各地区可通过合理分工以及技术转移实现区域协调发展。

京津冀职业教育发展现状具有明显的梯次性，为实施合作提供了基础。在三地职业教育合作中，北京市和天津市分别处于梯度发展的高层和中间层，职业教育资源较为雄厚；河北省处于梯度发展的较低层次，职业教育发展资源短缺。根据梯度发展理论，打破三地职业教育资源流通壁垒，消除三地职业教育合作障碍，可促进优质职业教育资源及先进技术等向弱势地区转移，缩小京津冀职业教育发展差距，实现社会经济协同发展的目标。

（三）府际关系理论

府际关系研究起源于 20 世纪 30 年代的美国。目前，学者针对中央和地方关系的研究有两种主流思想：一是以罗德斯（Rhodes）为代表的"双重政治"，强调中央对地方的控制；二是强调府际关系中隐含的相互之间的互动性和依赖性，强调分权与地方自主性。在分权思想的影响下，府际关系研究经历了从纵向的中央地方关系到横向的平级政府关系及政府各个部门之间的关系。

长期以来，由于过去计划体制的影响，我国政府及各部门拥有较强的行政干预能力，主导着不同行政区域之间的职业教育合作，府际关系在京津冀职业教育合作进程中的作用不容小觑。基于府际关系论，京津冀职业教育合作可纵向下放三地职业教育的管理权限，横向实现各级政府之间、职业教育机构之间的分工协作，进而促进三地职业教育机构及相关单位的合作，实现优势互补。

（四）正和博弈理论

正和博弈是指通过建立合作机制将博弈双方纳入沟通、谈判和协商的平台，化解零和博弈的负面结果。正和博弈的理论逻辑在于妥协让步，即博弈者在竞争中遵循事先制定的有约束力的条文规定，通过竞争主体之间的讨价还价，发掘、建立和完善良性互动的合作机制，从而达成共识，进行合作。可见，正和博弈强调相互配合，追求以互惠互利为原则分享利益。

依靠正和博弈理论实现京津冀职业教育合作的实践逻辑在于：尽管三地职业教育机构在争取有限资源利益最大化方面存在着必然的冲突，但各方发展目标一致，且在信息资源共享方面具有极强的互补性。如果三方得以合作，可有效避免各方人才、资源、技术等方面的闲置和剩余，进而实现单个决策主体得益的最优解和三方利益均衡，实现总体利益最大化。

上述理论通过不同方式影响着各级政府、各资源单位的战略抉择和实践推进，对京津冀协同发展背景下区域职业教育资源整合产生不同程度的影响。

第一章　海淀区学校体系职业教育发展概况

　　发展职业教育是推动首都经济社会发展、促进就业、改善民生的重要途径。《北京市"十三五"时期教育改革和发展规划（2016—2020年）》提出，完善现代职业教育体系，畅通学生成才通道，完善职业教育体系，深化办学模式改革，提高教育教学质量。近年来，北京职业教育在教育结构体系中具有独特的、不可替代的重要地位，在服务北京经济转型和产业升级、提升城市生活品质方面起着重要的支撑作用，在人才培养模式和课程改革方面进行了一系列探索，也形成一定的优势和特色。

　　海淀区作为北京市乃至全国的教育先进区和科技产业聚集区，在职业教育实践、理论以及资源等方面都有着独特的地位。这也使得海淀区的职业教育有能力成为职业教育领域创新提升的"排头兵"，有责任和义务在京津冀协同发展背景下对区域职业教育资源整合的相关领域进行理论探索和实践推进。近年来，海淀区职业教育深入学习、认真领会、贯彻落实党的十八大，十八届三中、四中、五中、六中全会和十九大精神以及习近平新时代中国特色社会主义思想，以努力办好人民满意的教育为宗旨，以国务院《关于加快发展现代职业教育的决定》（国发〔2014〕19号）、国务院办公厅《关于深化产教融合的若干意见》（国办发〔2017〕95号）、教育部等六部门《关于印发〈现代职业教育体系建设规划（2014—2020年）〉的通知》（教发〔2014〕6号）、《北京市人民政府关于加快发展现代职业教育的实施意见》（京政发〔2015〕57号）的精神为指导，根据《实施国家中等职业教育改革发展示范学校建设计划的意见》《北京市"十二五"时期教育改革和发展规划（2016—2020年）》《北京市"十三五"时期教育改革和发展规划（2016—2020年）》《海淀区国民经济和社会发展第十二个五年规划》《海淀区国民经济和社会发展第十三个五年规划》

和《海淀区"十二五"时期教育发展规划》《海淀区"十三五"时期教育发展规划》等文件的要求，不断促进职业教育的转型升级，使海淀区的职业教育综合实力显著增强，办学特色更加明显，办学优势更加突出。

第一节 职业教育基本情况

一、职业教育院校的基本情况

近年来，海淀区职业学历教育持续健康发展，但是职业高中办学规模不断减小。2016年，海淀职业教育共有区属职业高中2所，毕业生831人，招生905人，在校生2627人，教职工总数479人，其中专任教师356人（见表1-1），占地面积225.6亩，建筑面积15.7万平方米，教学资产约2.3亿元。辖区内普通中专校6所，毕业生1195人，招生966人，在校生3865人，校本教职工342人，其中专任教师226人，占地面积83875平方米。辖区内成人中专学校4所，毕业生314人，招生136人，在校生353人，教职工66人，其中专任教师23人，占地面积41077平方米。

表1-1 海淀区职业高中发展情况统计

时间	校数	毕业生数	招生数	在校生人数	教职工	专任教师
2013—2014 学年	4	1986	808	7686	640	449
2014—2015 学年	2	1759	891	2421	634	461
2015—2016 学年	2	831	905	2627	49	356

辖区内还有1所独立设置的成人高等教育学校，即北京市海淀区职工

大学（中关村学院）。2017 年，学校在岗职工 93 人，其中教师 66 人，占比 71%；管理人员 27 人，占比 29%。根据教师专业情况，分成财经系、文法系、信息工程系、艺术系和基础部五个系部。具体情况见表 1–2、图 1–1。

表 1–2　北京市海淀区职工大学职工情况

类别	人数	占比	备注
教师	66	71%	
管理人员	27	29%	
合计	93	100%	

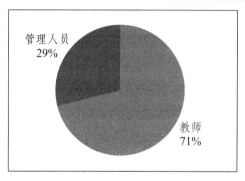

图 1–1　北京市海淀区职工大学职工情况

教师职称情况见表 1–3、图 1–2。

表 1–3　北京市海淀区职工大学教师职称情况

职称	人数	占比	备注
初级	8	12.1%	
中级	42	63.6%	
副高级	15	22.7%	
高级	1	1.5%	
合计	66	100%	

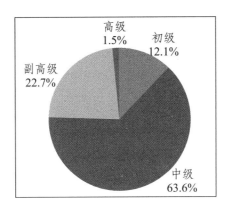

图 1-2　北京市海淀区职工大学教师职称情况

教师年龄情况见表 1-4、图 1-3。

表 1-4　北京市海淀区职工大学教师年龄情况

年龄段	人数	占比	备注
30 岁以下	2	3.0%	
31—40 岁	21	31.8%	
41—50 岁	31	47.0%	
50 岁以上	12	18.2%	
合计	66	100%	

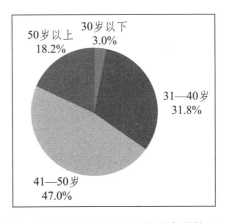

图 1-3　北京市海淀区职工大学教师年龄情况

教师学历情况见表 1–5、图 1–4。

表 1–5　北京市海淀区职工大学教师学历情况表

学历/学位	人数	占比	备注
博士	3	4.5%	
硕士	24	36.4%	
本科	39	59.1%	
合计	66	100%	

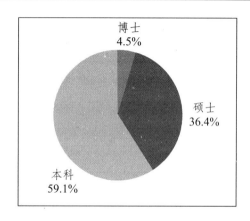

图 1–4　北京市海淀区职工大学教师学历情况

　　北京市海淀区职工大学（中关村学院）一校拥有 4 址，占地面积 103 亩。北四环校区（本部）位于北京市北四环中路、奥运大厦西侧，紧邻中关村科技园区；东王庄校区位于海淀区清华东路，与学院路八大高校之一的北京林业大学隔街相望；温泉校区与白家疃校区位于中关村环保科技园区的温阳路与颐温路。学校是北京市海淀区中小企业协会培训中心、海淀北部新区高新产业基地工业人才培训中心。

二、职业培训机构的基本情况

　　海淀区社会职业培训初步形成规模和品牌。职业培训机构主要分为民办非学历高等教育机构、职称职业资格证书培训机构和社会化的产业人才培训机构三大类。[①] 海淀辖区内目前共有民办职业技能培训学校和非学历高等教育机构66个，实训基地8个，近年年均训练职业技能人才2万多人；职业技能鉴定机构6个，近年年均鉴定职业技能型人才1.2万人次；从事职业培训的社会培训机构170所，年招生、结业均在100万人次以上，涌现了新东方、达内科技等知名社会培训机构。

综合来看，北京市海淀区学校体系的职业教育发展特点如下：

一是职业教育整体素质水平较高。学校品牌、教师队伍、学生素质均在业界获得广泛认可。

二是校企合作开展较为深入。海淀区利用高新技术产业发展、科技企业众多的优势，统筹区域内职业教育资源，形成了学校与企业良性互动的局面。

三是职业学校和培训机构的培养培训层次主要以初级人才为主，从事中高层次产业人才培养培训的机构数量较少。[②]

但是也必须看到，学校体系的职业教育随着北京市海淀区经济社会发展和功能定位的转变，规模在缩小，教育资源不断在转用于其他的教育类型，发展的颓势已经显现。同时，企业以及社会的非正规、非正式职业教育发展迅速，社会职业培训（见本书第三章）、企业大学（见本书第四章）呈现出蓬勃发展的局面。在新形势下，需要转变观念，响应京津冀协同发展的国家号召，结合当前发展环境对区域范围内的职业教育进行全新定位，推进内部运行结构的调适升级，整合各类职业教育资源主体，开创区域职业教育发展新局面，探索多层次、多规格、多功能、多形式办学的有效途径，探索学历教育与职业资格培训相融通的机制，将学历教育与非学历培训、社区教育有机结合，促进职业院校教育与成人教育、社区教育资源整合。

北京市海淀区职业院校要充分利用地处科技创新中心核心区、周边重点高校林立、基础教育办学雄厚的优势，精准确定自身办学定位，创新职业教育办学模式，主动服务海淀区域经济社会发展，根据区域经济社会发展规划，对接区域战略性新兴产业，面向行业、面向基层、面向一线。通过多元合作，

---

① 程洪莉.产业升级过程中北京市海淀区的职业教育发展研究 [J].教育与职业，2013 (17).

② 程洪莉.产业升级过程中北京市海淀区的职业教育发展研究 [J].教育与职业，2013 (17).

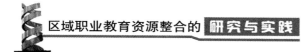

为区域内的企事业单位从业人员、中小学教师、农村劳动者以及社区居民等群体提供便捷的教育服务；稳定发展学历教育，为海淀区的高科技产业提供高技能人才；服务经济社会的发展，不断地改革创新，努力提高自身的社会贡献；充分研究国家创新驱动发展、"一带一路"建设、京津冀协同发展的战略部署。职业院校要主动适应国家、北京市和海淀区域发展的新形势、新要求，积极配合京津冀协同发展、"一带一路"等国家发展战略和北京市"城教融合"的总体布局，全面加强党的建设，全面深化综合改革，全面推进依法治校，全面提高服务区域发展的能力。通过优质资源的辐射带动，提升学校的国际化水平和区域示范带动能力。与区域的产业融合、企业合作，将几种教育教学形式有机统一，通过专业和课程改革创新，构建"三位一体"的课程，将不同项目、不同层次的课程和学习资源有机整合，创新学校的课程框架体系，充实学校的专业内涵。通过更为科学详尽的调研，收集更多的行业企业信息，形成"产教融合""校企合作"的大数据支撑，进一步提升社会服务能力，在京津冀协同发展背景下的区域职业教育资源整合方面做出更大的贡献。

三、融入社区教育的职业教育

社区教育与职业教育共同发展，成为北京市海淀区开展区域职业教育、职业培训的又一重要教育形式。

（一）以职业院校为重要载体，构建社区教育三级网络

按照《海淀区"十二五"时期教育发展规划》的部署，海淀区社区教育不断完善三级网络的组织机构，构建起以中关村学院为"龙头"、29所街道（镇）社区教育中心和6所社区教育学校为"龙身"（"骨干"）、650多所居民小区市民学校（村校）为"龙尾"的区域社区教育实体网络（见图1-5）。近年来，通过继续扶持街道（镇）社区教育中心、社区教育管理者和工作者培训等基础能力建设的区级层面注力，凸显了"重心向下、突出重点"的工作策略。同时，通过支持中关村学院——"龙头"和6所社区教育学校（"龙身"的重要

组成部分），要求这些办学主体面向基层、面向社区（村）开展全方位的教育服务，在区域社区教育队伍建设、课程体系建设、科研共同体构建不断形成系统合力，带动街道（镇）的社区教育中心及居民小区市民学校（村校）的积极性，促进"三级网络"协同联动。"三级联动"机制互相配合，协同推进，促进了海淀区社区教育的系统化发展，提高了体系整体运作的合力，保证了社区教育的长效发展。这些年，"龙头"——中关村学院以及"龙身"的重要组成部分——6所社区教育学校的社区教育服务能力进一步提升，服务范围的扩大和服务项目的增加，为街道（镇）层面的社区教育服务需要的满足提供了条件。两个层面之间的互动次数大幅增加，形式多样、项目增加。街道（镇）层面对区级层面的活动支持力度增强，活动影响不断提升。

三级网络的能力建设，为丰富社区教育的内涵奠定了组织基础。各级社区教育组织机构为各类学习型组织建设提供了支持和帮助，以政府组织的三级网络为主干，通过相应的机制组织起社区居民自发成立的社会组织网络；利用海淀区教育科技文化资源丰沛的优势，整合一个社区教育公共服务平台和社会资源供应网络，由面到点、由点到面的"点面结合"工作推进，多载体的有效整合，使社区教育与学习型城区建设良性互动，使海淀区社区教育的开展具备了体系基础。

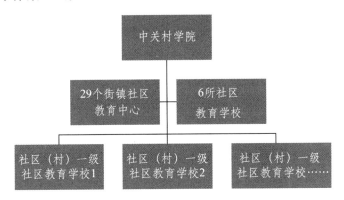

图 1-5　海淀区社区教育三级网络示意

（二）软、硬齐头并进，强化基础能力

第一，以职业院校为基础，全系统加强基础设施建设。

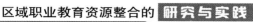
近年来，在持续致力区域社区教育"龙头"（中关村学院）、"窗口"（海淀区社区教育体验学习中心）建设的同时，海淀区教委不断加强街道（镇）社区教育中心、社区教育学校以及基层的居民小区（村）学校教育服务能力建设。除了对每个街道（镇）以及社区教育学校的年度经费投入外，每年都扶持一批街道、镇举办的社区教育中心，扶持范围覆盖全区所有29个街道（镇）。街道（镇）级社区教育中心和社区（村）一级社区学校是开展社区教育的骨干和基础，也是开展各类社区教育培训和活动的主要阵地。在当前场地紧张的条件下，各个街道（镇）还优先安排社区教育活动场地。从调研的情况看，海淀区大多数街道（镇）都达到了《北京市发展社区教育促进学习型城区建设基本标准》中规定的"街道、乡镇建立社区教育中心建筑面积不少于500平方米"的要求，有些街道（镇）如西三旗街道室内教学场地大大超出标准水平，达到了示范性标准。大部分中心配备了大屏彩电、录像机、VCD、音响、电脑、投影仪等设备，甚至有的中心还配备了钢琴、古筝、科普体验器材等教学设施，保证了社区教育各种培训和活动的需要。从海淀两级社区教育设施配备的逐步完善及占地面积的不断扩大，可以看出海淀区各级政府都加大了对社区教育的基础性投入，为保障社区教育的顺利开展提供了保障条件。尤其是近几年，海淀区的城镇化不断推进，农村社区教育、农民就地转居或者进城后的新市民教育有很大的需求，保障农村社区（村）一级社区学校的建设就显得尤为重要。从社区（村）一级社区学校自有教育培训场地、基础设施的增加也可以体现出海淀区社区教育重心下移的工作策略。

第二，促进职业院校师资转型提升，形成高效协作"三支队伍"。

海淀区深厚、肥沃的人文土壤为社区教育的长远发展提供了必要的文化支持，而社区教育的队伍建设也初步形成了完备的发展体系。区域社区教育形成"三支队伍"与"三级联网"的人员结构与层级。"三支队伍"即专职人员、兼职人员与志愿者，形成了一支专兼职结合、志愿者为补充的师资队伍。"三支队伍"高效协作，不断开创社区教育新局面。

目前全区从事社区教育的专兼职教师接近2000人、志愿者教师队伍超过5000人。专职教师主要以社区学院、社区教育学校以及少数社区教育中心的干部、教师，再加上各街道（镇）文教科（公共事业管理科）的工作人员为主；而兼职教师和大量的志愿者是"三级"社区教育办学网络依托海淀区特有的人才资源优势延请的社区居民中的能工巧匠及学有专长又热心公益事业的人士，是一批具有奉献精神和敬业精神的志愿人士。他们授课和组织工作多以无偿和低偿为主，构成了符合社区教育特点和需要的、灵活机动、富有成效的海淀社区教育师资队伍，为海淀社区教育提供了有力的支撑。这"三支队伍"由"三级"社区教育办学网络的师资管理人员统一安排调配，保证了结构合理和高效协作。

海淀社区教育在队伍建设上不遗余力。除了引进高端人才外，还注重教师能力提升，在教师能力方面引导传统的学历教育教师向社区教育转型，重点培养社区教育所需要的沟通策划能力、组织服务能力、教育教学能力等，促进职业学校职教师资的转型，不断扩大兼职队伍、志愿者队伍，提升教师层次。

为了强化队伍建设，近几年，海淀区教委每年都拨出专款组织街道（镇）的社区教育管理者、社区教育工作者的专项培训，提升了他们的素质和能力。

（三）参与课程建设，建成系列课程资源

海淀区充分发挥区域教育资源丰富的优势，积极整合各类社会资源特别是职业院校的资源，开发系列特色课程，构建全方位、全覆盖的课程体系。这些年逐步形成了一个社区教育的培训体系——技能培训、素质培训、群众文化活动（文化休闲、养生）、劳动力转移再培训（物业管理等农村项目），还有一些群众文化活动的服务。

第一，发挥各级各类职业院校在课程建设中的主体作用。

海淀区教委注重结合职业院校的资源开展社区教育。海淀社区教育依托社区教育学校，有效整合职业学校资源，促进社区教育发展。职业院校有规范的教学场所，有专业的教师资源，海淀区积极建立与辖区内职业院校的教育联合，推动社区教育系统化、体系化。近年来，海淀社区教育与职业院校的合作取得诸多成效，让更多的人享受社区教育，让更丰富的课程充实社区教育。这一举措推进了海淀社区教育全员、全面的服务特点的形成。其中，北京市信息管理学校送教下乡，为北部新区的新型市民提供大鼓、秧歌、广场舞等辅导。

第二，挖掘社区潜力，生成本地化课程。

海淀社区教育在协同联动整合资源，策划项目时，注重发挥社区自身的文化传承优势，对农村地区文化遗存的调研，对社区周边大院、科研院所、院校等资源的利用，使社区教育的各类培训与活动项目与社区之间不是生硬地切入，而是融合推进。比如，中关村学院服务海淀区北部新区新型城镇化进程的物业管理技能培训和学历教育的努力尝试就是一个典型案例。在总结2013—2016年为海淀区西北旺镇村民开展物业管理基础知识技能培训经验的基础上，2017年，学校与四季青镇镇政府联合举办了物业管理技能培训，并根据该镇物业管理人员的情况，举办了物业管理专业成人大专班。通过学校的深度介入，了解到物业企业及人员的需求，通过开设专业课程，逐步提高了该镇本地农村劳动力的专业技能和就业竞争力。目前，已有56人通过了北京市成人高考。这种紧贴区域发展需要的培训，同时满足了居民转岗就业和学历提升的需求，受到了各级领导的赞赏和当地居民的欢迎，《农民日报》还做了"农民需要啥，我们培训啥"的专题报道，充分肯定了学校的做法。

（四）参与科研，注重内涵发展，打造核心竞争力

第一，科研引领作用突出。

依托人力资源丰沛的独特优势，海淀区成立了社区教育专家资源库。借助"智库"和"外脑"力量，加强社区教育相关的软科学研究，提升软实力，获取了更大的竞争优势，不断深化区域社区教育的内涵发展。

海淀社区教育坚持项目与科研相结合，以科研引领实践，以实践验证科研，逐渐形成良性互动。在全国教育科学"十一五"规划2010年度教育部重点课题"区域构建终身教育体系实验研究——针对'常青藤'社区终身学习系统建设的研究"、北京市教育科学"十二五"规划2013年度重点课题"农村城镇化中新市民学习需求分析与教育功能的研究"等国家级及市级重点课题，全国教育科学"十一五"规划2010年度教育部一般课题"社区教育计算机特色课程建设研究"、国家社会科学基金教育学青年课题"社区教育教师工作特性与能力建设研究——基于同中小学教师比较的视角"的子课题"教育资源富集地区教育发展形态与社区教育教师（工作者）工作特性问卷数据分析"等重要课

题的研究过程中，海淀区结合区域实际，因地制宜地开展区域社区教育的焦点、重点、难点问题的理论研究，努力探索社区教育的发展规律，解决了一批社区教育发展的难题与瓶颈，在极大地提升区域社区教育的科研理论水平的同时，发挥教育科研在社区教育发展中的先导作用。每年的海淀社区教育科研成果优秀论文评比工作，对基层社区教育组织的科研工作促进作用明显，论文数量、水平逐年提升。这些理论成果通过实践转化，成为促进海淀区社区教育的重要推动力，支撑了海淀社区教育的科学发展。

第二，实验项目不断创新。

海淀社区教育在改革中发展、在实验中推进。为了推进社区教育示范区建设和内涵发展，海淀区以实验项目为重要抓手，采取积极有力的举措，全面开展改革创新。

海淀社区教育还针对社区居民需要开设新的学习服务项目。社区教育的内涵不仅仅是将课堂延伸至社区，对象也不仅仅是老年社区居民。为此，海淀社区教育积极探索新的学习服务形式，将研究性学习、行动学习和体验学习等多种学习形式融入社区教育活动，吸引更多的社区民众参与。海淀区作为全国体验式学习的先行者，在全国得到认可，2017 年获得了国家级、市级的荣誉。在中国成人教育协会教育教学改革专业委员会 2013 年工作会议上，中国成人教育协会副会长、中央广播电视大学（现为国家开放大学）党委副书记张少刚盛赞其为"教育教学上的革命"。每年评选出一批社区教育优秀培训项目，也有力地推进了社区教育工作的品牌建设和创新实践。

第二节　职业教育总体发展思路

在京津冀协同发展的新形势下，海淀区职业教育应该提升到与区域经济发展息息相关的重要地位，要正确分析研判形势，利用京津冀职教资源丰富且多元的特点，整合区域内"政产学研用"等各类职业教育资源，重构海淀区

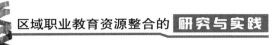

职业教育体系，以产业发展的职业人才需求为导向，面向全国乃至全球的人才培养机构，构建海淀区职业人才培养和服务体系，使其与海淀区高精尖产业发展相匹配，走精品化、高端化和国际化的道路，积极发挥职业教育服务核心区经济增长、战略性新兴产业发展和职业技术人才培养的功用。

一、加快构建现代职业教育体系

巩固提高中等职业教育。重组辖区内职业教育资源，建成一批为核心区战略性新兴产业发展服务的职业教育名牌专业。加强职普融通发展，逐渐形成中等职业教育与职业培训并重的特色。

支持发展高等职业教育。支持各级各类高等职业院校开展学历教育衔接，探索在职业教育集团内部的弹性学制、模块化教学、学分积累和互认互转制度，打通从中职、专科、本科到研究生的上升通道，形成学历教育的立交贯通。支持辖区内本科院校探索开展向培养高层次技术技能型人才的应用技术类型高校转型的试点工作，规范、引导、支持社会力量兴办高等职业教育。

有序推进职业技术教育。支持企业大学开发战略新兴产业人才培养课程体系，培养行业急需紧缺人才；支持高等院校通过开展企业课程植入、订单式人才培养和专业学位研究生培养等多种形式，与核心区企业联合培养职业技术人才；支持社会力量办学，着重培养技术密集型产业的高级技术应用人才。

做大做强社会化职业培训。围绕核心区产业发展和企业职业技术人才培训需求，引导市场和社会力量，打造一批在职业技术教育和培训领域具有国际竞争力和影响力的职业教育培训品牌，不断提高海淀区职业技术教育的市场化、专业化和国际化水平，用行动践行京津冀协同发展、"一带一路"等国家战略。

二、着力优化职业教育资源配置

推进职业教育结构布局调整。开展中高等职业学校布局调整，积极推动职业教育基地建设和海淀区职业教育集团建设工作，以海淀区职业教育集团为抓手，实现"政府推动、市场主导、行业指导、社会支持、企业参与"的职业教育办学体制，进行职教资源整合和优化配置、职业技术人才培养培育体系重构和改造，推动现代职业教育体系建设。

搭建职业教育资源配置平台。依托海淀区职业教育资源管理服务中心，优化配置全区职业教育和培训资源，开展人才需求目录编制、政策研究、课程研发、师资交流等工作，将建立产业人才需求信息定期发布制度，作为职业院校、职业教育集团和社会化职业培训机构进行专业、课程设置和开展人才培养的依据。

提高职业教育资源开放水平。采用政府购买服务等方式，由区职业教育资源管理服务中心负责，通过职业教育网络公共平台，将课程开发平台开发的职业技术教育课程、职业教育和培训机构研发的仿真实训课程以及开放大学备案的优质课程，向注册认证单位及个人免费开放。

拓展职业教育国际合作方式。鼓励职业院校与国外院校、机构开展合作办学项目，推进职业院校与国外职业技术教育机构和应用技术类型高校联盟、协会的合作交流，开发与国际先进标准对接的专业标准和课程体系。

三、大力推进职业教育制度创新

建立职业教育与经济社会协调发展的同步规划制度。将职业教育布局规划作为推进核心区建设、科技园区建设和北部新区建设的基本内容，制订与产业发展规划配套的人才同步培养计划，逐步形成产教融合发展的职业教育园区。

推行劳动和教育相结合制度。建立职业教育专业设置依据产业发展、人才需求和劳动力市场就业状况动态调整的制度，坚持产教融合、工学结合、校企合作，系统培养技术技能型人才，形成学校、企业和社会化、市场化职业教育并举，学历与非学历并重，全日制与非全日制共同发展的职业教育发展格局，促进办学类型、学习形式的多样化。

健全政府和社会共建职业教育制度。建立政府购买企业职业教育成果制度，建立行业人力资源需求预测和就业状况定期发布制度，强化、健全企业参与职业教育制度。

四、整体提升职业教育投入标准

建立海淀区职业教育经费保障机制。坚持职业教育的公益性和普惠性，坚持政府投入的主渠道作用，支持职业教育发展。

整合海淀区职业教育发展专项资金。加大政府对职业教育经费的统筹力度，探索职教经费奖励、补贴和资助机制，逐步推广试点企业失业保险按比例返还政策，引导并鼓励企业和社会加大职业教育投入。

第三节　学校体系职业教育特色做法

近年来，海淀区职业学校不断探索职业教育新举措，开拓办学思路，开创多元化办学模式，职业教育获得持续健康发展。

一、政策及经费保障

2014 年底，海淀区挂牌成立海淀区职业教育集团（2017 年 12 月更名为中关村战略新兴产业职业教育集团）。首批成员单位共 52 个，其中政府职能部门 10 个，相关事业单位 4 个，科研院所 4 个，职业院校 9 所，高等院校 7 所，行业组织 6 个，重点企业 12 个。2015 年，在加快构建现代职业教育体系方面，主要是以海淀区职教集团为载体，初步搭建海淀区职教资源与驻区企业间的供需配置平台，引导职教机构改革创新，面向区域重点产业紧缺人才培养转型，探索设立海淀区职教改革发展引导基金，配合"大众创业、万众创新"，增加职业教育投入，为构建海淀区现代职业教育体系的长效机制奠定基础。

北京市海淀区机构编制委员会出台《关于海淀区教委直属事业单位机构设置和主要职责的通知》（海编委发〔2015〕24号），涉及职业教育和社区教育的内容是：撤销海淀区职业技术教育中心建制，将职教中心承担的职教教研和培训职责一并划入海淀区教师进修学校；将海淀区职工大学更名为中关村学院，加挂海淀区职业教育资源管理服务中心牌子，承担高等学历教育培训、继续教育以及职业技能培训工作，协助组织协调海淀区域内职业教育资源；成立北京市海淀区社区教育指导中心，为区教委所属正科级公益一类事业单位，负责指导各街镇社区开展海淀区新型市民教育、学习型社区建设工作。

2015年11月27日，海淀区教育委员会第18期主任办公会议纪要《关于学校布局调整的汇报》中涉及职业教育的内容是：会议原则同意《职业高中校舍资源调整方案》，用三年时间将北京市信息管理学校9个校区调整到位，保留一定的校区，一些校区由普通中小学暂时使用，后期根据实际情况决定学校区归属。在区域范围内，学校体系的职业教育得以进一步整合，提高了资源的效率，为京津冀协同发展背景下职业教育资源在更大范围内辐射整合蓄积了更为强劲的"势能"。

海淀区职业教育经费一直保障充足，为京津冀协同发展背景下职业教育资源的有效整合奠定了基础。

二、创新举措

（一）深入推进海淀区职业教育集团各项工作

2014年12月，海淀区职业教育集团在海淀区委、区政府领导下正式挂牌成立，是全国首家面向高科技产业的职业教育集团。职教集团首批62个成员单位，包括10个政府部门、3个事业单位、5个科研院所、9个职业院校、11个高等院校、6个行业组织、18个重点企业。作为海淀区职业教育发展的重要载体，海淀区职业教育集团坚持市场化的改革和发展方向，以服务区域经济社会发展为目的，通过体制机制创新，推进职业教育与民办教育、成人教育和普通高等教育紧密衔接，实现职业教育资源的横向整合和纵向提升，实现职业教育资源的优化配置，促进职业教育与核心区产业融合发展，满足

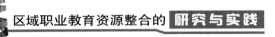

经济发展和社会进步对高素质劳动者的需求，全面建成面向核心区的现代职业教育体系，逐步形成功能定位科学、具有中关村核心区特色的职业教育"海淀模式"。

近年来，海淀区职业教育集团主要开展了以下几个方面的工作。

（1）与北京市教委、百度等联合从2015年开始举办了"海淀区职业教育高峰论坛"，邀请政产学研各界人士共同参加，谋划在京津冀协同发展背景下职业教育的新机遇和新选择。

（2）开展企业调查、挖掘企业需求，及时准确地把握海淀区社会经济发展过程中各产业领域对职业人才的需求，编制并向全国大专院校和培训机构发布《产业紧缺人才需求目录》；利用中关村战略新兴产业的引领地位和产业专业知识体系，编制《产业紧缺岗位人才培养方案》，用以建立广泛的职业教育培养体系，为海淀产业人才需求提供人才资源，同时又可以避免本地化培养形成人口聚集效应；以企业为主体，由政府出资扶持，在各重点产业领域的产业人才实训基地，有序吸纳和培养产业人才；分产业领域并按产业发展规划，每年修订紧缺人才培养计划，有计划、有组织地开展产业紧缺人才培养和培训，实行产业人才订单培养制度和机制；树立大职业教育理念，在全国范围内开展院校专业共建计划，为产业可持续发展提供职业人才增量的资源保障。先后实施《海淀区战略新兴产业紧缺人才需求目录》《海淀区战略新兴产业紧缺人才培养方案》和《海淀区职业教育基地认定标准和认定办法》等项目。

（二）推进海淀区中等职业教育发展各项工作

彻底落实国务院关于加快建立现代职业教育体系精神，建立海淀区域内的中等职业教育、高等职业教育、应用技术型本科教育、专业硕士职业教育体系。将目前的3所公办职业高中调整为1所，建成国家中等职业教育改革发展示范校，形成品牌并争取享有示范校的有关招生、中高职对接、资金等政策；重点与北京城市学院、北京经济管理学院等合作开展"3+2""3+4"的中高职衔接实验；筹备建设北京城市学院二级学院——海淀区艺术职业学院，实现高等职业教育直通；发挥区域内高等教育资源优势，依托新转型的应用技术型本科院校，开展本科层次的职业教育合作；条件成熟后，开展专业硕士层面的职业教育，形成海淀区现代职业教育体系。

（三）加大对外合作力度，拓宽学校视野，为学生就业搭建新的平台

海淀区信息管理学校与"360同城帮"、中盈创信科技有限公司三方共同牵头建立北京市职校学生自主创就业平台，北京市工业职业技术学院、北京市工贸技师学院等27家学校共同参与，为学生就业搭建新的平台。学校不断深化与美国康伯斯威尔大学、新西兰怀卡托理工学院合作办学项目，与加拿大北岛学院初步洽谈合作项目，进一步拓宽学校国际合作领域。

（四）深化职业教育课程改革

大力推进学前教育专业中高职衔接课程改革项目，逐步建立中职学校公共基础课程教学工作诊断与改进制度。公共艺术教学资源平台建设基本完成继续深入推进职普融通的课程建设工作，现已完成《海淀区小学高年级和初中职普融通课程方案》的制订。

（五）注重课题研究，关注成果转化

由海淀区职教中心牵头的《符合区域行业特点的中高职教育衔接课程标准建设研究——以海淀区学前教育专业为例结题材料汇编》《海淀区学前教育专业中高职衔接课程体系建设论文集》《提高职高生职业适应性能力的途径研究结题材料汇编》《职普融通的课程建设课题研究成果》等课题研究成果汇编工作正在进行中。

（六）海淀职业教育在全国、北京市职业院校各类比赛中均取得优异成绩

北京市信息管理学校学生现场展示的安全攻防技能项目"心手合一、我用指尖守护互联网安全"获得全国一等奖，该校也是全国众多参赛项目中唯一一所获得信息类大奖的学校。同时还在全国计算机硬件检测维修与数据恢复项目中荣获2个二等奖；在动漫技术项目中荣获1个二等奖，1个三等奖；在企业网搭建及应用项目中荣获1个三等奖。

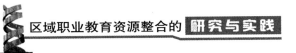

（七）大力加强职业教育与社区教育的结合

根据北京市《关于举办北京市第十一届全民终身学习活动周暨海淀区职业教育发展高峰论坛的通知》精神，组织全区 29 个街道、镇开展以"知识启迪心灵，技能创造价值"为主题的海淀区"全民终身学习活动周"暨"教育进社区"活动。各街镇围绕活动主题相继开展了系列教育培训、读书活动、知识竞赛、征文活动、演讲比赛、学习研讨会、座谈会、论坛、专题报告会、技能培训、技能大赛、主题学习、经验交流等活动，进行全民学习、终身学习的教育、宣传，让社区居民深刻感受政府的关怀、关心，让社区居民体验学习的幸福与快乐。

（八）加强国际合作

海淀区职业教育集团致力于为更多的学生提供赴美留学继续深造的机会，与美国康伯斯威尔大学开展合作项目，实现与美国康伯斯威尔大学的联合招生，采用国内职高 3 年＋国外短期培训＋国外大学 4 年本科的合作模式。为搭建国际职业教育平台，培养具有双语优势国际化职业人才，学校与新西兰怀卡托理工学院开展合作办学项目，采取新西兰专／本连续的学习方式。为做好这项工作，学校进行了大量的基础调研工作，了解学生的相关情况，与新西兰怀卡托理工学院进行了多次交流和协商，并签订合作协议，确定双方的合作项目。学校于 2013—2016 年在商务英语专业已招收四届学生，2016 年与新西兰怀卡托理工学院联合招生的第一届学生已经毕业，开启他们继续求学深造之路。

（九）加强资源建设，深化信息化教学模式

海淀区职业教育集团注重教育信息化建设，建设和完善网络教学平台，开发教学资源，不断提升教师信息化教学水平。学校以"BB 网络教学平台"为基础，逐步形成各专业系统化的网络课堂，开设了大量的网络课程和数字化教材。教师基于数字化平台开发网络课程、录制精品课程、建立优质教学资源库，并在教学过程中充分利用，使信息技术与教学过程深度融合，有效提升了教师信息化教学能力，提高了学生的学习效果。

附录A
中关村战略新兴产业职业教育集团*章程

　　根据国务院《关于加快发展现代职业教育的决定》（国发〔2014〕19号）、教育部等六部门关于印发《现代职业教育体系建设规划（2014—2020年)》（教发〔2014〕6号）的通知、《北京市人民政府关于加快发展现代职业教育的实施意见》（京政发〔2015〕57号）及教育部职业教育集团化办学的要求，围绕首都城市战略定位，发挥中关村核心区战略新兴产业的资源优势和辐射作用，积极构建战略新兴产业高精尖人才培养模式，现组建中关村战略新兴产业职业教育集团（以下简称集团）。为明确集团成员单位的权利和义务，规范集团活动和成员单位行为，制定本章程。

第一章　总则

　　第一条　集团名称：中关村战略新兴产业职业教育集团（以下简称集团）。

　　第二条　集团性质：由相关政府职能部门和事业单位、职业院校、高等院校、科研院所、行业组织、企业等按照平等互利原则自愿组成的区域性职业教育联盟组织。

　　第三条　集团宗旨：坚持市场化的改革和发展方向，以服务首都战略新兴产业发展、服务科技创新中心建设为宗旨，以产教融合、合作育人、创新发展为主线，走产、学、研、用结合发展的道路，构建战略新兴产业高精尖人才培养模式。

　　第四条　集团目标：更好地整合和共享战略新兴产业教育资源，提升北京市战略新兴产业职业教育的综合实力，以满足首都经济和社会发展对"高、精、尖"人才的需要为目标，不断为企业输送和培养高素质的职业人才。通过体制机制创新，推进职业教育、成人教育和普通高等教育紧密衔接，实现职业教育资源的优化配置，促进职业教育与中关村战略新兴产业融合发展，按照市场化和资本化的运营模式，构建职业教育和企业发展更加良性互动的职业教育生态发展环境，建立战略新兴产业领域的职业教育品牌。

第二章　集团职能

第五条　贯彻落实国家关于职业教育方面的法律、法规、规章，推进依法治教，协助北京市教委开展战略新兴产业领域职业教育改革和发展规划的相关研究，并负责推进落实。

第六条　搭建政府、院校、科研机构、企业对接交流的资源平台，探索成立产业界别委员会，实现不同主体之间的职业教育资源共享和优化配置。

第七条　整合北京市职业资源，以中关村战略新兴产业人才需求为依据，依托产业界别委员会，开展各产业领域的人才培养方案、课程开发、专业共建和企业实习实训基地的建设等工作，探索产教融合创新机制，构建中关村战略新兴产业高精尖人才培养的大职教体系。

第八条　开展中关村战略新兴产业紧缺职业技术人才培养工程、创新创业人才培养工程和双师型师资队伍培养工程，为北京市战略新兴产业发展提供强有力的人才支撑。

第九条　探索建立支持战略新兴产业发展的职业教育专项资金、基金，用于促进职业教育的师资培养、课程研发、基地建设等体制机制创新。

第十条　组织职业教育和产业对接活动，开展职业教育发展论坛，不断提升中关村战略新兴产业职教集团的影响力和品牌知名度。

第十一条　以集团名义，开展各类职业教育国际交流对接活动，探索与国际职教机构和院校合作各类项目。

第三章　机构组成与管理

第十二条　集团由成员单位组成，并设立理事会、秘书处等机构。原则上各职务任期为3年，可以连任。

第十三条　成员单位。

凡自愿遵守集团章程，履行章程规定义务，具有独立法人资格的政府部门、科研机构、高等院校、职业院校、办学水平较高和社会信誉较好的社会培训机构、有较大影响力和较强实力的战略新兴产业领域的企业、行业协会、社会组织等单位，经申请并经集团理事会批准后，可成为集团成员。

（一）申请加入集团的程序

1. 向秘书处提交申请表、单位及主要负责人基本情况；

2. 由秘书处报理事会讨论通过。

（二）退出

集团成员单位有退出集团的自由。退出集团的单位应向本集团提出书面退出申请并说明原因。

（三）成员单位代表大会

主要职责是：

1. 选举和罢免理事单位；

2. 决定重大变更和终止事宜；

3. 成员单位代表大会每年至少召开一次，须有三分之二以上代表出席方能召开，其决议须经到会代表半数以上表决通过方能生效。

第十四条　理事会。

理事会是集团的最高决策机构，由理事单位组成。理事单位由秘书处从集团各类成员单位中遴选若干家单位，并通过成员单位代表大会表决产生。首批成员单位及理事会由牵头单位指任，任期结束后，再由成员单位代表大会选举产生。

（一）理事会组成

设理事长单位1个，常务副理事长单位1个，副理事长单位3个，理事单位若干。理事长、常务副理事长、副理事长、理事由各理事单位推荐代表出任，原则上由该单位的相关业务负责人担任，代表其所在单位参加集团的工作及活动。

（二）理事会的主要职责

1. 制定集团发展规划、方针及目标，确定集团的工作计划；

2. 审议年度工作报告及财务报告；

3. 制定和修改集团章程；

4. 确定内设机构及专门工作委员会；

5. 选举和罢免理事长单位、常务副理事长单位、副理事长单位、秘书长、副秘书长及理事会成员，决定集团成员的退出；

6. 制定集团规章制度；

7. 统筹集团内资源，协调各成员关系；

8. 审议通过集团理事或秘书处提出的议案；

9. 审议和决定集团内其他重大事项。

（三）理事会会议

理事会每年召开一次会议，须有三分之二以上理事单位代表出席方为有效。在召开理事会期间，理事长单位代表因故不能出席时可委托一名常务副理事长单位代表主持会议。理事会实行民主集中制，决定重大问题须经半数以上理事单位代表同意方为有效。

第十五条　秘书处。

秘书处是集团的常设执行机构，设秘书长1名，副秘书长若干。秘书处设在中关村创新研修学院，具体负责处理集团日常事务。

秘书处的主要职责：

1. 执行理事会的决议、决定；

2. 编制集团年度计划，实施集团年度工作方案；

3. 受理非成员单位的入会申请；

4. 负责成员单位的议案和工作协调申请；

5. 负责筹备理事会议和成员单位会议，起草会议文件，撰写工作报告；

6. 收集、发布战略新兴产业人才培养信息和人才供应信息；

7. 负责协调各界别委员会，为各成员单位提供相关职教和人才服务；

8. 创办集团网站并维护其正常运行，负责集团对外宣传；

9. 负责集团的内外联络协调工作和有关文档管理工作；

10. 负责集团的财务管理工作。

第四章 权利和义务

第十六条 集团成员单位共同的权利和义务：

（一）集团成员单位均享有以下权利

1.职教集团成员单位地位一律平等，依照《章程》享有选举权、被选举权和表决权；

2.对《章程》中规定的发展规划、合作方针、目标任务等重大事项提出意见、建议，对集团的工作进行监督；

3.依据规定使用"中关村战略新兴产业职业教育集团"的统一标志，经集团理事会同意，可用集团的名义开展相关活动；

4.享有集团内人力资源共享、信息交流、教学咨询、科研成果转让、实验实训设施及实习基地使用等各种职业教育资源的优先使用权；

5.向理事会提出议案的权利；

6.加入自愿，退出自由；

7.《章程》规定的其他权利。

（二）所有成员单位均应履行下列义务

1.遵守《章程》，遵守成员单位之间签订的协议；

2.执行理事会决议；

3.向集团提供信息资料，反馈行业发展情况，通报相关工作进展，完成集团交办的工作任务；

4.树立集团良好形象，维护集团的合法权益；

5.为集团开展活动提供必要的支持；

6.《章程》规定的其他义务。

第十七条 院校类成员单位的权利和义务：

（一）院校类成员单位的权利

1.受集团理事会委托，有权召集相关成员单位开展教学、科研、招生、就业等方面的交流活动；

2.优先向成员企业了解人才供求信息和培养要求；

3.优先聘任成员企业专业技术人员到学校担任兼职教师；

4.优先向集团成员单位派遣实习生；

5.优先享用集团内各种教育资源。

（二）院校类成员单位的义务

1.做好每年理事会交办的相关工作；

2.优先向集团成员单位开放培训基地、教学设施、师资等资源；

3.优先为集团成员单位培训提供人力、智力和教育政策支持；

4.向理事会和集团成员单位提供招生、教学、就业信息，实现资源共享；

5.根据集团成员单位的要求，提供业务咨询、技术服务、员工培训服务及科研成果转让。

第十八条　企业类成员单位的权利和义务：

（一）企业类成员单位的权利

1.指导学校办学，参与学校的专业建设、课程改革、学生能力培养等教学工作和招生、就业指导工作；

2.优先与成员学校签署人才需求订单；

3.优先获得成员学校提供的优秀毕业生；

4.优先获取成员学校研发的科学技术成果；

5.优先享用职教集团内各种职业教育资源的各类信息。

（二）企业类成员单位的义务

1.提供旨在提高学校办学水平、人才培养能力的信息，如专业调整、人才培养规格等方面的新信息；

2.在企业生产允许的情况下，尽可能为学校的学生实习、教师实践提供方便；

3.及时反馈用人单位对学校毕业生的需求信息，进行就业指导；

4.向学校推荐教学所需聘请的专业人员和指导教师。

第十九条　集团成员单位如有违反本章程的行为，损害集团的声誉和利益，情节严重，经劝告无效，由理事会表决通过，责令其退出或予以除名。

第五章　经费和资产管理

第二十条　集团经费来源：

（一）财政扶持经费；

（二）有关单位及社会捐赠；

（三）集团成员单位提供的赞助和支持；

（四）在核准的业务范围内开展活动或服务的收益；

（五）其他合法收入。

第二十一条　集团经费用于常设机构办公经费等集团内的业务工作和事业发展，不在成员中分配；任何单位和个人不得私自侵占、挪用。

第二十二条　经费由秘书处统一管理，定期向理事会汇报使用情况。

第二十三条　建立严格的集团财政管理制度，执行国家规定的财务管理和资产管理制度，接受理事会和财政部门的监督。

第二十四条　属于捐赠和资助的资产，集团将以适当的方式公布。

第六章　终止程序及经费处理

第二十五条　集团如果完成使命需要解散或由于其他原因需终止活动时，由秘书处提出终止动议，经理事会审议表决通过，并报批准单位审查同意。

第二十六条　集团终止前，需在主管部门的指导下成立清算组织，处理善后事宜。

第二十七条　集团终止后的剩余经费，在主管部门的监督下，按照国家规定，用于发展职业教育事业。

第七章　附则

第二十八条　本章程经集团理事会通过后生效。

第二十九条　经集团理事会同意，本章程可以修改。

第三十条　本章程其他未尽事宜由集团理事会决定。

＊注：为原海淀区职业教育集团。

附录 B
依托"海淀区职教集团"建立京津冀"新型应用人才"培训平台的方案

为了充分整合"政产学研社"多元主体力量，更好地服务于全国科技创新中心核心区建设和海淀区经济社会发展的需要，特别是满足战略性新兴产业"新型应用人才"能力素质提升的需求，特提出依托"海淀区职教集团"建立京津冀"新型应用人才"培训平台的初步方案。

一、可行性分析

1."海淀区职教集团"已有一定的工作基础

作为全国首个面向高科技产业的区域性职教集团，"海淀区职教集团"吸引了大量"政产学研社"单位，首批成员单位总数已达 52 家，既有像北京航空航天大学这样的驻区"985"高校，也有区属的北京市海淀区职工大学，特别还有 12 个重点企业，不乏百度、新浪、用友、小米科技这样的行业领军知名企业，拥有得天独厚的"校校合作""校企合作""产教融合"开展培训的便利条件。自成立以来，"海淀区职教集团"通过多次的"政产学研社"座谈会和行业、企业调研，初步摸清了区域人力资源的需求情况，特别是通过与行业组织、企业深度沟通，逐步理清了工作思路，触摸到"政产学研社"多元主体的"同频共振点"，通过后续一系列京津冀职业教育的共同行动，又进一步摸清了京津冀三地在战略性新兴产业的发展和"新型应用人才""梯度"状况，为下一步建立完善的京津冀"新型应用人才"培训平台奠定了较好的工作基础。

2. 海淀区乃至京津冀三地产业升级和企业发展有需要

作为中关村科技园区核心区，海淀区一直处在产业升级的最前端，"6+1"战略性新兴产业和国务院批复的《北京市服务业扩大开放综合试点总体方案》又对产业升级提出了新的要求。随着党的十九大召开和国家京津冀协同发展的推进，相应地需要大量应用型、国际化的人才与之相配套，因此亟须建立与京津冀协同发展动态匹配的教育培训服务体系，满足核心区产业升级和企业发展对人才能力素质提升的共性化需求，在职业应用和职业前沿的专业技术、职业精神和职业生活素质的非专业技术方面提供区域"新型应用人才"培训的公共平台。

3. 企业的积极性很高

海淀区的企业以创新型的高科技企业为主，行业技术、专业规范等更新换代快，对员工的能力素质要求也在不断提高，而无论是社会人才还是高校毕业生，都无法迅速调整满足其需要，迫使企业自己开展人才内训。另外，一些逐渐成熟起来的企业大学也逐步转型为"教育型企业"，还有一些社会中介组织（行业协会、培训机构等）也提供相关的培训服务。总之，无论是作为人才的需求方还是人才的培养方，在海淀区域内的企业对培训服务有较高的热情，为建立区域"新型应用人才"培训平台提供了强劲的市场潜能。

二、培训平台的初步设计

（一）基本设想

依托"海淀区职教集团"的资源优势，与中关村科技园区海淀园的优秀企业、京津冀三地的相关职业院校开展深度合作，分别在中关村地区（中关村学院北四环校区）和北部新区（中关村学院温泉校区）建设海淀区高科技"新型应用人才"的培训基地。通过中关村地区和北部新区两个组团的整合协同推进，构建一个以政府为主导、校企为主体、各类社会组织为补充的多元合作的区域"新型应用人才"培训平台。通过京津冀三地公办与民办通力合作、学校与企业深度融合，发挥各自优势，开展与高端领军人才配套的各种类型、各种层次的"新型应用人才"的系列培训，为京津冀区域战略性新兴产业提供人才支撑。

（二）培训平台的几大保障要件

作为区域的一个公共服务平台和优秀资源的集成整合平台，京津冀"新型应用人才"培训平台将充分利用区域资源为区域园区、产业人才素质提升服务，为了提升服务能力和水平，需要构建几大保障要件。

1. 管理协调机构

依托"海淀区职教集团"，征求"海淀区职教集团"52家首批成员单位的意愿，扩充理事单位，形成核心层、紧密层、外围层三个层次的战略合作伙伴关系。成立"海淀区职业教育资源管理服务中心培训中心"，作为培训体系日常运营和管理的办事机构，处理京津冀"新型应用人才"培训体系的日常事务，履行相关的法律权利和义务。各级各类培训采取项目管理模式，通过设计一些创新项目，组织优秀团队，进行项目的前期策划设计、中期具体实施、后期总结修正。通过逐步建立高科技园区的用人、培养、评价"一体化"的标准方案，用标准进行管控，按标准加盟复制，加大管理半径，扩大培训规模。通过项目激励和标准约束，使京津冀"新型应用人才"培训体系不断进入良性运营轨道。

2. 公益基金

采取公益基金的运作模式，设立一个"海淀区职教集团"公益基金，筹措资金。政府首期投入，作为引动的"天使基金"，吸引"政产学研社"多方注资，通过人才定制合作协议建立以有培训需求的企业为主体的互助型的公益基金。

3. 课程开发体系

按照培训内容设计，不断增强培训的针对性、实效性、实践性，逐步形成具有海淀区域特色的模块化、体验式的培训课程体系。在"政产学研社"合作中形成三个层次的课程开发平台。第一个是"点对点"，针对单个企业，接受行业领军企业的委托培训，通过定制化课程开发，共同合作，挖掘企业的内在文化、技术优势、技术规范，形成企业特有的课程开发组合，进一步合作设计培训方案、师资邀请，对企业员工进行定制培养。第二个是"点对线"，针对产业，主要是"6+1"战略性新兴产业，按照行业对人才的需求及行业标准，与各类产业组织合作，开发产业的共性技术和文化，开发企业群的培训课程。根据一类企业的需求来设计培训内容，安排课程设置。第三个是"点对面"，与海淀园合作，针对海淀区的中小企业进行园区文化的总结凝练。通过这三个层次的课程开发，构建海淀区立体的培训课程体系。

4. 区域师资库

秉承"专家运营、名师执教"的办学理念，加强一流的师资队伍建设，建立由政府出面，通过完善的遴选机制，组建多元互补、注重实践的师资团队，逐步完善"双师制"（一流理论教师和一流实战专家的有机结合，形成一个合理的结构）培训师资队伍。重点从高科技企业挖掘使用一批优秀师资，建立京津冀"新型应用人才"培训名师库。师资库由专业技术层面、政策层面、文化层面等名师构成。特别是专业技术层面的，要聘请具有"10年以上从业经验＋国内外知名企业工作经历的企业 CEO、高管"等行业管理和技术精英加盟。

5. 示范培训基地

按照自主性、体验性、实践性的原则，提供教学条件设施的保障和重新装备，建设示范性的培训基地。由于在培训中增加大量的实践环节，基地建设重点在于打造体验式的培训实践平台。第一类是基地内的培训实践平台。投资进行条件设施的保障和重新装备，建设实际操作的环境。第二类是通过整合资源与职教集团内的各类企业或者遴选园区战略性新兴产业的旗舰企业，建设相关产业的各类培训实践平台，包括仿真性、研发性和生产性三类。以示范培训基地为样板，开展"产教融合""校企合作"，充分利用新兴产业、企业资源，建设不同产业、不同层次的海淀"新型应用人才"培训基地。

6. 远程网络

通过整合职教集团内的各类企业或者行业旗舰企业的内训课程 e-learning 在线学习资源，搭建区域的 e-learning 在线网络培训平台。在职教集团内部集合一流研发人员开发相关的培训软件，在区域内积极推进大学与企业建立培训联盟，注重学习资源的研发和积累，逐步形成京津冀"新型应用人才"培训课件资源库，内容涵盖园区文化、职业素养、专业技能、前沿科学技术等多个模块，可供不同需求的学员自主选学，并进一步推动数字化学习资源向全社会开放，形成更大范围的合作，扩大培训体系的覆盖面和影响力。

三、培训内容和形式

（一）培训内容

由于针对的是中关村（海淀园）这一特定区域的"新型应用人才"培训，所以在培训内容上除了专业技术之外，需要重点提炼以海淀园区的"三创"（创新、创业、创意）文化为核心的园区现代职业精神和园区特有文化，以此为基础内涵，开发培训课程。在现在社会上普遍重视的专业技术之外，更加强化软能力的培训，以素质训练基地的建设为起点，按照"6+1"战略性新兴产业的各个产业特有的文化来营造培训氛围，对受训者进行文化熏陶、情操陶冶，使其思维模式转变，通过学员与园区、企业的"体验—反思"互动塑造合格的高科技园区职业人。

培训内容总体上以职业发展为导向，分为专业技术方向和非专业技术方向的相关知识、能力、素质。其中，专业技术方向以"海淀区'6+1'战略性新兴产业"各个产业都需要的职业应用能力和职业最新的前沿知识和技术为主；而非专业技术方向以职业精神和职业生活素质为主，重点灌输海淀园特有的园区文化和精神气质。初步考虑培训课程虚实结合，"虚"——海淀园特色文化的素质教育（软能力）课程+"实"——相关专业方面的专业知识技术（硬能力）的培训课程。针对不同的培训对象提供不同的课程组合，比如，对园区管理者及企业经营管理者（高管），提供学历及管理能力素质提升培训，强化行业前沿、高端、顶尖的知识和技术的渗透；而对准备进高科技园区的行业领导企业的名牌高校学生，则以培养一些非专业的通用能力和企业实战中的专业技术和能力为主，把重点放在融入园区的文化认同培养，通过自身的体验、感悟，逐步打上园区的文化烙印。

总之，建立的这个培训平台定位于为园区提供公共培训服务，在培训内容上要摸索出一套各个公司内训之外的、有海淀自身特色的通识性的培训课程体系，打造通用的关键能力、传授产业集聚形成的整体文化和精神，按照既符合教育规律的内在逻辑性，又能"接海淀地气"的特色精品目标打造服务园区的"新型应用人才"培训的海淀园（中关村）自身的公共培训课程。

（二）培训形式

考虑到与园区有关的都是学历层次较高、思维活跃、创新创意潜力大的人才，因此在培训形式上需要采取比较新颖的方式，以提高培训的吸引力与实效性。将示范性培训基地学习指导、区域的 e-learning 在线网络培训平台在线自主学习、特训营强化互动训练三种主要培训形式有机结合，体现以下特点。

1. 自主性

建立"学习圈"和"学习共同体"。在开展培训时要充分发掘学员自己学习和相互学习的潜力，激发其自身的学习动力，自我学习，共同提升。

2. 体验性

改变传统的讲授方式，化学员被动接受为积极主动参与，以拓展活动、体验式教学、特训营等行动导向教学模式组织教学。户外的团队拓展训练、室内的沙盘游戏、角色扮演、管理游戏、模拟面谈、小组讨论等训练。

3. 实践性

重视实践教学，通过"产教融合""校企合作"共建实践性极强的培训基地，营造出园区高科技企业环境，遴选园区战略性新兴产业的旗舰企业，构成相关产业的各类实习实训基地，包括仿真性、研发性和生产性环境的实训基地，可以由"海淀区职业教育资源管理服务中心"整合资源进行条件设施的保障和重新装备，也可以与"海淀区职教集团"内的各类企业合作建设，并通过不断引进企业的专业技术人员授课、开设企业专项班等举措，将理论学习和实践训练有机结合，提高学员的应用能力。

在京津冀三地遴选优秀人才，职教集团企业统一的标准选拔首期三个班，每班 30 人进行试点。

培训的专业方向：

第一个班：高校毕业生，从几大高校选拔优秀学生，与毕业实习结合，4个月——白天班，第一个月在培训的主要学习区——中关村学院（政策、园区文化、企业高管），第二个月分到职教集团的各个会员企业，运用"现代学徒制"，真实的职业感受，第三个月回到主要学习区——中关村学院进行结

队——成立项目小组，将企业高管、技术专家引入，进行指导。

第二个班：园区中小企业选拔的优秀员工，半年班——晚上班，与学历结合。

第三个班：面向社会招生，大学毕业的等待就业期或者二次就业的调整期，专业人士。

在这样的培养方式下，初步考虑以"自主成长特训营"的培训形式组织培训，建议设计一周营、三周营、九周营、三月营（与大学毕业生的实习结合）。首期建议两个项目：

1. 优秀大学生海淀就业特训营：通过严格的面试、考核，选拔一批优秀的名校大学生，进行实验性培训，培训分为三段，由博到专、由浅入深、由理论到实践。第一段是园区文化和行业技术的概述性了解，第二段是选择一个专业方向进行深入学习，第三段将完成某一具体项目。

2. 园区管理者及企业经营管理者（高管）特训营：开设针对园区管理者及企业经营管理者（高管）为期一周的短期培训项目，以帮助他们了解所在行业的前沿技术，培养前瞻性思维。

这两个营可以在最后大学生做项目时进行交叉，大学生能够充分发挥自己的青春活力和创意能力，而企业家、高管可以同业共享共赢，提供行业的丰厚资源，组成大学生和企业家的合作团队，开展项目合作，进行竞赛。以较为真实的实战模拟，在培训中生成实际的商业项目，提升处理实际问题的能力。通过趣味性比较强、参与度比较高的系统化培训，增强学员的各项职业能力和素养。

四、预期目标

1. 丰富政府服务内涵

园区发展到现今的阶段，政府在发展模式和服务方式上需要有所创新。整合区域内的各种相关培训资源，在园区人才能力素质提升方面除了企业内训、社会机构培训之外，探索一条在区域层面以政府为主导、校企为主体、各类社会组织为补充的多元合作的培训运行机制和模式，增加人才的"自训率"，提高人才素质提升的稳定性和精准度，解决园区发展的"瓶颈"，促进可持续发展，提高发展的品质，丰富政府服务内涵，政府可以在更高层次和关键环节支持企业发展，而不是仅仅靠提供各种税收优惠和场地资源，能够充分发挥海淀区独特的优势，增强政府服务企业的能力，在园区更好地留住老企业和吸引新企业进入。

2.满足企业人才需求

从《中关村核心区战略性新兴产业重点企业调查报告》和我们的初步调研可以捕捉到下面的信息：重点企业在人才素质提升和知识更新方面的投入"呈逐年加大的趋势，已经对企业发展形成不小的压力"，加之由于高校和劳动力市场不能"提供有效的人才支持"，企业只有"通过自行设立企业大学的方式为企业发展培养人才"。但培养成熟后又容易出现流失的问题，影响企业培养人才的积极性。上述的问题是发展中的问题，要求政府出面针对区域内主要企业的人才素质能力培训进行系统设计和整体培养。

3.职教集团发展的重要举措

按照落细、落小、落实的要求，深化产教融合、校企合作，开展系列培训，使"海淀区职教集团"在实际项目运作中，持续总结经验，再凝聚经验形成模式，继而不断做实、做强，推动职教集团扎实进取，更好地服务职业教育发展，为京津冀协同发展背景下职业教育资源整合提供一种模式。

五、亟须解决的几个问题

1.从政府角度立项，政府前期投入引动性资金。为了提升服务水平，深化发展内涵，建立更完整的培训体系，政府需要前瞻性的公共投入。

2.基础课程的设计、开发。海淀园特色文化的素质教育（软能力）课程的提炼、海淀区"6+1"战略性新兴产业各个产业都需要的职业应用能力和职业最新的前沿知识和技术的梳理，这些是培训课程的基础，需要提前着手，花大力气整理。

3.具体开展项目。找准目标对象，策划设计专门化培训项目，组织优秀团队，进行项目策划、实施，在实际运作中摸索经验，不断完善。

附录C

中关村学院"十三五"时期事业发展规划

"十三五"时期是中关村学院（北京市海淀区职工大学，以下称中关村学院）发展的关键时期，根据北京市《"十三五"时期教育改革和发展规划》和海淀区《国民经济和社会发展第十三个五年规划纲要（2016—2020年)》以及《海淀区"十三五"时期教育改革和发展规划》《教育部关于"十三五"时期高等学校设置工作的意见》精神，结合中关村学院发展实际，特制定本规划。

一、发展基础与面临的形势

（一）发展基础

"十二五"时期，学院坚持改善基本办学条件、保持学历教育办学规模、大力开展社区教育、推进校企战略合作，在一系列重点领域和关键环节取得了突破，顺利完成了"十二五"规划确定的主要目标和重点任务，提高了学院的办学影响力。

成人学历教育保持基本规模并实现转型发展。职工大学、开放大学、网络学院多种办学形式并存，本、专科在校生保持在1000人规模。探索成人学历教育向高等职业教育的转型，创新人才培养模式，完成学前教育中高职衔接课程开发、酒店管理专业实现"校企融合的商学院"教学模式，孵化出甘百商学院、四季商学院，促进了学院内涵发展，为企业培养了一批技术技能人才，同时有效地提升了海淀区企业事业单位从业人员的学历。

社区教育初步形成品牌。以"社区教育体验学习中心"建设为载体，通过科研引领、品牌立项、企业助推，不断扩大学院社区教育的影响力。建立了茶艺、西点、礼仪等十大品牌体验项目，社区教育体验年均达到 2.3 万人次，接待了 20 多个国家和地区代表的参观访问，成为全国示范性社区教育品牌。

继续教育培训能力进一步提高。加强与区域内委办局的合作，建立了海淀区公务员培训基地、普通话水平测试中心、新型农民培养基地等十个品牌基地，年培训达到 1200 人次，近 5000 人考取各级各类证书。

办学条件得到有效改善。"十二五"期间，区教委先后投入 7105 万元专项经费支持学院的校舍装修、信息化工程改造、课程改革等方面的建设，完成 3 个校区校舍的装修改造、建立校园信息系统，改善了办学条件。

经过"十二五"期间的努力，学院的办学特色和优势得到进一步体现，在终身学习和学习型城市建设方面发挥了重要的作用，学院发展站在了新的起点上。

（二）面临的形势

党的十八届五中全会提出了"创新、协调、绿色、开放、共享"的发展理念，未来五年，国家创新驱动发展等重大战略部署对教育事业提出了新的任务和要求，北京市和海淀区经济社会发展新形势为海淀教育和学院发展提供了新的挑战和机遇。"十三五"时期是深入贯彻中央"四个全面"精神，推进京津冀协同发展，实现北京创新驱动发展、经济转型升级、基本建成"四个中心"的重要时期；也是加快海淀区改革发展的关键时期、是海淀区深化教育综合改革、通过系统性改革激发新动力的攻坚阶段；更是中关村学院在"十二五"建设成果上站在更高起点、创新发展、承担重任、迎接挑战的关键阶段。

"十三五"期间，海淀将加快建设环境优美、和谐宜居的全国科技创新中心核心区，推动经济提质增效升级。将进一步壮大"高精尖"经济实力，坚持高端化、服务化、集聚化、融合化、低碳化方向，建立健全以知识经济、服务经济、绿色经济为主导的"高精尖"产业体系，大力发展文化创意产业，加快国家级文化与科技融合示范基地建设，继续保持新媒体、数字内容、文化装备等文化产业领跑全市、领先全国的优势地位，不断增强文化创意产业对经济增长的贡献，将加快推进"农转居"，力争 2020 年现有户籍农民全部成为拥有城市工作技能和可持续发展资产的城市居民。将大力发展高科技农业和集体经济。挖掘农业综合功能，大力发展都市型现代农业、生态科技农业、景观农业，提高农村休闲服务业、生活服务业水平，构建现代农村产业体系和生产经营体系，加快北部地区"一镇一园"建设，大力发展新型集体经济，加快建设高科技农业示范区。海淀将全面建成小康社会，努力让海淀人民共建共享更加美好的生活，为建设国际一流的和谐宜居之都做出更大贡献。

学院要主动适应海淀区域发展的新形势、新要求，全面加强党的建设，全面深化学校综合改革，全面推进依法治校，全面提高服务区域发展的能力。

要充分研究国家创新驱动发展、"一带一路"建设、京津冀协同发展的新战略部署，结合学院地处中关村核心区腹地，周边重点高校林立，海淀区基础教育办学雄厚等特点，精准确定学院办学定位，创造出成人教育的新的办学模式。

要主动服务海淀区域经济社会。根据区域经济社会发展规划，对接区域新兴战略产业，面向行业、面向基层、面向一线，通过多元合作，为区域内的企事业单位从业人员、中小学教师、农村劳动者以及社区居民等群体提供便捷的教育服务。

要积极深化学校综合改革，提升自身品质。通过深化学校办学体制改革、运行机制改革、教育教学改革、人事制度改革等，在稳定发展学历教育的同时，将学历教育和非学历培训、社区教育有机结合，探索多层次、多规格、多功能、多形式办学的有效途径。

（三）存在的问题

面对新形势、新要求，我们必须清醒地认识到，目前学院还存在亟待解决的问题：

1. 解放思想、更新观念不够。干部和教职员工的教育观念和管理理念仍然跟不上形势的发展和学校工作的需要。

2. 师资队伍建设仍然是制约学校发展的关键。专业带头人、骨干教师以及教科研领军人才和高水平创新团队还偏少。

3. 人才培养模式改革仍要继续深化，专业和课程建设亟须加强，产教融合还不能完全适应发展的需要，校企合作的机制仍不够完善，教学质量有待进一步提高。

4.社区教育还有待向标准化和规范化发展；面向企业和园区的职业培训还有待向高端化发展；作为区域学习型城区建设和终身学习基地的功能还有待进一步发挥。

5.作为海淀教育体系中的高等院校，学院管理模式还亟待进一步规范，管理效率还有待进一步提高。

这些问题急需在"十三五"期间加以解决。

二、指导思想

全面贯彻党的十八届三中、四中、五中、六中全会和习总书记系列重要讲话精神，全面贯彻落实党的十八大以来历次会议及习近平总书记系列精神，牢固树立"五大"发展理念，围绕"五位一体"总体布局和"四个全面"战略布局，以全国科技创新中心核心区建设为统领，以人的全面发展为本，为海淀乃至全国的创新驱动发展提供软实力和硬支撑。坚持"发展兴校、质量立校、特色建校、人才强校"的发展战略，发挥高等学校四大职能，坚持并不断创新和完善成人高等职业教育、继续教育和社区教育"三位一体"的办学特色，以服务发展为宗旨，以促进就业为导向，紧贴区域发展实际，适应科技进步、生产方式变革和创新创业带来的新业态以及社会公共服务的新需求，深化产教融合、校企合作，推进产学研协同创新，积极创建与区域发展相匹配的教育品牌，培养有持续职业发展能力和终身学习能力的人才，服务区域居民终身学习需求和学习型海淀建设，助推全国科技创新中心核心区建设和京津冀协同发展，推动学院整体办学水平迈上新台阶。

三、发展目标

到2020年，在全市和全国引领成人继续教育现代化进程，办学水平、教学质量、教学基础设施、师资水平达到全国同类学校一流水平。初步建成紧贴北京和海淀区经济社会发展，以学历教育为基础，集成人高等职业教育、继续教育及职业培训、社区教育于一体的全国一流的区域性成人高等学校。对提升区域科学发展能力和软实力的贡献不断提高。学历教育向开放性、多样化发展，积极发展成人高等学历教育，到2020年，各类学历教育在校生规模保持在1000人。加快学历教育向成人高等职业教育转型，围绕海淀区战略性新兴产业和城市高端服务业，加快调整专业结构，建设10个左右符合区域经济社会需求的骨干专业，其中打造出3～4个具有竞争力的院级以上品牌、特色专业。积极探索"互联网＋"的混合式教学模式，建设中关村学院MOOC教学平台，建成6个在线直播教室，推进学历教育的线上与线下互动教学与学习，开放教学资源，推进京津冀联手办学，实现资源共享。

社区教育向示范性品牌化发展。继续保持社区教育的引领和示范地位。转变发展观念，实现社区教育内涵式发展。开展社区教育项目标准和课程标准建设，形成100门社区教育品牌课程；积极探索社区教育课程与成人学历教育课程的学分互认。开展社区教育理论研究，培养一批社区教育专家；开展社区教育基地建设，建成一批社区教育基地。

继续教育和职业培训向专业性特色化发展。依托中关村核心区优势，积极开展创新创业教育，建设全国首家创新创业培训基地；衔接"一带一路"建设，积极开展国际交流，对接国际标准；瞄准国际继续教育和职业培训高端市场，推进重点专业的国际合作，引进相关课程。探索继续教育和职业培训课程与成人学历教育课程的学分互认。召开国际研讨会，提升学校办学影响力。

四、主要任务

（一）稳步发展学历教育，加快向培养应用型、技能型人才的成人高等职业教育转型

紧贴区域科技、企业发展的需求，扎实开展专业建设和课程改革。落实《高等学历继续教育专业设置管理办法》，结合海淀区的实际，挖掘现有专业潜力，积极推进课程改革。

1. 加强专业建设

对接以"6+1"战略性新兴产业为主的海淀区的重点产业领域及发展方向，服务区域现代高科技产业链，进行专业改造，增加专业吸引力，构建具有区域特色的专业体系。选取信息技术、电子商务、智能制造、大数据、大健康、文化创意、生活性服务、高端商务服务、科技会展等区域发展的重点产业，配套对接开发建设 10 个左右符合自身现实的骨干专业，其中打造出 3～4 个院级以上品牌、特色专业。

2. 推进课程改革

建成国内先进、富有特色的课程体系；加强与行业、企业的合作，对接职业标准、行业标准和企业岗位规范，紧贴企业生产实际，建立以工作过程为导向的新的课程体系；引入行业企业参与符合职业资格标准和工作过程的新课程开发，建设具有中关村学院品牌的专业核心课程。

3. 引进行动导向教学模式，推进教学内容和教学方法改革

以学生为主体、教师为主导，着眼于学生职业能力培养，结合不同课程教学内容与教学要求，普及推广项目教学、案例教学、情景教学、任务驱动教学等教学方法，充分利用信息化教学手段来提高教学效果，让学生在主动参与过程中获得知识和技能。与职业技能鉴定机构合作，积极推行"双证书"制度，强化学生职业核心能力培养，面向学生开发开设创业基础、就业创业指导等方面的必修课和选修课。

4. 加强实验实训基地建设

本着强化基础、优化功能、突出重点、体现特色的原则，优先建设专业学生规模较大、基础性强、可满足多门课程实训、专业发展前景较好的实训室（场）。到 2020 年，使全院内实验实训室（场）达到 10 个左右，建成一批信息化程度和技术含量较高的现代化实验实训基地，以基本满足校内实践教学的需要。

（二）大力开展社区教育，实现社区教育高端化和品牌化

1. 扩大社区教育办学规模。在区域 29 个街道、镇中选择条件好的社区建设中关村学院分院，健全管理机制，支持街道、镇办好社区教育学校和文明市民学校。

2.完善社区教育品牌内涵，建立高品质的区域终身学习服务体系。推进中关村学院社区教育的十大品牌项目、百门精品课程、千名专业师资的"十百千工程"，打造具有自主知识产权的示范性社区教育和文明市民教育，将中关村学院建设成为全国社区教育领军者。开展社区教育项目标准和课程标准化建设，形成一批社区教育品牌课程；开展社区教育理论研究，培养一批社区教育专家。

3.建设社区教育实践基地，助力区域科技创新中心建设，积极推进模拟驾驶训练区、移动终端学习区（科学知识学习）、时光隧道展示区（以数码、影像形式展示海淀区特别是中关村的科技发展与前景）、创客家园区（创意动手实践区与创意作品展、创客路演中心）、智能家居体验区（物联网体验区）、智能制造展示区（3D数码打印）等社区教育实践基地的建设，先期选择模拟驾驶训练区、智能家居体验区作为试点，重点建设。

4.推进有中关村学院特色的老年大学建设，发挥老年电视大学海淀分校教育服务职能，结合海淀区老年生活、学习需求，整合区域内优质资源，不断开发新的培训项目，积极服务海淀多层次的老年教育。

（三）积极发展继续教育和职业培训，实现培训项目的高端化和特色化

1.构建"产学研"合作的联合体。联合高校、企业、社会团体等，创新体制机制，采取多种形式，建设学院跨区域、跨所有制的多元化继续教育和职业培训的办学模式，构建"产学研"合作的联合体。开发继续教育和职业培训的高端、特色项目，提升中关村人力资源水平。对接海淀区"6+1"战略性新兴产业，选取与学院内在优势资源匹配的方向，加强与中关村高新技术企业的合作，促进科技与教育的多元互动，建成一批联合式企业大学、产业训练中心、跨区域学习中心，服务区域在职人员的继续教育和职业技能提升的需求。

2.建设一批服务区域发展的培训基地。与区内各委办局和单位开展密切合作，在部分企业建立中关村学院分院，将职业技能培训放到企业完成，建设一批服务区域的继续教育培训基地，形成中关村学院品牌效应。充分发挥学校资源优势，逐步建成为海淀区委办局、街道乡镇级公务人员的培训基地、

企业员工的培训基地、海淀区教师的培训基地。在校外建设一批企业实习基地。

3. 拓展服务面向，延伸服务层次。提升服务企业能力，特别是服务中小微企业技术研发和产品开发的能力，建立校企合作的创新创业培训基地、产品研发中心、实验实训平台等应用性平台。结合海淀区科技文化融合发展和农村新型城镇化建设，加强海淀特色文化遗产特别是非物质文化遗产的挖掘、整理、研究、保护、传承，形成一批具有海淀特色的教育项目和文化产品。

（四）加强学校信息化建设，打造全覆盖、多功能、强互动的"智慧学院"

1. 建立"中关村学习网"，助推区域终身教育和终身学习服务体系建设和学习型城市建设。该平台建设包括终身教育在线学习平台、移动学习平台以及学习资源库建设。在线学习平台以集群网站形式建设，建立 1 个区级（一级）在线学习平台和 29 个街道级（二级）在线学习平台，形成全区全覆盖的在线学习环境。移动学习平台主要以独立 App 形式开发，与微信等移动端交流工具结合，以满足将来移动学习的更广泛应用。学习资源库建设，一期建设完成 2000 课时左右在线学习资源的建设，随后 5 年内，每年建设至少 1000 课时的在线学习资源，丰富在线学习资源库的建设。通过该平台建设与推广应用，构建我区数字化学习惠民服务环境，推进我区作为"全国数字化学习先行区"的更快发展，实现我区终身教育数字化学习的跨越式发展，促进我区数字化学习城区的发展。

2. 申请国家级互联网教育项目试点，探索创建线上线下相结合的学分互认制度和教育模式转换机制，整合区域内高等学校和科研院所、企业大学和培训中心等优质教育资源，打造互动、开放、共享的数字化教育资源服务学习平台。开展远程课堂教学，加强微课程、企业课程、MOOC 课程的研发，利用互联网、星网和移动互联技术，围绕立项区域高新技术企业慕课联盟、网上中关村终身学习体验园建设等项目，将丰富的课程资源和系统化管理经验整合为具有自主知识产权的网络课程，从海淀区全体居民进而逐步扩展到整个京津冀地区乃至全国范围的大众提供网上体验学习平台，实现终身学习体验项目和课程的线上线下良性互动。

3.实现远程和地面、线上和线下、互联网与卫星网的有机结合，开展创新创业远程培训课程的试点性应用，总结经验、凝练模式。在海淀区这一"双创"高地试点试验，运用现代远程技术迅速辐射复制。拓宽经费投入渠道，加大资源整合力度，建设校企合作培养基地和校外实训基地。加强图书馆建设，稳步增加图书文献资源数量，利用 App 软件、微信公众平台、课程资源库等现代信息技术载体，加强数字化阅读的各项设施的更新，创建同声传译等有利于国际交流的教学条件。创新信息化建设的管理体制和运行机制，建立综合统一的信息化服务平台。

（五）积极开展国际交流与合作

积极拓展国际教育，提升学院的国际化水平。海淀区在建设全国科技创新核心区和加快"一城三街"建设中，逐步成为全球科技创新的引领者和创新网络的重要节点，聚集了大量的人才、原创成果、国际标准等科技创新要素。充分利用区位和品牌优势，积极拓展国际教育，引进一批符合国际规则、国际标准的教育项目，落地中关村核心区，逐步实现"本土化"。尝试联合区域内高新技术企业建立新型的企业大学，在合作中发挥学院的主体作用，使办学方向和水平符合国际化标准；探索创建将中国国学的课程体系、相关品牌的学习项目的国际化输出的有效途径；整合国内外资源，打造具有国际水准的专业学术平台和论坛；建设、整合社会资源，特别是高新企业课程资源平台；以符合国际化的标准推进自身内涵发展和承接各类高端培训，打造若干个具有国际水准的继续教育项目和培训基地。

（六）积极参与京津冀协同发展

落实京津冀协同发展战略，在北京周边地区，与河北等地区的高校、中职学校合作，建设中关村学院分院，将本校的非京籍学生安排在河北学习，更好地发挥学院在京津冀地区的辐射带动作用。

（七）加强人才队伍建设

1.完善教师队伍建设，到 2020 年，高级职称比例达到 40% 以上。培养一批北京市和国内有影响力的专业带头人及创新团队。培养国家级或省级教学名师 3 人以上,省级优秀教学(科技创新)团队 2 个以上,院级优秀教学团队 5 个左右。加强系部对教师的管理,着力抓好专任教师队伍的建设。实施全员继续教育,骨干重点培养,特殊人才优先发展等措施,提升教师队伍整体水平;通过"品牌工作室"、优秀教学团队、科研创新共同体等载体,提升教师团队合作精神;建立常态化的教师专业水平评估制度,对教师聘用进行有序的动态管理;开展"双十"工程,在"十三五"期间,培养选拔出中关村学院十大品牌教师和十大优秀教育工作者;通过招聘优秀毕业学生、引进博士后、开展职称评定方式等不断优化教师的年龄结构、学历结构和职称结构,争取到 2020 年,专任教师高级职称比例基本达到 40% 水平。调动教师的积极性,允许有能力的专业教师在学院的监管下申请开办非法人的研究和培训机构;帮助在全国有一定知名度和影响力的教师开办个人工作室。

2. 加强干部队伍建设。完善干部梯队建设,着力"发现、培养、选拔"一批品德高尚、政治坚定、素质优良的教职工进入后备干部序列;实行校内聘干制度;开展干部的内培外训,向组织部门推荐优秀干部;进一步放宽中层干部管理权限,调动干部工作的主动性。

3. 加强对兼职人员的管理。借助区域内丰厚的教师资源,加大兼职教师团队遴选聘用,建立外聘教师制度,形成客座教师的有效管理方法,建设具有不同专业、不同水平的"千名兼职教师"资源库和"万名社区教育志愿者"资源库,提升学院教育服务能力的整体水平。

(八)开展学校综合配套改革

1. 开展内部管理体制改革。调整学院内部组织结构,健全、完善管理机制,有效提升学院内涵和凝聚力;坚持以党委为核心的集体领导和分工负责制;完善学院对重大问题的决策制度,确保决策的民主和科学,形成程序科学、执行有力、保障到位的组织管理系统;逐步形成横向结合紧密、纵向职责到位、布局结构弹性、功能执行高效的组织管理模式;制定有效评价方法,建立科学的考核体系,以岗位绩效工资制度为基础,切实发挥绩效工资的激励导向作用,建立科学的薪酬体系,稳步提高教职工收入水平;完善合同制

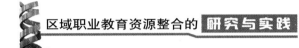

工作人员收入分配管理制度，规范以协议工资制为主体的分配模式；健全兼课教师薪酬管理办法，提升学院凝聚力。

2.规范和完善教育科研管理。坚持科研引领学校发展，制定学校教育科研发展规划，建立学校、北京市、国家三级教育科学研究体系。实施科研兴校工程，5年内完成20个以上校级课题研究，主持3~5个市级课题的研究工作，参加2个国家级课题研究，有序推进学校科研发展。

完善对教育科研的分类管理、完善科研项目制和科研经费使用办法，加强对科研项目的过程性管理和指导。鼓励教职工承接有利于学校发展的各级科研任务；鼓励教职工与区域内企事业单位合作开展科研工作；鼓励教职工积极开展教育科学研究。

3.开展招生制度改革。加强招生管理，规范招生行为；加大招生宣传，实行全员招生；拓展招生范围，实行全面招生；用好海淀区"先行先试"试验区政策，争取在现有的招生政策上有所突破。积极开展与区域内企事业单位、社会组织、学校等多元社会主体的合作，开辟各类人员技术技能、创新创业、文化生活等方面的培训项目，为区域全体居民的终身学习提供支持和帮助。

4.加强行政后勤财务工作。改造和完善已有基础硬件设施，进一步提高校园基础设施的保障能力，营造人性化的优美办学空间。完善财务管理制度，调整财务分配机制，提高资金使用效率。强化财务安全体系，促进经济活动的标准化和信息化，提高会计服务质量。完善学校资产管理机制，逐步建立合理的资源有偿使用和补偿机制。加强全校资产统筹，减少设备重复购置。推进经营性资产的规范化和信息化管理。完善后勤管理运行机制，走专业化发展道路，以信息化管理提高资源使用效益，持续提升满足学校事业发展需要的后勤服务水平。后勤保障通过购买社会化服务方式，减轻人员负担，提升工作质量和效率。

五、保障措施

（一）加强党的领导，健全民主管理机制

坚持党委领导下的院长负责制，努力提高党委领导下的学院发展能力和

管理水平。发挥学校教代会、共青团、工会等机构的作用，加强共青团、工会等群众性组织的建设，加强教职工代表大会制度的建设。充分发挥党组织的领导作用，充分实施有效的民主管理，保障学院重大决策的正确方向，推动形成党委领导、全院广泛参与的对重大问题的决策制度和协同治理的民主管理体制及运行机制。

（二）加强监督咨询，健全组织保障体系

内部建立和完善学校各项管理制度，设专门岗位监督执行；外部建立联席会议制度，与区内进行合作的相关委办局、街道乡镇等单位定期联络做好服务。建立学院专家咨询委员会，保障学校科学有序规范发展；健全完善学院学术委员会，发挥学术委员的作用，指导学校学术等相关工作的开展。建立学院预算评审委员会，指导学校资金的预算、使用和管理。建立学院"京津冀协同发展"工作领导小组，负责联系指导京津冀地区相关工作；建立学院志愿者服务指导委员会，统筹、协调、指导专职人员、兼职人员与志愿者三支队伍服务海淀社区教育。

（三）加强资金保障，提高使用效率

1. 多渠道筹集经费。积极申请政府各部门的专项经费投入学校的各项事业发展；积极开展教育培训，合理收取培训费用，支持学校发展；积极开展教育合作，吸引企业资金投入学校教育教学；鼓励社会和个人积极捐赠。

2. 严格执行国家财政资金管理制度和财经纪律，提高资金使用效率，节约不必要的开支。国家财政性资金和学校自筹的资金主要用于学校的建设和发展。

3. 集中财力发展学校特色教育项目，采取多种渠道筹措资金支持具有前瞻性，符合科技核心区发展的项目落户中关村学院，打造具有学校特色的品牌教育项目。

第二章　海淀区学习型组织建设中的职业教育现状

　　我们对 2011—2014 年北京市海淀区创建学习型组织示范单位的申请单位进行了调查，包括企业、行业协会、街道、社区、学校、医院等单位，共计 83 家，其中，重点了解了这些单位在职业培训方面的一些典型做法和创新举措。从这些调查中，我们总结出海淀区职业教育培训发展的一些特点：一是注重从组织、制度、经费、硬件投入、师资和激励机制等几个方面加强保障支撑；二是不断拓展和创新教育形式，比如，以党建为引领带动教育学习活动、员工入职培训等；三是注重搭建多媒体学习平台，拓宽学习路径。通过这些有力推动和积极创新，海淀区职业培训近些年取得了上佳的成绩，为京津冀协同发展背景下的区域职业教育资源整合提供了多元化的资源选择。

第一节　保障机制

一、组织保障

　　坚强的组织领导是推动学习型组织建设工作顺利开展的重要前提。只有加强组织领导，才能有效地推动学习型组织建设，才能使学习党组织建设工作迈上长效化、制度化、规范化轨道。调查发现，海淀区各示范单位尤其是政府机关，在学习型组织建设中高度重视组织保障，把抓学习型组织建设当作长效机制。

创建学习型组织能否开好头、起好步，关键在领导。实践证明，在创建初期，强有力的行政推动是达成共识、启动工作的必要手段。为切实加强对创建工作的领导，海淀区质量技术监督局成立了由局长任组长、副局长任副组长、局职能科室和直属事业单位负责人任组员的建设学习型机关领导小组，下设日常联络办公室，统一协调日常的创建活动，全面启动创建学习型机关活动。在开展活动的过程中，局领导带头学习，撰写学习心得体会和调研文章，以实际行动影响和带动广大干部职工学习，全局上下形成了学习、研究、探索、实践的浓厚氛围。

海淀区委老干部局制订了《创建学习型组织实施方案》，成立了学习型组织建设工作领导小组。局党组书记、局长任组长，副局长任副组长，各科室负责人和支部委员为成员，领导小组下设办公室，负责日常活动组织、指导督促和检查考评等工作。还成立了以科室和党小组为单位的"业务学习小组"，各科室、党小组负责人为组长，从而形成了主要领导负总责，分管领导具体抓，一级抓一级，层层抓落实的责任体系。

北京甘家口大厦建立完善的员工培训管理办法，保证培训工作的顺利进行；建立了教育委员会，成立了创建学习型企业领导小组，为员工学习提供了组织保障：一是在教育委员会领导下的人力资源部为一级管理机构，主要负责大厦整体教育培训工作的策划、实施与评价；二是各部室、各经营部为二级管理机构，负责本部门的管理人员、员工业务知识和技能培训；三是各商品部为三级管理机构，结合本商品部经营和管理需要，负责对商品部员工和厂方信息员进行岗前及在岗教育培训。

当代商城根据总体战略规划目标及产业发展规划，确保创建学习型企业工作的持续开展。2010 年制定了《当代商城人才建设规划（2011—2015 年)》，建立了人力资源战略管理系统和人力资源战略运营支撑体系，完整的人力资源管理及发展体系为商城持续健康发展提供人才保障和智力支撑，形成与商城经营战略和发展规划方向相一致的人力资源支持体系。商城成立由总裁和党委书记担任主任，人力资源部、企业发展部、商品运营中心等部门参与的员工教育委员会，定期召开教育培训工作会议，领导员工的教育和培训工作。建立了"公司统一领导、人力资源部牵头、各部门配合、主管领导直接负责的"组织与管理体系。人力资源部根据人力资源规划，结合部门和员工的需求，按年、季、月度和不同的管理层次明确培训项目、目的、对象、方式和内容制订教育培训计划，并对培训后的效果进行跟踪。商城总结出了"企业发展＋培训规划"与"员工成长＋岗位技能"的当代商城职工教育培训模式，组建了"培训中心——商场、职能部室——商品部、班组"三级职工教育培训网络体系。

羊坊店街道工委成立了以主要领导为组长，班子成员为补充的学习型组织建设领导小组。各科室由科长牵头，通过明确工作目标，制订工作方案，细化职责分工，加强考核监督的办法分级分层抓好各项学习任务的贯彻落实，形成了"主要领导亲自抓、分管领导重点抓、科室主任具体抓"的工作局面，为顺利推进建设工作提供了有力的组织保障。

万寿路街道在创建学习型街道领导小组的领导下，积极构建街道和社区教育体系，形成街道级、社区服务中心、社区教育培训分中心和社区单位、社区居委会三级社区教育网络，完成从零岁到老年、从学校到社会的人生全过程教育。各社区、各单位都建立了本社区学习型社区教育领导小组和社区教育培训机构，都有专兼职人员负责学习型社区教育工作，定职定责，形成政府统筹领导协调、地区各单位广泛参与的教育管理格局。在做好学习型社区三级网络的工作基础上，街道根据各职能科室的工作特点，按照职能分工，一级抓一级，层层抓落实，形成了强有力的组织领导网络。

金世纪培训学校始终将创建学习型组织工作的各方面要求融入学校的总体规划设计，针对学校在不同阶段的发展实际，实施创建方案。建立学习型领导小组，由校长牵头，中层以上负责人参加。根据学校不同板块的各自特点，成立不同的学习型工作领导小组，负责各板块创建学习型组织的学习规划、组织实施和监督检查工作。在学校形成一种鼓励学习、鼓励自主学习、鼓励自主提升的文化，营造一种"学习促进工作，工作带动学习"的良好氛围，做到学有所成，学有所获，学有所用，把所学到的知识应用于教育教学实践中，提高解决发展过程中出现的新问题的能力，并在解决问题过程中探索、学习新的方法和技能，不断提高工作水平。

北京航材百慕新材料技术工程股份有限公司建立完善员工培训管理制度，

从党组织和党小组活动为切入点，开展了创建学习型党组织的党小组活动，为员工学习提供了组织保障。公司党委为一级管理机构，主导人力资源部的培训活动，负责公司员工整体教育培训工作的策划、实施与评价；各级党小组为二级管理机构，负责本小组人员的业务知识和技能培训。为保证组织工作落到实处，公司建立健全培训工作责任制，明确工作职责、任务和管理权限。领导党组班子成员多次在班子会上研究教育培训规划、计划及创建学习型企业的新思路，落实计划内容，分析工作重点，总结成果经验。公司把教育培训工作纳入各部门年度工作目标、纳入领导干部年终考核内容中。

中关村二小成立了创建工作领导小组，书记、校长任组长，教育、教学、人事、后勤副校长为副组长，各部门主任及教研组长为组员。领导小组统一负责创建工作的规划、协调、组织与管理。成立学校、家庭、社区三结合的教育领导小组，由学校德育主管任组长，充分利用社会资源推进学习型学校建设并服务于学习型社区建设。领导小组定期召开专题会议，研究部署创建工作，落实发展规划和计划，制定学习、培训等相关规定，不断创新学习方法，推进创建工作。

海淀区国家税务局加强组织领导，提供创建保障。

一是加强组织领导，形成创建网络。成立了由党组书记、局长任组长，主管局长任副组长，各科室所"一把手"为成员的创建学习型组织领导小组，其职责是把握国税发展需要，确立全局创建理念，总体设计规划方案，并负责对各部门创建工作的指导，同时建立起"党支部、科室所"为主导的组织落实队伍，形成了齐抓共管的三级创建管理体系。

二是以党组理论中心组为先导，创建学习型领导团队。明确了以学习型领导班子建设为龙头，推动全局创建工作开展的思路，按时组织党组理论中心组学习，做到有计划、有内容、有深度，提高领导团队整体学习能力，为全局创建工作的开展做出表率。

海淀区温泉镇温泉村村党支部、村委会对"创建学习型组织"工作高度重视，把党员干部群众的教育学习工作作为加强基层组织建设、提升支部综合素质和执政水平的重要举措来抓。根据上级文件精神，成立了以村党支部书记为组长，村委会主任为副组长，两委干部为成员的领导小组，下设办公室，形成了分管干部具体负责，有关人员协助实施的局面，做到了既有分工，又责任到人；制定切实可行的实施办法和工作方案，对各个阶段的工作做了具体的安排部署，确保学习型组织建设工作扎实有效地开展；加大活动宣传，营造"靠学习立身，靠学习进步，靠学习推动工作"的良好氛围，提高思想认识，为开展学习型组织活动工作奠定良好的基础。

中关村医院成立了以院长书记为组长全面统筹、指导教育培训工作和创建工作，业务院长为副组长主管教育培训和创建工作，科教科、医务科、护理部、人事科、党委办公室为组员具体负责实施教育培训和创建工作的领导小组，实行目标管理，对学习型医院的各类教育培训工作和达成目标分解到具体科室和责任人，以保证创建工作有计划、有分析、有总结、有实效地进行。

北京市海淀区停车服务行业协会加强组织领导，精心安排部署。协会领导高度重视学习型组织建设工作，专题研究，结合行业特点，制订了《建设学习型组织活动方案》，要求在制订全年工作计划时，将学习型组织建设纳入重要议事日程，并制定了工作目标，明确了责任，落实了任务。成立了学习型组织建设工作领导小组，领导小组下设办公室，落实了领导小组成员责任。建立了协会统一领导、各部门分工负责的领导体制和工作机制，迅速开展工作，努力建设"团结、务实、创新"的学习型团队。

北京辰安科技股份有限公司在内部培训上分工明确，具体为：总裁办公室负责统筹规划公司培训教育内容，递交总裁核准培训计划，定期组织召开培训教育工作会议；人力资源部负责培训资源建设与管理，是公司培训流程的主要负责人。人力资源部负责培训活动的计划、实施和控制，包括培训需求分析，培训实施和评价，建立培训档案等，具体职责如下：

· 培训制度的制定和修改；

· 年度、月度培训计划的制订；

· 各项培训计划费用预算的制定；

· 通用课程培训举办；

· 培训实施情况的监督、追踪和考核；

· 建立员工培训档案，将员工接受培训的具体情况和培训结果做详细记录，包括培训时间、培训课程、培训地点及培训效果评价。

各事业部及职能部门培训负责人力提供的培训计划或临时性的培训需求监督执行，同时负责部门内培训的组织、跟踪，并配合人力资源部开展各项培训工作。

二、制度建设

良好的制度建设是创建学习型组织活动取得实效的重要保证。四季青镇坚持"党管干部"原则，加强干部队伍建设和干部管理培训工作。本着与时俱进的精神，不断建立、健全相关制度。制定了关于干部管理工作的文件，对干部的管理权限、管理职责、领导职数、选拔任用程序等方面作了全面规定；严格审核拟任人选的学历、年龄等条件，严格选拔程序，不断加大对中青年干部的培训选拔力度，尤其是做好后备干部的选拔任用工作；每年对基层班子、200多名领导干部进行一次"述职述廉"考评活动，并针对评定结果，提出整改意见，对于整改不力的，予以组织调整。

海淀区质量技术监督局在学习上制定了一系列规章制度，并且把各单位的学习情况作为年终目标考核的一项重要内容。年初制订全局干部职工教育培训工作计划，将培训任务分解落实到各部门。采取集中学习、个人自学、外派学习培训等各种形式，保证每人每年的学习时间不少于300小时，其中集中学习和外派培训学习时间不少于100小时。党员干部职工在每年工作总结和述职时，要向党组织和单位全体党员干部汇报个人学习情况。加强对党员干部学习情况的督促检查和考核，把学习情况作为评议党员、综合考核评价干部的重要内容，把理论素养、学习态度和学习能力作为选拔任用干部的重要依据，形成注重学习的用人导向。局党组每年还安排专项经费，加大教育培训工作及软硬件建设的力度，建设小型阅览室，扩大报刊和专业书籍的订阅范围，学习条件不断优化。加强对干部职工学习的考勤，干部职工无故不参加集体学习的，进行通报批评；每年组织不少于2次的业务知识考核，对当年度业务知识考核成绩靠后者取消其参加年度评优资格。并且将每周五下午安排为"学习日"，精心组织，周密安排，把"学习日"作为创建工作的主要载体来抓，采取专家讲座、集中讨论、推荐学习书目、观看影像资料等形式，有效调动了广大干部职工学习的主动性和积极性。同时合理安排学习内容，在注重政治理论学习的同时，加强质监法律法规和业务知识的学习。

海淀区委老干部局坚持从学习制度建设入手，不断健全完善各项制度。坚持集体学习和自学相结合，提倡自学，突出自我教育、自我消化、自我提高工作。先后建立健全了《局处级干部理论中心组学习制度》《局学习制度》《学习考核制度》，制订了《理论中心组学习计划》，坚持制度的执行，抓好学习的落实。注重强化机制落实：首先是建立完善学习出勤考核制度，要求党员干部按时参加集中学习，没有特殊情况，一律不准请假，学习时必须做好学习笔记，积极交流心得体会，展开学习讨论，努力掌握学习内容，切实提高学习效果；其次是将学习列入全局干部群众述职、考核和评比的重要内容，实行述职要述学，评比要评学。通过领导带学、制度促学、环境逼学，努力营造出人人学习、时时学习、处处学习的良好氛围。

海淀区政府办公室完善制度，强化保障，有序创建学习型组织。一是建立主任班子学习制度。政府办主任班子围绕创建学习型组织工作，制订了学习计划，确定了学习内容，并根据阶段性工作不定期集体学习，开展讨论。通过学习制度的坚持，主任班子成员都能抽出专门时间对政策文件、政治理论等系统的学习，并把学习成果自觉应用到工作中去，有效提升了主任班子的凝聚力和战斗力，为全办树立了较好的学习榜样。二是建立专人抓学习制度。设立学习型组织建设督导工作组，从政府办主任班子、党总支到各党支部都各设一人抓学习型组织建设学习工作，对各项学习任务进行具体部署，保证每次学习落到实处。在形成一级抓一级、层层抓落实的责任体系的同时，政府办还建立了一级报一级、级级报成效的监督考核制度。各位负责同志，借助 OA 网等途径，对人员学习情况通过信息、图片等形式进行通报汇报，接受考核监督。三是建立"周四培训日"制度。借助周四区政府无会日契机，政府办建立了周四培训日制度。安排相关科室负责人和有关工作人员讲授、答疑解惑，广泛深入地了解区情，全面深刻地研究总结政府办工作规律。通过周四培训日活动开展，培养了一支素质高、能力强、结构合理、敢于创新的干部队伍。例如，秘书科讲解机关公文写作知识，财务科讲解住房公积金制度等，综合科讲解公文接收、流转等，会务科讲解办会程序等。周四培训目的设立，既让各科工作人员对其他科室工作有了了解，熟悉了相关业务知识，并为各科室人员之间的轮岗打下了一定基础。四是建立专项资金保障制度。结合形势热点和工作实际，政府办拿出专项资金购买学习用品和完善培训设施，引导支持学习活动。五是完善"公开、公平、公正"的用人制度。政府办工作人员职务调整公开竞聘，竞聘方案、公开演讲、全员测评、人事局考察等环节全部公开，这种用人制度给大家提供了一个公平交流、学习的平台，这种形式就要求办公室人员要有真才实学，这就促使大家从被动学习向主动学习转变。大家一致认为，这样的用人制度提高了大家的工作积极性与主动性，更是营造了办公室浓厚的学习文化氛围。

北京甘家口大厦在开展创建学习型企业工作中，结合实际制定了各项保证制度，一是《北京甘家口大厦培训与开发体系手册》和《北京甘家口大厦创建学习型组织工作制度》——强调了培训的科学化与规范化；二是《人力资源部员工培训管理制度》和《新员工入职培训管理制度》——规范了学习的标准与责任的落实；三是《关于员工学历学习的制度》和《关于对员工取得专业职称的奖励规定》——明确了对学习效果和能力的评价与激励。如：在《关于对员工取得专业职称的奖励规定》中规定，大厦员工凡是通过考试、考评等方式取得北京市科干局和市级以上（含市级）人事部门或劳动部门颁发的证书之后给予奖励和津贴。同时，大厦将管理人员参加培训和取得相应岗位资格证书，作为聘用和任命干部的重要条件。健全的学习制度，一方面使员工培训工作有组织、有计划、有奖惩；另一方面使员工学习积极性大幅提高，实现了员工的自我发展。

当代商城建立了"需求分析——计划制订——课程开发——项目实施——反馈评估"的培训过程的规范流程。这个流程使得当代商城的职工教育培训工作一开始就不是盲目的、短线的、形式的，而是建立在长期目标的、科学管理的、方法有效的基础上。当代商城先后制定并逐步完善了各项各类教育培训制度，如《北京当代商城职工教育培训规划》《北京当代商城员工培训管理办法》《北京当代商城兼职教师课堂教学管理办法》等。同时建立了培训项目质量控制措施，开展的培训项目有方案、有步骤、有记录、有考核、有反馈。

知春物业在创建学习型企业中，逐步形成了有效的制度机制，包括学习制度、评价制度、考核制度、总结制度等。为了使学习型组织创建工作能够深入开展，知春物业又对各种制度进行了完善，使其更具普遍的适用性、稳定性、连续性和强制性，用制度来规范和约束党员干部、企业职工的学习行为。知春物业还成立了学习督查小组，对各学习小组的学习情况每月进行监督检查并考核，具体有抽查学习笔记与书面抽查考核两种形式。

万寿路街道不断完善制度建设，形成良好学习机制。坚持领导班子中心组学习制度：为进一步提高领导干部的政治素质和政策理论水平，街道工委每月理论学习中心组成员集中学习1～2次，一年不少于15次的集中学习，做到了"月月有学习、每人每年都有调研文章"。党员学习制度：按照组织部的统一要求，定期不定期地组织党员学习。科级以上干部学习制度：每月召开科长会，集中组织在职科长学习，通报协调工作，交流工作经验。机关干部学习制度：利用每周无会日集中组织学习，听报告、讲座，观看录像，每月各科室自行组织学习不少于1天，以提高干部的政治思想素质和业务工作水平，提高办事效率。居委会学习制度：社区居委会每周一例会制度和工作人员每人不少于50学时制度。

上地街道体大颐清园社区把学习型社区的创建活动具体细化，并制定了相应的创建规划和措施，不断制定和完善创建制度。首先，建立了学习责任制。社区年初就把建设学习型社区纳入工作目标，并围绕目标有计划地开展各项活动。其次，建立了日常学习档案管理制度。建立完善的学习教育制度，重点采取分层教育的方法，明确实施内容和要求，做到"五有"：有安排、有考勤、有记录、有心得体会、有专用笔记。最后，建立了联动学习机制，切实保障成员的学习权利，满足多样化学习需求，激励他们将学习与工作有机结合，在工作中不断学习、创新和提高。建立社区居干"集中学习日"制度。开展学习活动，原则上不占用工作时间，每星期五下午定为居干"集中学习日"。通过学习讨论交流，不断增强学习的吸引力、实效性，达到相互促进、共同提高的目的。同时做好学习成果的转化运用工作，力求取得实效。形成一个自觉学习的氛围，建立一个学习长效机制，制订一个学习计划，订阅一份报刊，做好一本读书笔记，养成一个自学习惯，达到一个学习目标。

　　羊坊店街道建立健全学习制度。通过定期开展理论中心组集中学习、党员"三会一课"、一般干部及社区居干理论学习等活动，以党的理论、党的历史、党性教育、法律法规、依法行政、工作制度、业务培训、党风廉政、文明创建、网格化管理等内容为重点，严格执行学习记录、出勤登记、规范请假、考试考核等制度，不断规范学习形式，提高学习质量，务求学习实效。全年共组织理论中心组集中学习 12 次、党员"三会一课"及社区居干集中学习每月 1 次、机关全员学习 18 次，做到每月有主题、季度有小结、全年有目标。

　　北京市六一幼儿园健全创建各种制度，确保创建活力。一是集体学习制度。坚持两周一次政治学习制度、业务学习制度，重点学习新的政策法规、教育理论和思想，就新课程实施中的教学问题进行集中研讨，并做好学习记录。二是自学学习制度。强调教职工个人自学，要求每位教职工一年内至少读完 1～2 本教育理论书籍，且有读书笔记，比较熟练地掌握某一教育理论或专题，每学期教学反思，一篇教学论文，党员每年撰写一篇党建论文。三是建立教师成长档案制度。有计划、有步骤地实行"双培养"，各项计划、活动记录、学习成果、照片等，均建立相应档案，从而记录教师的成长过程。四是建立科学的园本培训机制。要使幼儿园充满生命的活力，要使幼儿园成长为学习型幼儿园，就有必要以园本培训去激活幼儿园发展的主体，建立以园为本的培训机制，为实现教师专业成长的平台提供保障。

　　金世纪培训学校在学习型学校的创建过程中，建立了学习机制、激励机制、建言机制、创新机制。学校各种奖励措施的落实到位促进了激励机制的完善，全员能够充分行使自己的权利，对学校的愿景、规划提出合理化建议。

　　北京市中农良种有限责任公司制定了一系列学习相关的制度、办法，包括《培训与开发体系手册》《创建学习型企业工作制度》《员工培训管理办法》《新员工入职培训管理办法》和《关于员工学习提高管理办法》等，健全的学习制度保障了员工培训工作有组织、有计划、有奖惩，同时也使得员工的学习主动性、积极性、创新性大幅提高。

　　香山街道北炮社区制定和完善了各项学习制度。一是会议制度，社区每月研究一次工作，每季分析一次形势，半年搞一次总结，年底搞好总结；二是学习制度，要求各户订阅报刊，收看新闻，集体组织学习党和国家大事报道；三是检查总结评比制度，对工作计划经常检查落实情况，组织楼长开展好各项评比活动，搞好总结；四是树立典型制度，每年召开3次典型交流会、座谈会，大力宣传表扬典型，掀起"比学赶帮超"活动；五是文体活动制度，建立文体队每天有活动，晚上有歌声，重大节日有舞会、文艺晚会；六是社区安全制度，对社区安全工作制定了十二条制度，特别加强对外来人口进入社区管理以保证社区安全稳定。

中共海淀区上庄镇李家坟村党支部积极推进学习型党组织建设的制度化、规范化。建立健全学习责任机制、学习考评机制、学习激励机制等多项制度机制，用制度规范、促进、激励和保证学习活动的开展，确保每月一次在党员会议室学习，运用讲评、经验交流会等形式，宣传和表彰先进学习型党员，充分发挥先进示范、典型引路的作用。

北京江南天安科技有限公司人力资源部建立《培训管理制度》，明确公司培训、学习原则，规范了学习标准与责任落实；《新员工培训管理制度》明确新人入职后指导人及试用期考核标准；《员工职称奖励管理办法》《内部培训师奖励制度》等，明确了培训知识转为业绩效能的评价及激励措施。健全的培训体系最大限度地保证了公司学习管理的有组织、有计划、有奖惩，最大化地推动员工通过提升技能来提高工作绩效，同时使培训目标与企业经营战略更好地结合。

海淀区委宣传部完善制度，发挥优势，有序创建学习型组织。一是建立领导班子学习制度。宣传部领导班子围绕创建学习型组织工作，制订了学习计划，确定了学习内容，并根据阶段性工作不定期集体学习，开展讨论。通过学习制度的坚持，领导班子成员都能抽出专门时间对政策文件、政治理论等系统地学习，并把学习成果自觉应用到工作中去，有效提升了领导班子的凝聚力和战斗力，树立了较好的学习榜样。二是建立专人抓学习制度。设立学习型组织建设督导工作组，从领导班子到各科室都各设一人抓学习型组织建设学习工作，对各项学习任务进行具体部署，保证每次学习落到实处。在形成一级抓一级、层层抓落实的责任体系的同时，宣传部还建立了一级报一级、级级报成效的监督考核制度。各位负责同志，借助OA网等途径，对人员学习情况通过信息、图片等形式进行通报汇报，接受考核监督。三是建立以工促学特色学习制度。宣传部结合自身工作特色，发扬资源优势，建立了以工促学的学习制度，在组织区委理论中心组学习、创建学习型党组织工作以及理论宣讲季等工作中，利用来之不易的优质资源，要求全体人员对讲课和宣传的内容自觉先学一步，深学一步，先吃透弄懂，再跟着一起学，巩固加深对内容的理解把握。做到了资源的最大化利用，也提升了学习的水平和高度。四是建立专项资金保障制度。结合形势热点和工作实际，办公室拿出专项资金购买学习用品和完善培训设施，引导支持学习活动。

北京德尔康尼骨科医院为了确保医院的继续教育与培训计划在各个科室得到切实落实，制定了《医院卫生技术人员继续医学教育管理细则》，并就医院的教育培训重点对象——骨科医生，有针对性地制订了《临床医师继续教育培训工作方案》，规定本院的临床医师，年度继续教育学分必须达到40学分（高于国家标准25个学分），内部技术考核必须高于80分，考试排名在后三位的要接受惩罚等措施。而且，每一次考核成绩，医院都张榜公布，对先进者予以鼓励，对后进者予以鞭策。

北京市海淀区停车服务行业协会坚持从学习制度建设入手，不断健全完善各项制度。明确了中心组成员范围，坚持集体学习和自学相结合，提倡自学，突出自我教育、自我消化、自我提高。先后建立健全了《理论中心组学习制度》《学习制度》《调查研究制度》《学习考核制度》，制订了《理论中心组学习计划》，坚持制度的执行，抓好学习的落实工作，在领导班子和全体成员中形成了浓厚的理论学习风气。一是积极发挥协会领导小组的龙头作用。建立健全了理论中心组长效学习制度，在坚持以个人自学为主的同时，通过专题讨论学习、调研考察等方式，确保理论中心组每月至少安排一次集中学习，并根据需要随时进行集中学习。二是强化学习落实。建立学习出勤签到制度，每名参学成员亲自签到，没有极特殊情况，一律不准请假，按时参加集中学习。办公室统一提供学习材料，参学人员做好学习笔记，积极交流心得体会，展开学习讨论，极大地提高了学习深度，切实掌握了学习内容。

北京东方计量测试研究所制定相关制度，为学习型组织建设提供了坚实的制度保障。制定《五一四所教育培训管理办法》，明确了教育培训的内容、培训形式及要求、教育培训经费管理等事项；制定《五一四所新员工培养管理办法》，对指导教师的选任条件、岗位培养期管理等内容作出了具体规定，为新入职员工的快速成长奠定了基础；制定《五一四所硕士研究生管理办法》，对导师队伍建设、学科方向及招生程序、培养过程及论文答辩等进行了详细要求，为规范人才培养创造了条件；制定《五一四所表彰奖励管理办法》，设立 5 大类 15 个分项的集体或个人奖项，有效地调动和激发了员工的积极性。

三、师资队伍建设

要想搞好员工教育培训工作，关键是要有一支业务过硬的师资队伍。北京甘家口大厦有限责任公司高度重视培训师资队伍建设，包括：一是内部培养组建专职教师队伍，主要由各职能部室、经营部人员组成，主要针对员工及厂方信息员进行专业技能培训。二是与著名院校机构签约合力办学，聘请知名高校及咨询公司的教授和专家组成外部兼职教师队伍，针对大厦中高层管理人员的经营理念和经营业务管理知识进行培训。三是与社会各相关企业、机构携手，互惠互利，共同办学。大厦从 2002 年开始就组建了消费学校，开设了消费课堂，一方面针对相关专业知识，大厦分别与消防安全部门、物价质检部门、税务评价部门等沟通，定期请专业人员进行授课、学习和观摩；另一方面请供货商和品牌专柜的专业人员讲授商品知识和销售技巧等。通过多年的努力，大厦已经建立了一支拥有 20 余名专家教授的外部兼职教师队伍和一支拥有 50 余名大厦管理人员的内部专兼职教师队伍。

当代商城建立了一支以专职教师为骨干、兼职教师为主体的结构合理的企业培训师队伍。目前，商城有专职教师 2 人，兼职教师 70 人。制定了任课教师管理办法、任课教师教学评价办法以及专兼职教师酬金发放标准。商城定期开展对任课教师进行教学方面的培训，对他们提出具体要求，提高他们的教学能力。商城还重视培训教材的开发与建设。近年来，先后编写了《当代商城企业文化手册》《商业企业员工培训手册》《消费者行为与销售艺术》《引厂进店员工培训手册》《商业服务人员英语手册》《商业服务人员商业法规培训手册》《当代商城企业文化手册》等 20 多种培训教材与讲义。

羊坊店街道工委一方面选派责任心强、业务熟练的专门人员负责学习计划的制订、学习过程的管理、学习效果的检验及学习成果的落实；另一方面注重加强师资队伍建设，从中央党校、市委讲师团、百姓宣讲团等部门邀请理论功底深厚、实践经验丰富的专兼职教师进行授课，深入解读理论热点，细致分析发展中的问题，合理引导机关干部培养勤于思考、善于分析、勇于实践的工作能力。

中关村医院建设以本院医护人员为主、外请专家为辅的教育培训队伍。在全科培训基地的平台上，开展"导师制"折子工程，选拔业务水平高、医德医风好的医生作为青年医生们的导师，做好传帮带；聘请外院业务专家定期示教；选拔优秀护士作为新入职护士培训教师；外请管理、礼仪、服务、党建等各方面的教授、学者、管理者来医院作专题讲座。

海淀区政府办公室邀请专家学者作专题讲座。借助高校、科研院所多的区位优势，政府办从工作实际出发，不定期地邀请专家学者通过专题形式对全办党员干部开展培训。例如，为提高统筹协调能力，邀请中关村软件行业执行力优化研究中心主任李虎博士，专题讲授《知识工作者的时间管理》；为提高沟通表达能力，邀请清华大学博士后曾明彬进行"魅力口才——如何做好演讲"的专题培训。内涵丰富、针对性强的专题讲座，全面提升了政府工作人员的综合素质。

北京市中农良种有限责任公司人力资源部安排专人负责培训队伍建设的组织管理，培训队伍主要由三部分人员组成。首先，公司聘请了高等院校、科研院所的研究员、教授、博士生导师为公司的高级顾问，针对专业知识进行不间断教育；其次，公司从各种培训公司、中介机构中定期聘请专业培训师，对员工进行整体素质的培训；最后，公司人力资源部配备专门的内部培训人员及其他部门有经验的员工作为内部培训师，对工作方法、工作技巧等进行提高培训。通过多年的努力，公司已经建立了一支拥有10余名专家教授、外部专职培训师的教师队伍和一支拥有20余名公司人员的内部教师队伍，有效地保证了公司学习型企业的创建及发展。同时，公司与中国农业科学院、中国农业大学、河南科技学院、河南农业大学、河北农业大学等国内重要科研单位建立了密切的产学研合作关系。合作单位不仅提供专家支持培训，还代为培训技术人员及研究生等，使得公司人员技术力量不断增加，进而通过不断加强新品种、新技术的科研开发，进一步提高了种子和服务的质量。

北京赛科世纪数码科技有限公司有一支国家级专家、行业内专家、行业外专家和内部专家实力雄厚、经验丰富、创新领先的专家队伍和一个丰富的培训平台。首先，公司聘请了享受国家津贴的知名专家、行业内专家和行业外专家，加上公司内年轻的专家，组成了老中青和各具优势的专家队伍，定期对公司技术人员、管理人员和全体员工进行主页知识培训。其次，公司内部专家定期对员工进行经营商常见管理和技术培训。再次，外部培训。最后，公司工会开展了"创学习型企业，做知识型员工"活动，根据员工所从事工作的性质和岗位的不同，实行分期分专业的学习培训。满足了员工多元化、个性化、兴趣化的学习需求。

紫竹院街道厂洼社区培育和壮大志愿者师资队伍，建立和完善社区教育师资库。这个社区充分结合社区实际，发挥8号楼"教师楼"作用，积极动员热心社区教育的教师、党员、医生、律师和退休人员组成社区教育骨干队伍，提高师资水平，规范授课内容，加强教材建设，扩大全面学习的覆盖面，夯实人人皆学的社会基础，为创建学习型社区提供了组织保证。

车道沟社区加强资源整合，充分发挥专职干部和专职教师的作用，同时吸纳本社区内有专长的人才做兼职教师，不断壮大社区教育的志愿者队伍。不仅包括专兼职教师、志愿者等显性教育人力资源，还包括学生家长、离退休干部、专家学者、企业界人士等潜在的教育人力资源。整合社区内的各类教育资源，实现资源共享，才能满足全体社区成员学习的需求。在工作中积极探索专兼职教育队伍的流动管理和激励机制，使教育队伍如活水一般，进得来，留得住，用得好。

八一社区居委会工作人员和社区服务站工作人员身先士卒，模范带头，在创建学习型社区工作中，充当着管理者的角色。他们从创建学习型社区的总体要求出发，以为创建学习型社区提供强有力的队伍建设为目标，结合社区师资队伍实际，平衡资源，扎实有效地推进创建工作的开展，有力地调动社区居民崇尚学习，参与学习的积极性和自觉性。建立一支实力较强、结构合理、善于创新的师资队伍，是开展培训学习活动，实施创建工作的有效保证。这个社区居民文化层次较高，且多才多艺，很多人都从事过专业的舞蹈、声乐或者教师等工作，有着深厚的专业理论功底和较强的实践能力。在创建学习型社区的工作过程中，社区集中这些人才优势，建立了一支专兼职结合的社区教育师资队伍。作为社区建设的志愿者，他们态度积极，工作认真，常年活跃在社区各支文艺体育队伍和各项社区活动当中，为学习型社区的创建工作做出了自己的贡献。

香山街道北炮社区为搞好社区居民学习文化、学习政治、学科学的活动，从社区中挑选了具有特长的 8 名教师，义务对全体居民进行教育。文化教师邵凤兰课外对青少年进行数学课辅导；书法教师苏德欣常年坚持上书法课；英语教师石祥普每月组织英语课堂；政治教师徐福安、康仕弟定期给居民讲政治事时课，辅导政治理论；社区医生每月给居民讲卫生保健防病课；司法所给居民讲法律维权知识课；摄影师李士文为居民开办摄影课；电工技师张建平为居民讲科学用电防事故课；请计生专家给育龄妇女讲三优课。这些老师义务为居民服务，受到广大居民的好评。

北京慧点科技股份有限公司在开展培训队伍工作的过程中，采用内部讲师、外聘讲师相结合的方式。（1）内部讲师。从 2006 年开始，慧点正式建立内部讲师管理机制，并且每年都不断地有新的员工申请成为公司内部讲师。《麦肯锡工作方法系列培训》《商务礼仪》《十步成军战略规划法》《PPT 制作技巧》《LOTUS 技巧》等一系列内部讲师分享的精彩课程已经成为员工学习的有效渠道。面向内部讲师，公司提供课程开发与制作、授课技巧等一系列专业的培训，提升大家的课程开发与授课能力，并且帮助内部讲师进行课程推广并给予一定的课酬奖励。目前慧点内部已经有 20 多名内部讲师，在管理、技术、通用技能等方面均有所建树，他们也成为公司学习氛围建立的核心力量。（2）外聘讲师。公司的外聘讲师，一般来自与公司有着长期合作关系的院校和单位，如来自清华大学、北京航空航天大学、神华集团等的教授或行业专家。公司邀请这些业内的精英给公司员工授课，讲解新方法、分析新动向，得到了公司员工的积极反馈。

北京交通大学附属中学成立校内专家团，帮助教师专业成长。学校成立校内专家团，为教师专业化发展建立强大的学术指导与评价后盾。专家团主要由工作能力强、专业技术高、有重大科研成果、德高望重的教研组长、

专家型教师、退休专家教师等组成。专家团通过开展全校范围内的听课评课（普听精评）活动，对各科教师做出科学、专业的指导，帮助教师"照镜子""正衣冠"，指引教师尽快成为优秀教师、骨干教师。由于专家团能针对每位教师的强弱项给予切合实际的指导，受到老师们的欢迎，教师课后主动反思，迫切与专家进行交流，积极分析教学得失。

玉海园五里社区人才资源优势明显，教育需求旺盛。社区有30%以上的住户是在职党政机关及企事业单位的党员干部和群众，大业主单位有高级人民法院、北京市中级人民法院、北京市人民检察院、海淀区教育委员会、北京儿童医院、航天部二院等十几家大单位。居民对教育的需求较多，为学习型组织创建提供了必要的前提。区市民学校的成立，建立起了由社区居民和辖区单位组成的义务教师队伍，他们大都为单位退休人员，人人都有一技之长，其中有法官、检察官、特级教师、京剧表演艺术家、书法家、画家、乐队指挥、舞蹈教练等，特别是还有全国政协委员、海淀区人大代表的参与，极大地推动了社区教育学习的普及，满足了社区居民的业余文化需求，为学习型组织的创建提供了有利条件。

紫竹院街道厂洼二社区培育和壮大社区教育志愿者队伍。建立和完善社区教育师资库，形成以党员为主的骨干队伍，以老科技工作者、老教师为主的讲师队伍，以好少年为主的青少年志愿者队伍在学习型社区建设中的带头作用，开展科普、文化、法律和文明礼仪教育活动，扩大全民学习的覆盖面，夯实人人皆学的社会基础，为创建学习型社区提供了师资保证。

北京东方计量测试研究所高度重视挖掘自身的培训能力，提出建设"多层次、能使用、专兼结合的培训师队伍"的目标。截至目前，共有兼职培训师20余名。将培训师队伍建设持续作为教育培训工作重点，并逐步展开对兼职培训的考核。为进一步加强教育培训管理者队伍建设，提高职业化水平，跟踪、学习世界前沿的教育培训理论、方法和手段，不断更新理念，组织所教育培训管理人员参加航天系统内外的教育培训管理者培训，努力建设一支政治强、作风硬、业务精的优秀教育培训管理者队伍。

北京拓尔思信息技术股份有限公司有一支素质高、能力强的教育培训管理工作者和创建管理工作者队伍，有一支实力较强、结构合理、善于创新的师资队伍，重视对师资队伍的培训和提高。

主要开展了如下队伍建设工作。

（1）建立了7人的创建管理工作队伍。

公司教育培训委员会负责创建管理工作，制订创新方案，研究创新思路，各中心主管领导负责本中心的创建管理工作，落地实施创新活动，安排了人才政策、教育培训政策等学习活动。

（2）建立了21人的教育培训管理工作队伍。

人力资源部统筹安排日常教育培训工作，各中心的部门经理负责落地实施各业务的教育培训活动。通过网上资料学习、购书学习、领导力课程学习、微博微信平台学习，加强了队伍建设。

（3）建立了58人的内训师队伍。

公司教育培训活动的落地，主要依靠公司的内训师队伍。除7人和21人团队承担内训课程任务外，依据公司内训师管理规定，每年年初，由员工自我推荐、部门经理推荐，各中心主管领导申报推荐意见，教育培训委员会审批的程序，选拔30人的内训师，并依据内训师擅长的业务，安排年度培训课程。定期开展内训师研讨会、专题会、分享会、公开课等，提升授课技巧及授课能力，加强了师资队伍的培养和提升。

要保障学习的效果，师资队伍的实力和结构十分重要。北京市信息管理学校经常邀请相关领域的专家来校作报告讲座；邀请专业建设相同领域的教授传授先进的理念和经验；邀请职教集团、职教学会的前辈指点迷津、答疑解惑。同时，学校经常为学校教育培训管理工作者——中层干部创造学习的机会，以提升管理能力，为学校教职员工教育学习的管理保驾护航。

西苑社区建有专职人员、专任教师和志愿者组成的专兼集合的社区教育工作队伍。依托社区图书室，开展了以老年人、残疾人、青少年、失业人群为主的教育活动及成年人职业技术教育，形成了西苑社区集老年、青少年科普特长、成人终身教育、家庭教育、紧急救援、健康教育于一体的覆盖各类人群的终身学习的社区教育体系。充分利用五一小学校内设施，实现资源共享，大力开展多种形式的职业技术教育。并形成社区与街道社保所互动的成年人终身教育、职业专业技术培训、各种专业继续教育和非学历功能短期培训的格局。针对失业人员开展教育活动，使他们积极参与社区教育，重新找到自己的服务岗位，树立并强化终身教育的重要意识。

创建"学习型示范社区"必须依托社区教育，树立"大教育"观念，积极探索建立全员、全程、全方位的社区教育管理体制和运行机制，在构建科学的社区教育培训体系上做文章，重视师资队伍的培养和建设显得尤为重要。香山街道六号院社区积极开展教育培训入户调查，在详细了解居民的知识结构、文化水平、学习意向等情况的基础上，坚持以人为本的思想，做到居民需要什么就教什么，因地制宜，因材施教，满足社区居民的多样化学习需求。同时，注重发挥社区的人才优势，构筑社区"人才基地"。从社区居民中吸纳了一批老党员、离（退）休干部和教师参与到社区教育培训师资队伍中来，形成以社区学校为龙头，以社会力量、驻区单位及社区居民三方共同参与的社区教育培训骨干队伍和志愿者队伍为基础的社区教育网络。社区旭日霞光合唱团教居民唱歌；红叶红舞蹈队教居民跳健身舞；霞光老年互助社老年服务队为独居老人、空巢老人、重点帮扶对象提供服务，为居民讲解写作、阅读方面的知识；聘请专业心理咨询师对社区未成年儿童进行心理咨询；聘请专职老师在假期为青少年进行文化课辅导；定期邀请社区卫生服务中心的医生对居民进行卫生知识培训；邀请司法所和专业律师为居民讲解法律方面的知识；邀请防灾减灾方面的专家为居民讲解消防、如何避险等方面的知识；邀请计生方面的专家为育龄妇女讲解三优方面的知识。通过互帮互学的形式，达到教学相长的目的，师资队伍在社区教育培训模式中得到锻炼，构建了一支实力较强、结构合理、善于创新的师资队伍。居民的知识面得到拓展，业余生活得到丰富，综合素质得到提高。创建学习型示范社区氛围浓厚。

四、经费投入

教育培训经费的投入是发展职业教育的重要保证。羊坊店街道建立经费保障制度。街道工委按照上级部门有关要求，通过划拨专门资金、实行专款专用等办法建立学习经费保障制度，购置并更新书籍资料。2012年，街道工委投入十几万元为各科室及社区购买学习书籍。

北京甘家口大厦每年保证教育培训经费的投入，并做到年年有投入，年年有增长，努力改善教育条件，做好培训的基础工作。大厦始终坚持每年按照职工工资总额的 1.5% 足额提取教育经费，全部用于与职工有关的学习、教育、参观、培训等活动以及购买培训用的设施设备。同时，保证实际支出费用大于提取费用，并保持提取、支出费用的逐年递增。大厦在教育经费的提取和使用上，历来遵循足额、合理、规范、守法、专款专用的原则。人力资源部根据培训计划和实施情况提出使用申请，由总经理进行审批。多年来，大厦在教育经费的使用上未出现一笔违规现象。

北京当代商城培训中心投资 30 万元注册了具有独立法人资格的培训机构——北京当代商城培训中心（北京市海淀区当代商城职业技能培训学校），培训对象包括商城职工、社会在职人员和失业人员，组建了"培训中心——商场、职能部室——商品部、班组"三级职工教育培训网络体系。

绿伞公司为了更好地、直观地、简明易懂地对员工进行教育和传播新知识、新技能，公司扩建了会议室，配备了投影仪等专用设备；公司建立了一个完整的计算机网络系统，极大地提高了公司网络系统的性能。新品研发是公司的前途所在，公司领导每年分配给科研的经费逐年大幅递增，财务部优先保证科研经费的支出，聘请专家授课、教师上门讲课和参加有关科技研讨会和交流会，也是计划内科研经费支出的一部分。

北京市中农良种有限责任公司董事长、总经理积极支持创建学习型企业工作开展，做到了年年有投入，年年有增长。按照公司收入的 1% 提取教育经费，全部用于员工的学习、教育、参观、培训等活动以及购买培训用的设施设备。2009 年，为大幅度提升全体员工的整体素质，公司当年人均培训费用超过 2 万元。同时，公司教育经费严格遵循财务管理制度，在使用程序上，由人力资源部根据培训计划提出申请，总经理签批，使用后上报详细的实施情况、进展效果等。

北京航材百慕新材料技术工程股份有限公司每年保证对员工进行教育培训经费的投入，并做到年年有投入，年年有增长，努力改善教育条件，做好员工培训的基础工作，确保资金全部用于与职工有关的学习、教育、参观、培训等活动以及购买培训用的设施设备。

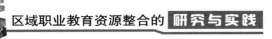

《中关村二小创建经费保障制度》的主要内容包括：每年购进十几万元的图书和音像资料；每年组织 90% 以上的教师外出学习；全力支持上级主管部门组织的各级各类培训，按政策予以全额报销；为每位在编教师配备 1 台笔记本电脑，用于日常办公，以不断提高教师运用信息技术的能力。

北京江南天安科技有限公司每年依据《中华人民共和国劳动法》及海淀区相关政策根据员工薪酬总额提留年度培训经费，经费在年初时即由财务提留，由人力行政部根据年度培训安排，上报年度培训预算方案，经管理决策委员批准方可使用，确保培训经费全部用于与职工有关的学习、教育、参观、培训活动，并做到年年有投入，年年有增长。

北京慧点科技股份有限公司非常重视学习型组织建设的投入，每年都会为相关工作的顺利开展列支专项经费。近年来，公司在学习型组织建设方面的投入逐渐加大：2011 年，公司在此方面的投入就已超过 50 万元，2013 年的直接预算经费更是超过了 60 万元，其中包括了员工集中培训、学习、评估、梯队建设等各个方面。有力的经费保障，给公司的学习型组织建设工作提供了强有力的支撑。

中关村医院完善了投入机制，形成政府、医院、科室共同承担的投入保障机制。2005 年启动中关村医院科研基金实施方案，坚持科研奖励政策，每年按计划安排终身学习服务体系的基础设施和基础项目建设经费，保证专款专用，并逐年有所增加，督促和带动科室在各自的工作范围内明确一定比例经费用于人员、组织培训教育等相关工作。

北京德尔康尼骨科医院专门设立了员工继续教育与培训专项基金，按照每位员工每年 2000 元的标准，在年度财务预算中单项列支，专款专用。员工在院内的继续教育和培训、外出进修学习、外出参加学术会议、参加专业学会、购买继续教育网论学习卡等，都从该基金中支出。

五、硬件设施

良好的硬件环境是开展在职教育的基础，各单位高度重视对学习设施、设备等硬件环境的建设，不断改善教育设施和条件。

　　万寿路街道不断加强硬件环境建设，优化网络化学习。良好的硬件环境是办好社区教育的基础，街道多年来非常重视对学习设施、设备等硬件环境的建设。根据本地区的特点和创建学习型街道硬件设施建设有关要求，投资建立了学习教育一体化的机关局域网，并搭建了万寿路街道资源管理平台，实现了日常办公的网络化。添置了必要的电教设备——多媒体投影仪、电子屏幕和液晶电脑等，使街道教育中心的培训教室更具现代化。目前，街道教育中心共有教室及活动室6个，图书阅览室110平方米，图书1.2万余册，订阅报刊30余种。街道教育培训中心开设了健身操、普拉提、瑜伽、跆拳道、街舞、乒乓球等，每天都有不同的培训班进行上课和培训。街道专项教育经费的投入逐年增加，36所市民学校面积达1.5万平方米。

　　北京市中农良种有限责任公司在中国农科院公司办公楼上开辟了一大一小两个能同时容纳100余人的教室，在石家庄、长春开辟了两个能容纳50人的教室，专门用于员工教育培训。配备了笔记本电脑、多媒体投影仪、数码照相机、扫描仪、复印机等教学设备，同时利用现代化科技手段和科技设备，开通了10M的独享网络流量供员工沟通学习，创立了员工网上交流群、短信平台、人力专门邮箱等，员工可以及时进行沟通交流，保证了培训的时代性、实效性、实用性以及适用性。

　　商业用房寸土寸金，然而北京甘家口大厦有限责任公司在本店开辟了一大一小两个能同时容纳130余人的教室。2010年还在顺义分店开辟了两个能容纳200人的教室，并添置了笔记本电脑、多媒体投影仪、数码相机、扫描仪、复印机等教学设备，所有部门均配备了兼职教员。

　　当代商城认真落实北京市、海淀区政府有关文件要求，建立了保证学习型企业建设的正常经费的投入。严格按照《中华人民共和国职业教育法》等法规文件的要求，每年提取占职工工资总额1.5%的教育经费，同时还根据企业发展的要求不断增加职业教育培训经费的投入。近年来，商城投入几百万元用于培训教室的装修、购置各类教学设备、编写培训教材和讲义、外出考察。2007年5月商城还投资60万元，与清华大学经管学院联合举办了《当代商城高级零售研修班》，有30名中高层管理人员参加了学习。这些投入为商城顺利开展创建学习型组织活动和职工教育培训工作打下了坚实的物质基础。

　　北京赛科世纪数码科技有限公司有10多个会议室、演示室供员工培训学习和活动。由于公司是开发软件的高科技公司，所以有视频会议室、技术演示室等，还有畅通先进的网络设施。为了提升学习和创新的氛围，开通了网上"电子书店"，为员工打造了一个现代化的学习交流活动中心。公司还建立读书角，并对阅览室、党支部活动室、员工学习室等场所进行了装修改造，添置了空调、电脑，更新了桌椅，增加了读物。各级党组织还为党员、管理人员购买了《读点经典》《细节决定成败》《从技术人员走向管理精英》等书籍，为市场产品人员订阅《IT产业报》《卓越项目领导力》《新闻视角》等报刊。公司重视培训投入，每年用于员工的培训经费达50万元。做到"集中学习有空间、个人自学有时间、员工培训有资金"，为创建活动创造了良好条件。多年来，公司投入了大量资金和时间，确保了学习型组织建设的正常经费和时间投入，并逐年递增。

　　北京中讯四方科技股份有限公司自2009年公司乔迁至新厂区以来，一直加大在硬件设施方面的投资力度，购买了电脑、投影仪等一批现代化教学设备，为职工学习提供便利，也为公司采用现代化教学手段提供了物质基础。不断购置图书，建立员工图书馆，既满足职工读书的渴求，将职工的业余爱好引导到读书、读好书上来，又促进了职工素质的全面发展。公司还重视内部"创建学习型组织"的宣传，利用现有条件，在日常工作的简易平台上单独开辟了创建学习型组织的专栏，便于职工翻阅。这样不仅能够加大对职工的宣传力度，在潜移默化中强化职工的学习意识，还能起到树立公司学习型企业的形象，扩大公司的社会影响力的作用。

　　八一社区注重完善的培训设施和教育教学设备。一是以社区教育为龙头，强化社区各项教育设施建设。根据自身特点，注重与驻区部队军民共建，资源共享。图书馆、礼堂、综合活动室、综合运动场、老干部活动中心、棋牌室成了创建学习型社区不可或缺的硬件设施，为更好地服务于社区教育提供了坚实的保障。图书馆设有阅览室，为居民博览群书提供了良好的环境。活动室经常举办法律知识、书法、绘画等各种培训，受到社区广大居民的好评。在礼堂举办的丰富多彩的文体活动，丰富了居民的业余生活，增强了体质，提高了生活质量。二是配备了电教室，定期组织居民观看电教片。党员群众积极参与远程教育，并将远程教育看作是宣传党的政策的窗口、传授知识的课堂、凝聚党员的阵地、联系群众的桥梁。同时利用好社区宣传栏、信息栏，宣传创建学习型社区的理论知识和鲜活的事例，用发生在群众身边的典型事例影响社区居民，提高居民参与创建的积极性和主动性。

在信息网络化的今天，尽管学习的途径呈现多样化态势，但是，读书仍是最直接、有效的学习方式。蓝旗营社区从 2009 年开始，利用党支部调研课题连续四年争取资金 1.2 万余元，用于图书阅览室的建设。目前社区读书阅览室已藏书 2000 余册、影视光盘 500 余张。图书室每周一对居民开放，并在社区内张贴图书光盘目录、书籍分类介绍等宣传材料，吸引更多的居民前来借阅，已有近千人次借阅。居民在读书中学习恪守理想信念，在读书中把握人生道理，在读书中学习实践人生追求，从读书中体会到活到老、学到老，学无止境的心路历程。通过图书、音像制品的借阅形式宣传党的政策、传播爱国主义思想。该社区还以此为平台，以党支部为主体创建了"红旗"网站，利用宣传橱窗、黑板报等多种形式宣传、普及、发动、创建学习型社区工作的信息与经验。

苏家坨镇聂各庄社区为保障社区的学习型组织建设工作顺利开展，根据社区党员人数多，社区居民参加学习活动意愿强的特点，镇政府多方筹资，投资近 10 万元为社区改扩建 100 平方米的图书阅览室，并添置了投影仪、笔记本电脑和远程教育等设施设备，配备 80 套桌椅，使社区居民在这里不仅可以享受传统的图书借阅、教育讲座等传统的学习方式，还可以通过互联网有计划、有针对性地选择一些高层次的教学内容，极大地丰富和拓展了社区居民的学习方式，深受社区居民的欢迎，为创建学习型组织奠定了坚实的硬件基础。根据社区居民日益增多的学习需求，2013 年镇政府将继续投资为社区图书室添置图书、书架、电脑、电脑桌椅、空调等配套设备，并在社区居民中拟招聘文化志愿者 3 名，协助社区为居民提供图书管理服务工作，为本地区居民群众搭建精神文化学习平台和交流场所。

海淀区红英小学为教师的学习提供物质保障、经费保障、专家资源保障；学校开通百兆光纤网络，建立成熟的资源库及校园办公系统，开通视频会议室、多媒体资源室、打印复印室、多功能会议室；提供健身房、休息室及咖

啡机；提供开放的图书馆及电子图书馆，办公室引进宜家家居合理利用空间；每学期为教师订购各类教育书籍，开展读书研讨会；开发现代化的远程教育网络资源，积极利用社区资源、社会资源，把专家请进来，让教师走出去，参与各类学习和培训；为每一位老师建立个人学习情况档案，发放专门用来记录会议和学习心得的星星本……在教育教学工作的各个环节，为学习型组织建设工作提供资源保障。

玉海园五里社区充分利用社区图书室、社区课堂、社区广场等公共服务设施，全年免费开放，每周开放时间不少于56小时。利用社区现有硬件优势，开展婴幼儿早期教育、青少年特长教育、成年人继续和终身教育、流动党员教育、老年人兴趣教育、公民道德规范教育等，逐步形成五里社区培训基地，使参与学习活动的居民更能适应时代发展的要求，不断提高自身素养，掀起社区居民学习新高潮，创建学习型文明社区。社区文化功能完备，能够提供图书阅览、演出排练、电影放映、居民作品展览展示、文化信息共享、文艺创作、文化技能培训、校外活动、学生学习、娱乐健身等文化服务。开设教育培训场所，具有完善的培训设施和现代化教学设备，具备网络设施，开展社区教育服务。

在上级党委政府的关心和支持下，温泉村村党支部筹措资金380多万元加大基础设施建设，修建了文化休闲园、多功能厅礼堂、党员活动室和文明市民学校。不仅提供了培训和学习的场地，还专门配备了彩电、VCD、音响、电脑、投影设备、桌椅、空调等，并购买了录像机、照相机等。为学习型党组织建设提供了好的硬件设施，更有利于大力开展群众、党员喜闻乐见、丰富多彩的学习教育等活动。在文化休闲园安装了户外宣传栏，建立了一个藏书1万册的图书室，积极发挥图书室在建设学习型党组织中的特殊作用，进一步方便了村民的学习，满足了村民的求知欲。

北京市海淀区停车服务行业协会加大对学习硬件设施、技术支持以及学习资源的投入力度，将学习培训经费列入协会支出预算，专门建立了读书阅览室，订购学习刊物，会议室购置了投影电视，协会所有成员全部配齐了电脑。让全体成员学有所教、学有场地、学有载体、学有资金保障。

北京辰安科技股份有限公司目前现有办公环境4635平方米，公司为员工新添置了笔记本电脑、多媒体投影仪、数码相机、扫描仪、复印机等教学设备。同时，利用现代化科技手段和科技设备，在公司内开通了内部 OA 网和 CRM 管理系统，实现了公司内部业务流程的电子化。员工可以将培训需求、培训感悟直接通过网络反馈给人力资源部。人力资源部还经常性地发起问卷调查，询问广大员工对培训和再次教育的需求，确保公司组织的培训能满足对员工自身发展规划的期许。公司在办公楼的一层设立 100 平方米左右的图书阅览活动室，目前正在筹划收藏各类专业书籍，供大家借阅学习。

北京东方计量测试研究所档案中心馆藏各类图书、技术标准 6000 余册，同时与五院图书馆、神舟学院实现资源共享，具有丰富的信息资源储备和来源。同时，拥有专门的培训教室和现代化教学设备，为开展各类培训创造了良好的环境和条件。在所内网网站开辟教育培训模块，上传培训教材和相关学习资料，供员工利用业余时间学习，网络培训模块已成为员工日常学习的阵地。

六、激励机制和监督措施

只有调动员工学习的积极性，激发员工主动参与学习的热情和动力，才能达到理想的教育培训效果。

当代商城重视人力资源开发，重视员工自我发展，帮助员工制订学习计划和职业发展规划。重新修订了《当代商城员工教育培训管理办法》，鼓励员工岗位成才，重视职工学习成果，并作为择优上岗、职位提升的重要条件之一。建立了比较完善的员工考核、激励机制，建立了培训、考核、使用、待遇一体化的管理机制。创造条件，鼓励员工外出考察学习，为员工在职进修学习提升提供了奖励、晋级等激励措施。商城形成了创建学习型企业的浓厚氛围。商城鼓励职工积极参加公司经营管理等各方面的改革与创新，每年都有组织、有步骤、有检查、有评比，上下结合，在全体员工中开展劳动竞赛、技术练兵、合理化建议等活动，并对参与各项活动中涌现出来的先进集体、技术能手、岗位标兵给予表彰与奖励。通过开展这一系列活动，极大地激发了职工的积极性和创造性，使全体员工树立了诚信敬业、务实高效、求知创

新、永争一流的精神，为当代商城的持续发展做出了积极贡献。商城每年召开企业发展研讨会，邀请政府、高校等专家学者参与，各个部门根据不同主题、结合工作重点撰写论文，形成《企业发展研讨会成果汇编》，成为学习型企业建设的一个重要载体。

当代商城因"才"设计，为不同类型的员工设计不同的职业发展道路。并于 2005 年出台了《当代商城继续教育奖励办法》，对学历学习、职称职业资格学习等明确了奖励政策。截至 2010 年底，已累计奖励 324 人次，累计发放奖励达 28.8 万元。其中学历奖励占 2 / 3 以上，获得各级国家职业资格证书者达 559 人，技术职称 49 人。激励效果十分显著，截至 2010 年底，全员具有研究生学历 28 人，比 2004 年底增长 154.5%；本科学历 291 人，比 2004 年底增长 506%；大专学历 296 人，比 2004 年底增长 77.25%；高中及以下学历 339 人，减至全员的 35.53%。主管及以上人员 95% 达到大专及以上学历，店面服务人员 98% 达到高中及以上学历。全员学历层次和任职专业化水平的提高，为管理思想和服务水平的提升奠定了坚实的智力基础。

同时，商城建立了培训过程的规范评价体系。通常采用访谈、书面考试和考核等方式，分两个阶段对员工的培训效果进行评估。第一阶段在培训结束后，对员工的学习质量进行评估，员工对培训老师的教学质量进行评价，如培训结束时的考试和员工填写培训满意度评价表。第二阶段在培训 3 个月以后，部门对受训员工的工作态度、工作效率、工作差错率、技能水平和工作绩效等诸方面进行评价。如收银员在获得上岗证后一段时间，部门直接领导根据该员工收银差错率、服务态度、假钞鉴定能力和机器维修率来对收银员的水平做评估。另外，结合商城的绩效，通过年度总结，对商城的培训工作做总体的有效性评价。培训促进了销售额持续增长，使商城成为北京市商业界近年来销售增长较快的企业之一。通过培训评价与考核，一批服务品牌脱颖而出，例如，服装商场副经理蔡军利入选市劳模报告团，并就商城高档次服务和劳模先进工作方式进行了巡回演讲，反响热烈；商城一线员工李永明被评为全国商业服务明星、佟燕云被评为首都商业服务明星。

绿伞公司新品的研发能力是公司发展、抢占市场和生存的实力所在，新品的研发速度和市场定位反映了企业的科技水平，在一定程度上影响着企业的前途和命运。公司成立了以总经理为首的产品委员会，中层以上干部是产品委员会的成员，产品委员会决定着新品研发的方向，具体到新品立项、产品的包装设计定型、新品的考核鉴定都必须通过产品委员会认可。公司发展和市场销售的需要，推动科研部的研发人员自发地学习新知识、新技能，采用新材料。目前，公司采用"纳米"技术和生物技术等新技术研发出一系列新产品，新品的逐步推出将极大地提高绿伞洗化产品的档次。研发人员的努力使绿伞的新产品在行业内处于领先地位。新品的研发、鉴定和生产的过程，涉及了对相关部门的绩效考核，考核结果将与以后的升职和晋级挂钩。每年绩效考核结果与干部见面，鼓励成绩，指出不足，激励干部不断地学习新知识，接受新事务，提高创造力，弥补不足，改正缺点，使每个干部在新的一年有明确的方向，用自己的聪明才智在新的一年不断创新，改进工作，创造业绩。公司对于中层以上干部的绩效考核，每年根据上一年度存在的问题不断地改进完善，使之逐渐接近公平、公正和真实。

为激励研发人员的积极性，公司对科研部门实行奖励制度，在与科研部门签订的承包责任书中，明确规定了按项目提成以及完成和超额完成项目奖励办法。为了鼓励员工成为学习型的人才，公司制定了规章制度，对自学成才者予以奖励并报销学习费用，该制度还被写入员工手册中。公司为培养人才和吸引人才提供了所需的人力、财力和物力。对一年的工作进行严格科学的评价后，对已达指标的，按签约条款兑现奖励。科研方面，对新品研发在技术上或降低成本方面有突出成绩的给予物质奖励；在企业管理方面有突出贡献的也同样给予奖金，如公司在质量环境管理体系通过国家认证后，有关人员被嘉奖。

对于工作能力突出和有贡献的人员，在国家政策允许的范围内，公司积极帮助其解决生活中的困难，乃至解决北京户口，极大地鼓舞了本人和其他员工，依靠这些做法，公司吸引了不少优秀人才加盟绿伞事业。在公司政策的鼓励下，先后已有多人在公司工作期间依靠自学取得了本科或大专文凭。公司人力资源部采取措施注重人才留用，也为一位东北籍硕士生办了全家转户北京的手续。

公司领导十分关心员工的切身利益，尊重和爱护人才，在公司文件中规

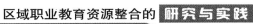

定了员工享受的福利待遇有：公司严格按规定为正式录用的员工全员办理养老保险、失业保险、基本医疗保险及工伤保险，女职工在怀孕和生育期公司为其办理生育保险；公司的医疗报销规定；女职工的婚假、产假制度；员工的丧假和带薪休假制度；员工的工作餐、营养保健、体格检查费由公司承付；公司鼓励员工依靠自学取得各种文凭、证书，并推出激励措施，对利用业余时间自费学习的员工，只要学以适用，在取得毕业文凭后，公司报销已投入的学习费用。

知春物业的激励措施：一是成立了学习督查小组，对各学习小组的学习情况每月进行监督检查并考核，具体有抽查学习笔记与书面抽查考核两种形式。根据各部门学习小组月检查考核结果，督查小组每月对组织学习较好的部门小组给予通报表扬，对组织学习不力的部门小组进行通报批评，必要时给予经济处罚。根据全年检查考核结果，督查小组每年度对各部门学习小组进行一次总评，按照各部门学习小组全年的最终学习绩效评出学习先进小组和落后小组，并报请公司分别给予相应的表扬或批评、奖励或处罚。根据全年学习结果，公司每年年末评出一定比例的学习先进典型和各类专业技术人才，分别给予相应的特殊补助。知春物业及时有效地进行评比总结，鼓励先进，鞭策落后，使学习活动持久开展。二是开展综合知识竞赛、读书月活动，召开研讨会、演讲会、岗位技能竞赛。为了进一步提高职工的服务态度、服务质量，充分体现以客户为关注焦点的服务理念，解决好现有工作中存在的各种问题和矛盾，努力使知春物业的各项工作水平不断得到提高，知春物业多次开展综合知识竞赛，组织研讨会，并召开演讲会，将研讨会研讨的成果在全体职工面前演讲。知春物业积极开展职工读好书活动，每年以固定时间定为企业的读书月，并向每位职工推荐发放书籍，要求职工读完后每人写出一篇读后感。最后，知春物业评选出优秀作品并在公司内部进行表彰和展示。为了培养干部职工在工作中扎实的基本功，提高各项服务效率、质量、技能和操作水平，同时本着贴近于各岗位的实际工作，具有一定技能含量且又有一定竞赛意义的原则，知春物业每年都要结合实际不断变换内容，开展岗位技能竞赛。文档编辑、图文制作、楼内巡视找错比赛、灭火器灭火接力赛、消防烟感测试、设备设施拆装、检修比赛、配电室倒闸、服务技能情景演练等，每年参与人数超过职工总人数的 50% 以上。

海淀区医学救援中心对积极参加培训、能够学以致用、具备条件主动担任讲师等相关人员予以奖励，修订医德医风管理制度，为每名员工建立医德医风档案，修订岗位说明书，明确每个岗位的职责范围，调整任职资格，使整体素质得到提升。

北京市六一幼儿园建立保障机制，确保创建工作顺利进行。首先，为保证创建工作正常运转，六一幼儿园出台"教师年终奖励制度"，用于专业人才的培养和创建学习型组织的活动以及对先进的表彰奖励，同时安排一定的经费用于教育培训和学习型幼儿园的软硬件建设。其次，广泛开展教职工体育锻炼健身活动，购买一定的体育健身器材，定期组织教职工开展愉悦教职工身心的娱乐健身活动，提高教职工身体素质。还有，重视教职工心理健康，注重对教职工的人文关怀，开展心理健康讲座，提高教职工心理承受能力。

北京六一幼儿园一是加强师德教育，规范教学行为，每学年评比一次师德先进个人，把教师的学习与评先评优结合起来。二是加强教师的继续教育工作，注重青年教师的学习培养。鼓励教师利用业余时间自学、自修，提高自身素质。同时继续加强青年教师的基本功训练，即唱歌、跳舞、弹琴、讲故事、绘画、教研，特别注重对青年教师的培养，实施给青年教师压担子、搭台子、指路子的措施，使其成为一名出色的幼儿教师。三是以教科研为载体，提高学习实效。六一幼儿园在教学科研领域一直发挥引领作用，承担着国家级、市级和区级的各类课题，已经形成"以科研为龙头，促进教师个体发展"的良好局面，且积累了一定的研究经验。

北京赛科世纪数码科技有限公司建立正向激励机制，营造学习氛围。一方面开展学习小组竞赛：公司以创建创新研发中心学习小组，提高技术人员管理能力为出发点，开展了研发中心小组学习竞赛，分研发、测试组进行，对获得前三名的成员分别发放 600 ~ 1000 元的购书卡。另一方面积极鼓励自学成才：对参加自学考试提高学历的，对自学文科获得本科、大专的员工分别给予 2000 元、1000 元的奖励，对自学理科获得本科、大专的员工分别给予 4000 元、2000 元的奖励。对利用业余时间写作新闻稿件、论文的员工给予加发稿酬的奖励，极大地调动了员工的自学积极性。

海淀区国家税务局建立了三大机制，最大限度地调动干部学习积极性，营造浓厚的学习氛围。一是激励机制，将精神鼓励和物质奖励相结合。在物质奖励方面，把获得培训、学习机会视为对干部的一种奖励，对市局、区局组织的各类学习考试中成绩优异者、业务骨干及年度优秀公务员推荐外出学习深造或予以一定额度的奖金，获得"三师职称"的人员给予5000元以下报销学费等奖励，促进干部弘扬先进、追逐前沿、奋发有为，以文化的力量推动税收事业发展。二是导向机制，通过选树典型和选拔任用实现价值。每年针对评优获奖人员和优秀党员进行隆重表彰；在干部的选拔任用上，注重政治理论和新知识、新法规等内容的考试，注意把理论水平高、业务能力强、工作实绩突出的干部提拔到领导岗位上来；在年终公务员考核上，把述学作为一项重要内容；在干部岗位调整上，注重把爱学习、肯钻研的干部分配到重要岗位锻炼培养。三是考核机制，把创建学习型组织建设活动、干部教育培训开展及参加情况作为部门和个人年终考核评先评优的重要条件之一。这些制度和机制的有效运行，确保了创建的长效性和实效性。

北京江南天安科技有限公司人力行政部建立正向学习激励措施，营造学习的氛围：一是公司内学习项目、效果的大力宣传，扩大学习人员范围及丰富学习科目；二是积极鼓励员工考取专业技术证书，公司报销相关学习、考试费用；三是鼓励员工利用工作或业余时间，担任内部培训师，最大限度地促进员工特长在公司内部互助成长。

紫竹院街道韦伯豪社区组织机构健全，具有完整、详尽的教育培训工作制度及奖惩制度，对不断创新、不断进步的成员及时进行鼓励及表彰，对学习不积极的成员由监督小组负责，运用专业方法帮助成员不断进步。

北京市海淀区停车服务行业协会将学习情况纳入工作目标考核。建立健全平时考核和年度考核相结合的工作机制，认真落实学习情况报告制度和个人学习事项报告制度，将学习结果作为考核工作的一项标准，促进学习。开展专项活动，提升学习效果。为将学习型组织建设引向深入，有针对性地组织了形式多样化的学习活动。一是组织成员参加网上理论答题活动，进一步提高成员对形式任务和理论知识的掌握水平。同时将答题范围扩展到协会会员单位，丰富学习内容。二是组织领导小组到会员单位进行调研。通过实地对行业各单位的调研和讲学，领导班子成员将学习型组织建设融入各部门每个工作环节实践中，更深层次地推动了学习型组织建设的步伐。

北京拓尔思信息技术股份有限公司开展资质认证，建立激励机制。该公司拓宽专业技术人才的发展空间，鼓励员工取得资格证书，推行持证上岗制度，建立科学有效的绩效管理体系，健全分配机制。另外，该公司还积极开展技能实操活动，深化继续教育，完善教育培训网络，对员工进行岗位技能和业务知识等实操培训，并创造条件鼓励员工开展继续教育、学历教育等，激励员工的活力。

第二节 学习形式

一、日常学习

海淀区质量技术监督局党组按照建设学习型机关的要求，牢牢把握质监工作如何围绕中心服务大局这一命题，有的放矢地加大干部职工的学习培训力度，不断强化"学习为本""人人学习""终身学习""创新学习"等理念，使主动学习成为广大干部职工更新观念、开拓进取的持续动力。同时，针对个别干部职工头脑中存在的"学习无用论""客观困难论"和学习是"形式主义"等错误认识，因势利导地做好思想教育工作，真正使平时想学习而没有时间学的职工挤时间学，使平时想学习而不知道怎么学的职工系统地学，使那些没有理论和知识需求而懒得学的职工懂得必须学，使一些自我感觉良好的职工认识到自身差距加紧学，尤其使一些认为不学习照样工作的职工改变错误认识，变"要我学"为"我要学"，从根本上调动广大干部职工学习的积极性，在全局上下构建起了有业务培训、有素质拓展、有知识测试、有实地调研、有社会实践的全方位学习实践体系，有效地增强了干部职工的政治意识、大局意识和责任意识，切实提高了质监工作服务大局的水平。

组织干部职工进行了《中国共产党党员领导干部廉洁从政若干准则》、四项监督制度等重要文件的学习，组织参观了预防职务犯罪等反腐倡廉成果展，组织收看了党风廉政案例系列讲座录像，引导干部职工常修为人之道、常怀律己之心、常除非分之想、常省自身之过，始终保持清醒的头脑，时刻保持高度的警惕，规规矩矩做人，踏踏实实做事，做到防微杜渐、警钟长鸣。

二、党建活动、党员教育

以党建为引领，发挥基层党组织的战斗堡垒作用和党员的先锋模范作用。把党员学习与员工培训相结合，把提高理想信念、党性修养教育与员工的职业道德和业务素质培训相结合。

不管是创建学习型企业，还是创建学习型支部，"学习必有新行为"，坚持以思想观念的更新带动和推进企业教育组织形式的创新，形成全方位、多层次的企业教育体系，制定一整套科学、规范的管理办法才是知春物业最终的目的。知春物业通过把学习型企业和学习型支部相结合，力争把不断学习、全程学习、团队学习和学习的自主管理落到实处，促进党员干部和企业职工的自我学习、自我完善、自我发展、自我超越。

上地街道体大颐清园社区坚持政治理论和党支部中心理论学习。根据建设学习型组织的要求和学习实践中出现的新情况、新问题，不断完善健全学习制度，探索新的学习形式，制订具体的学习计划，定期或不定期地开展对建设学习型组织活动的检查，以激发社区居干的学习自觉性和积极性。2011年是中国共产党建党90周年，体大颐清园社区支部在街道工委的领导下，以科学发展观为指导，深入开展学习和贯彻党的十七大精神活动，切实加强社区党组织建设，增强党组织的创造力、凝聚力和战斗力，充分发挥社区党组织的战斗堡垒作用和党员的先锋模范作用，促进社区创建活动顺利展开。具体做到以下两点：一是服务党员树形象，扎实做好社区党员服务工作。社区支部现有党员51人，社区党支部上半年走访慰问了10位老党员，在做好社区党员服务的同时，也带动党员服务居民群众，树立社区党员良好的形象。二是加强党员教育，强化队伍建设，充分发挥社区党员在两个文明建设中的先锋模范作用。社区党组织引导党员用马克思主义的世界观和方法论指导自己的行为，坚持真理，崇尚科学，提高党员的思想理论水平，对党员进行保持共产党员先进性的教育。贯彻落实党员从群众中来、到群众中去的工作方法。通过党员教育活动的开展，从而推进社区党组织建设，达到"提高党员素质、服务人民群众、促进各项工作"的目的。

中关村医院注重加强党员教育管理，定期对支部委员进行党务工作培训，定期召开支部书记例会，提高党建工作能力；坚持"三会一课"制度，采用理论学习、知识答题、观看视频或电影、先进人物事迹网络学习、实地参观、红色革命教育等多种形式开展党员教育活动，确保党员及时了解党的政策路线，关注社会热点，掌握医院工作动态。

海淀区蓟门里社区卫生服务中心党支部倡导"知识铸就未来，学习改变命运"的理念，在院内宣传栏上专门开辟学习专栏，发布学习材料、工作动态、活动信息。通过简报、学习园地等方式，大力宣传学习型党组织的重大意义、基本要求、重要举措、主要内容，不断强化学习氛围。组织中层干部、党团员及职工培训学习医德医风、纪律、法律法规、廉政教育等内容。

海淀区政府办公室开展主题党日活动，加大重大节日教育学习力度。结合全年党和国家的重大节日，大力组织开展内容鲜活、形式新颖、吸引力强的主题党日活动。党的九十华诞之际，组织党员干部以"继续中华古文明，弘扬时代新精神"为主题，奔赴河北省涿鹿县，通过参观考察中华民族发祥史的"黄帝城"和香港、澳门回归纪念碑，真切感受了中华民族悠久的文明、灿烂的文化以及中国人民团结统一、爱好和平、勤劳勇敢、自强不息的民族精神，进一步牢固树立社会主义核心价值理念。建党91周年之际，政府办党总支组织办公室人员奔赴位于门头沟区的冀热察挺进军司令部纪念馆，踏寻先辈足迹，重温革命历史，开展了庆"七一"创先争优主题党日活动。此外，结合重大节日重要节点，还组织人员先后观看了《第一书记》《建国大业》《建党伟业》等红色电影，进一步加大了对政府办工作人员的教育力度，并深化了对重大节日纪念庆祝的深度。

聂各庄社区党支部把全体党员作为建设学习型组织的主体，引导党员树立"代表先进、学习为本、不断进步"的理念，时刻警醒和自勉，把更多的时间和精力放在学习上，争做勤于学习、善于学习的表率，不断提高自己的综合素质，增强能力。社区支部根据自身特点，确定各党小组每月学习日为10日、16日、18日、20日，制订了支部年、季度学习计划，明确学习内容，每个党员明确自己小组的学习时间，并要求社区每个党员每年集中学习时间不少于36学时，社区工作人员每年集中学习不少于48学时。组织社区党员100余人外出参观学习，接受革命传统教育，重温入党誓言，坚定社区党员共产主义信念，组织全体党员唱红歌，陶冶情操，交流感受。为222名党员发放了党的十八大报告单行本和党章。组织党员学习观看了党的十八大开幕式，要求党员积极做十八大精神的宣讲员。社区每一名党员在完成好自己学习任务的基础上，向社区居民宣传发动建设学习型组织的重要意义，号召大家共同参与。对社区内文化程度不高、不能参加活动的80岁以上的老党员、老干部采取"一帮一，结对子"的措施，为其送学习材料，采取到家与其交流的形式，或电话联系协商时间等，向其传达上级及支部会议精神以及当前学习内容和目前任务、措施，确保社区内每一名党员都能参与到学习型组织的建设工作中来。由于聂各庄社区党员的积极参与和大力宣传，整个社区的学习氛围深厚，社区居民参与社区各项活动的积极性普遍提高。

青龙桥社区卫生服务中心开展"创先争优"活动，实现基层党建创新。中心党支部坚持以邓小平理论和"三个代表"重要思想为指导，深入贯彻落实科学发展观，按照"巩固基础，创新模式，突出特色，展示形象"的总体思路，先后开展了"作风建设创先进，优质服务为民生""推进素质工程建设，促进优质社区卫生服务"和"党员引领，创新家庭医生式服务模式"等基层党建创新活动。以创建和谐社区为方向，组织党员系统学习，推进"学习型党组织"建设，坚持"三会一课"，保证党员受教育达到100%。重点学习新党章及党的重要会议精神，统一思想，明确任务，提高党员的理论水平和思维能力。组织全体党员和入党积极分子进行党的知识答卷；赴台儿庄大战纪念馆，进行爱国主义教育活动。通过参观学习，党员们进一步加深了对党的认识，更加坚定了为共产主义事业奋斗终生的崇高信念。

海淀区妇幼保健院抓好党委中心组和基层党支部的理论学习，发挥党员的先锋作用。院党委深入落实党的十八大关于抓好思想理论建设的要求，将思想理论学习作为加强党的执政能力建设的一项重要内容来抓，要求全院广大党员干部在政治上、思想上、行动上与时俱进，坚持党委中心组学习制度和"三会一课"制度，通过开展党委中心组学习和基层党支部学习，以"学习型党组织"带动"学习型医院"的建设，扎实开展多种形式的理论学习活动，并广泛探索、积极实践，发挥党员模范带头作用，主动将理论学习成果转化为实践工作能力。

在全面深化改革的背景下，非公企业党建是全面加强党的建设的重要领域。做好非公企业党建工作对促进非公经济发展有着十分重大的意义，也是贯彻全面从严治党要求的具体实践。近年来，非公企业以党建引领发展，发挥党员的先锋模范作用。佳讯飞鸿公司党总支结合企业发展中心任务，通过抓好机制建设、加强人才培养和塑造企业文化，不断加强员工职业教育。一是外出参观学习革命优良传统，让党员在重温党的历史、缅怀革命先辈的过程中，不断锤炼党性，坚定信念。二是拓宽学习渠道培训优秀人才，党总支大力推动学习型企业和学习型党组织建设，结合国家和行业实际情况，制订学习计划，并充分利用高新科技作为手段，大大提升了学习的覆盖面和实效性。三是工作实践学习锻炼业务骨干，注重发挥党员的示范带动作用，组建以党员为骨干的科技攻关队伍。在党员骨干的示范带动下，公司上下积极进取，自主创新能力不断提升。四是党总支牵头，成立足球队、舞蹈队等活动队，组织爬山、划船、植树等活动，密切上下关系，融洽员工队伍，也使得企业文化精神深入人心。五是落实好"三会一课"制度，抓好党员学习。

北京佳讯飞鸿电气股份有限公司积极开展革命传统、爱国主义和廉洁文化教育，先后组织党员参观党的一大会址、红色首都瑞金、革命摇篮井冈山、革命圣地延安、西柏坡、狼牙山革命烈士纪念塔、八路军挺进军司令部、地道战遗址、台儿庄抗战纪念馆、东北抗联纪念馆和中国航天城等，让党员在重温党的历史、缅怀革命先辈的过程中，不断锤炼党性，坚定信念。党员在企业日常工作中发扬前辈吃苦耐劳、迎难而上的革命精神，为企业的技术攻坚、业务拓展做出了卓越贡献。

落实"三会一课"，抓好党员学习。党总支根据公司"工作任务重、人员

外出多、时间难统一"的特点，充分发挥网络平台传播速度快、覆盖范围广、交互信息大、方便又快捷等特点，采取"见缝插针网上学、把握重点系统学、重大问题集中学"的方式，落实"三会一课"制度。党总支积极参加海淀园区工委有关会议和活动，及时传达会议精神，结合公司实际情况贯彻落实。使全体党员及时了解上级精神，拥护党的路线方针政策，在思想上、行动上与党中央、上级党组织保持高度一致。党员在日常工作中锤炼出"四个力"和"八个心"，即克难攻坚的战斗力、率先垂范的感召力、团结和谐的凝聚力、面向未来的创造力，艰苦创业的快乐心、海纳百川的包容心、发扬民主的平等心、相互沟通的真诚心、对待员工的慈爱心、回报社会的责任心、开拓创新的进取心、攀登高峰的必胜心。

紫竹院街道厂洼二社区从建立学习型党组织入手，根据社区党员实际，先后分别建立党建理论学习组，社区党建工作实践组，社区党员文化、生活组。利用"三会一课"，组织党员共同学习党的路线方针政策，并进行讨论座谈，做到理论联系实际。举办"知荣辱、树新风""学习党章、遵守党章、贯彻党章、维护党章""迎七一　唱红歌""畅想中国梦"的学习活动，开展党员设岗定责志愿服务，利用老干部活动中心传播文明向上的生活理念，为创建学习型和谐社区奠定思想基础。通过党员的各种组织活动，在社区党员中掀起重学习、主动学习的热潮。

中关村医院加强党员教育管理：党员发展做到有培养、有考察、有公示；对支部委员进行党务工作培训，定期召开支部书记例会，提高党建工作能力；坚持"三会一课"制度，采用理论学习、知识答题、观看视频或电影、先进人物事迹网络学习、实地参观、红色革命教育等多种形式开展党员教育活动，确保党员及时了解党的政策路线，关注社会热点，掌握医院工作动态。在"先进性教育""学习实践科学发展观""创先争优"活动中，始终做到培训动员"快"，工作安排"细"，学习方法"新"，教育形式"活"，充分发扬民主，围绕群众关心的热点、难点问题，开展多形式、多渠道征求意见和建议。

甘家口街道要求各党（总）支部，一是在坚持党员个人自学的同时，保证每月1次以上集中学习，全年不少于12次的集体学习，并要求支部班子成员自觉撰写读书笔记，提出改进工作的新思路、新方法，半年、年终由街道学习型党组织建设领导小组检查。二是建立学习评学制度。各党（总）支部按照各单位实际情况建立党员理论学习的激励约束机制，以调动理论学习的积极性为目标，建立学习评学制度，弘扬勤奋好学之风，坚持学以致用原则，增强学习的针对性和实效性，为扎实推进创建学习型党组织的实践提供强有力的保证。三是坚持"三会一课"制度。将"三会一课"纳入"三级联创"考核重点项目，作为一项重要工作来抓，要求各党（总）支部结合街道中心工作，根据各支部的特点，有针对、有重点地组织好"三会一课"活动，并将相关活动记录按要求在支部手册中填写，由街道学习型党组织建设领导小组年终检查。四是建立学习考核制度。每半年对支部党员理论学习情况进行督促检查，通报学习情况，建立健全学习评学和考核评价机制，将党员干部学习评学作为考核的重要内容。五是建立学习交流制度。畅通和拓宽党员干部学习教育成果的转化运用渠道，通过集体交流、开辟专栏、微博宣传、简讯简报等形式，深入挖掘和总结单位的新鲜经验、典型人物的感人事迹，促进学习教育成果的共享，运用学习成果指导实践，推动工作。六是建立学习档案管理制度。认真总结理论学习档案材料，建立和完善学习档案，为进一步完善学习型组织建设工作提供可靠借鉴。

三、业务集中培训

业务培训是在职教育的主要形式，也是最重大的内容。业务培训按培训主体可以分为领导班子培训（企业中高层领导培训）、后备人才培训、入职培训等。

四季青镇高度重视干部教育培训，分级分类组织干部培训。一是抓基层班子建设。在2010年考评的基础上，对37个基层班子2010年民主测评情况逐个进行反馈，指导部分单位提出整改意见并监督落实。加强干部选拔任用，上半年共考察基层班子成员3名，机关事业人员6人，共提拔干部9人，调整干部8人。二是抓干部教育培训。做好7名处级领导的专题班培训，组织各行政村党总支书记参加区里相关部门举办的培训班，组织镇机关公务员在线学习及公务员超市培训，做好14个党员电教播放点的收看工作。三是抓

后备干部选拔培养。按照"两推两考一公示"的程序，在对单位后备干部逐个进行调查摸底的基础上，上半年完成新一轮后备干部的选拔工作，共选拔了 37 名后备干部，并与区委党校合作进行了 5 天专题培训。选派 2 批 8 名年轻干部和后备干部到上海菊园、马陆镇挂职锻炼，选派 2 批 3 人到区级机关挂职学习，为年轻干部、后备干部提高理论素质、加强沟通交流提供了平台。2011 年 4 月，四季青镇与海淀区委党校联合组办了四季青镇后备干部培训班。四是抓农村实用人才教育培养。按照《海淀区关于加强农村实用人才队伍建设意见》发展目标要求，发挥农村实用人才实训示范基地的优势，通过组织学习、外出参观、专题培训、委托代培、座谈交流、聘请专家授课、挂职锻炼、菜单式培训等多种形式，加强对农村实用人才的教育培训，三年共培养物业管理和现代农业种植业方面的农村实用人才 108 人。

北京甘家口大厦确定了"以人为本，注重全员性、灵活性、创新性、高效性和产教结合、产学结合"的教育思路，定期开展培训。

（1）管理人员的培训。

由于每个人的工作性质不同，培训不能千人一面、千篇一律，要突出其特性和个性。在对中、高层管理人员培训上，按部门需要、工作性质、负责范围等进行划分，把有领导潜力的人才外送进行培训或进修，学习内容不仅是专业知识的学习，而且包括财务、法律、人力资源、管理学等，以此来构建多层次、多元化、全方位的综合管理人才队伍。

（2）后备干部的培训。

在对后备干部及基层管理人员的培训上，北京甘家口大厦更加侧重与实际工作岗位相结合。先后派遣数十名后备干部分别到不同省份的同行业中参观、学习和调研，并写出与工作岗位相结合的有针对性的调查报告。

（3）全体员工的培训。

在员工及厂方信息员培训方面，注重将营销工作中遇到的难题归纳提炼成案例，通过共同讨论，请有丰富经验的销售人员开展专题演讲，激发员工学习热情，使他们在销售技巧上有专业性的突破。这种分层次、分岗位的有针对性学习，将学习内容与工作有机结合起来，满足了不同员工的学习需求，极大地激发了员工的学习热情。

　　北京甘家口大厦学习方式非常多样。主要体现在：①多形式。针对员工日常工作的特点，强调实践教学，通过专题讲座、案例分析、实地调研、对策研究、情景模拟，注重对发展实践中的现实问题的分析和研究，以引导式、启发式、研究式教学为主，克服单一、呆板的培训方式，调动教、学双方的积极性。②多渠道。大厦充分共享现有资源，坚持面向社会单位，聘请各类专兼职教师，壮大师资力量。采取请进来、走出去的办法，借助外力搞好培训。③个性化。针对特殊顾客的需求，大厦多次组织信息员参加上岗资格、业务知识、英语手语等多项培训。

　　北京甘家口大厦学习内容非常具有针对性：①在对中高层管理人员的培训上，把握的原则是"开阔视野、拓宽思路、与时俱进、高瞻远瞩"。在培训需求调查的基础上，根据企业特点以及目前百货零售业发展的形势，从当前宏观经济对中国零售业的影响、新时代消费格局与消费者心理、新形势下百货行业的新发展趋势等几个方面入手。②在对专业技术人员培训方面主要把握的原则是"预测分析、快速反应、把握市场、持续改进"。在课程安排上重点传授精细化的市场分析、客层分析、品牌管理、市场营销和会员营销等方面新的信息与技术，较为详细地讲解现代商业分类组合、品类规划、商场客流动线设计、现代百货招商和现代百货十大策略等内容。③在对员工及厂方信息员的培训方面主要把握"知识为先导、技能为基础、服务为根本、和谐为目标"的原则，先后对收银员、一线员工进行了专业技能培训。2010年，大厦对收银员进行初级职业技能鉴定工作，通过笔试和实操考核，参加考核鉴定的收银员全部取得了收银员职业资格证书。通过培训，规范了工作程序，提高了收银员实际操作的熟练程度和准确度。在良好的学习氛围的影响下，大厦各级人员自觉更新、扩展专业知识，提高能力，参加各种专业培训，积极利用业余时间自费报考如经济师、会计师、会计人员继续教育、人力资源管理师、营销师、物流师等专业人员培训。通过培训提高了大家的专业水平和操作技能，较好地推动了大厦的各项工作和全面建设。

　　企业培训以当代商城为例，按照受训人员类别和培训目标制订了完善的培训计划（见表2-1）。

表 2-1　当代商城培训计划

培训目标	培训对象	培训内容	培训方法
满足顾客需求	一线员工	"星级服务"的培训	制定了《各星级考评大纲》《通用知识、专业知识题库》，不同级别实操考核分级考点，英语分级别考核方式、题库等
	消费者	"消费者课堂"	共举办了40场，涉及40个专题
提升专业技能	专业岗位员工	"语言无障碍商城"双语培训	定期举办英语、手语竞赛，演讲，知识竞赛等，与京城著名的外语、手语培训机构合作（如洋话连篇、戴尔、北京第三聋哑学校），开办了英语口语培训班、商场英语小教员口语培训班、零售服务手语培训班
	全员	职业意识培训	每年开展全员参加的系列主题教育活动，增强职业意识的自觉性，完成从"职业认知"到"职业认同"的自觉转化
管理类培训	中高管理层级管理骨干新职工供应商员工	企业文化培训	从企业文化的核心理念入手，培养员工高度的社会责任感、企业使命感。新员工入职进行企业文化方面的教育培训
		提升全员素质培训	加强新职工（特别是供应商员工）的岗前素质培训。每期厂商信息员岗前培训三至四天
追求卓越绩效	中高管理层及管理骨干	管理标准、管理技巧、组织行为学和时事形势等	外送相关培训机构与内训相结合，培养企业内部卓越绩效自评师，每年进行卓越绩效自评

当代商城加强三级培训体系，实施职工素质培训工程。三级培训体系，即公司组织的统一培训、部门结合工作及岗位需求组织的专项培训、员工个

人职业发展需要组织的自愿培训，使培训与培养挂钩，培训与岗职能力挂钩。规定部长助理以上管理人员全年达到 60 学时以上、主办以上全年达到 40 学时、文员及一般员工全年达到 20 学时。商城针对不同岗位需要开展了企业文化、星级服务、职业意识、岗位知识与技能、语言无障碍、消费课堂、管理知识等一系列特色教育培训工程，商城还不定期举办各类学习培训班。2007年，当代商城与清华大学经管学院联合举办为期半年的定制化高级零售研修班，目的是吸取新理论、新知识，提高管理团队的理论修养，有 30 多名中高层管理人员参加学习，通过考核取得了结业证书，这是全国零售行业中唯一一家开展如此规模和层次的职业专项培训。近 4 年来，商城每年都组织各级管理人员到国内外考察学习，还专门请美国佛罗里达商学院著名教授授课，与世界顶尖级零售大师近距离接触，受益匪浅。2009 年，当代商城与先锋海德管理培训机构合作，对商城中层干部以上人员进行了为期两天的卓越领导力培训，通过培训，商城管理团队的领导能力和管理素养有了较明显的提高和改善。截至 2011 年上半年，商城近 300 名职工参加了各类学历证书和职业资格证书的学习。2011 年还进一步加大了中高层管理团队战略培训力度，举办了为期一年的"学习与创新专题讲座培训班"，参加对象是商城中高层管理人员，每月一讲，由公司高管或聘请专家、学者来讲课，取得了良好效果。2011 年 1～7 月，商城各部门共开展了 385 个培训项目，共有 486 名员工参加了公司统一组织的培训，715 名员工参加了部门组织的培训，275 名员工参加了社会学习。另外，根据企业发展需求，当代商城还派出 106 名员工外出培训。通过针对性、规范化的培训，员工知识得以丰富、眼界得以开阔，员工素质得到了新提升，实现了人才培养理念创新和实践探索。

专栏

绿伞公司对员工进行法律、广告策划、国际新材料新技术等方面的知识讲座和培训。人力资源部负责对公司全员的遵纪守法的教育，组织法律顾问宣传法律常识，聘请与公司长期合作的平面设计广告公司讲解品牌提升所需做的工作及注意事项，组织全员的社会公德教育，协助质量保证部门对质量

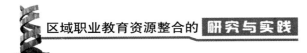

和环境管理体系贯彻执行的复审工作。市场部定期组织业务和导购人员学习由公司科研人员介绍公司产品基本性能的报告，在业务导购人员相互介绍经验中加强业务能力。公司财务部工作人员与时俱进，自觉学习与财务有关的新的法律法规，参加园区组织的学习，为适应信息时代的形势，在原有的基础上努力提高计算机应用水平，不断提升自己的业务能力。行政部门负责对公司全员进行安全保卫教育，防盗防火设施的安装和更新以及实地训练，对汽车司机进行新的交通法的培训教育。平谷生产车间对第一线的操作工人兼顾安全和技能的教育。生产部门每年都举行岗位技能竞赛，依据竞赛结果，实行末位淘汰制。新品的研发速度和市场定位反映了企业的科技水平，在一定程度上影响着企业的前途和命运，科研部的研发人员自发地学习新知识，采用新原料、新技术，使绿伞的新产品在行业内处于领先地位。为了与国际先进水平接轨，科研部参加行业的会议并聘请大专院校、科研所的专家讲课，还与北京科技大学建立了"产学研"教育基地。

公司市场部在每年一度的绿伞全国市场工作会上，总经理亲自挂帅给与会代理商灌输终身学习的理念，介绍新产品、讲解市场发展动态及做市场的应变措施，为新一年度的营销发展准备了充裕的精神食粮。公司的一市部负责北京市场的绿伞产品的销售业务，为了不断提高业务员和导购员的业务水平，部门定期召集业务员分析市场情况，研究策略，聘请科技人员作专题讲座，充实导购员的知识。公司科技人员在获得了新知识或掌握了新材料后也相互交流、相互学习，形成了良好的学习互动关系。

专栏

知春物业一直以主管的培训学习为重点，多为干部培训搭建平台，外请专家、参加行业协会及公司培训、外出参观学习等，特别是向公司内部企业学习。通过主管素质和能力的提升，发挥主管承上启下的重要作用，将企业的工作思路和举措忠实地贯彻落实到部门，并创造性地带动本部门履行职责，完成工作任务。知春物业要求各个部门主管根据本部门的实际情况，每周轮流找一份学习材料并在部门主管例会上组织学习。学习后被一致认为较好的材料，由办公室下发各部门，由部门主管带领各部门职工进行集中式学习，并且认真做好培训记录。通过这样的学习方式，主管们在工作之余，活动了大脑，增长了知识，扩宽了思路，从而使他们在学习型组织的建设中胜任推动者的角色，带动整个企业的学习进步。

知春物业继续保持好物业行业中的常规培训，抓住各部门的工作重点和特点，做好有针对性的培训工作。在职工培训中，知春物业以部门培训为重点，各部门制订详细的培训计划，积极开展自培，把培训的重点放在能力的提升上。在多年来循环培训的基础上，部门自培工作强调有计划、有资料、有记录、有心得、有特色、有实效，并努力做到有创新、有提高。充分发挥部门在培训工作中的突出作用，通过培训不断优化企业"细胞"。知春物业通过日常检查以及主管工作汇报，以工作实绩来检验学习培训的成果。为了在竞争上岗中取得优势，职工必须努力提高自身技术业务素质。知春物业实行"岗薪制"，一个人随时有可能易岗，这就要求职工必须具有知识的复合、能力的复合。加强对"力可从心"的岗位的技能培训，取得多岗位的"岗位资格证"，促进职工学习积极性的提高和复合型人才的形成。另外，职工本着"干什么学什么，缺什么补什么，用什么练什么"的原则，有选择性、针对性地进行自我需求培训，适应了本岗位工作的需要。如工程部的电工、制冷工，保安部的消防操作员，如果按照行业标准，这些岗位实行"三班倒"，那么，知春物业的人员需求将成倍地增长。为了节约人员成本，知春物业采取了各岗位人员结合使用的方法。知春物业要求工程部的水工、制冷工、维修工同时掌握电工技能并取得相关证书，要求保安部的内保人员同时掌握消防设备的操作技能并取得相关证书，几个岗位同时弥补缺人岗位，这样既能够满足行业标准的规定，又能够有效地减少在岗人员。

推行计算机管理，带动职工掌握计算机的操作技能可以说是知春物业教育培训成果的集中展现。计算机的成功推广与应用，提高了企业的工作效率和管理质量，同时也有效地为职工搭建了一个相互学习、相互交流的平台，促进了职工综合素质的提高。

知春物业还多次请来专家讲授 ISO 9000 知识。通过专家讲授和向专家请教，干部、职工对 ISO9000 质量体系有了更深的了解。知春物业每年都要送出各个岗位的骨干技术人员参加国家劳动部门举办的岗位技能培训：如空调机组的维护、水暖工长实操、高低压电工继续教育等。

专栏

海淀区医学救援中心强化职业道德教育，熟练掌握急救技能。树立良好医德，杜绝商业贿赂，加强职工的职业道德教育，结合工作实际开展活动。

第一，组织集中学习教育，引导医务人员牢记救死扶伤、全心全意为患者服务的宗旨。无论环境和条件怎样变化，为人民服务的宗旨不能变，努力树立救死扶伤、忠于职守、爱岗敬业、满腔热忱、乐于奉献、文明行医的风尚。规范服务用语，并进行院前急救服务用语考核。

第二，创造学习条件，拓展学习内容。为保障职工的学习取得实效，中心购进试教设备、学习书籍，组织中层以上干部到市 120、朝阳急救中心参观学习等；每年组织一次中层干部培训，以管理技能、沟通技巧、政策规范等为主，使从专业技术岗位走上管理岗位的中层干部能够学会管理，凝聚团队，做好服务。

第三，开展形式多样的学习，结合工作实际，制订确实可行的学习计划。每月组织一次集中学习培训，内容包括新技术、新业务及组织开展理论与急救技能培训。选派技术骨干外出学习、参加各种学习培训班、请专家授课和自学相结合的方式提高职业素质和职业技能。学习《执业医师法》《道路交通安全法》《传染病防治法》《医德医风及药品专项治理有关的规定》等法律法规知识，做到依法执业。

第四，针对日常急救工作中遇到的疑难病例，定期举行病历讨论和专题讲座，以利于提高急救水平。

第五，开展急救技能大比武，与工会"练兵我一人，服务众百姓"活动有机结合，进行急救病历、急救技能考核比赛。

专栏

海淀区九一小学校本培训重视指导学习，以优质培训课程设置引领教师发展，积极建设学习型组织。在教师的专业发展上，九一小学主要围绕"专业引领"开展。

一、增强教师素质，持续开展教学基本功；关爱学生，加强师德修养

给孩子们全方位的关怀，为学生提供一个充满关爱的有人情味的心理环境极其重要。学校提出了"师德为先、人格培育、教学相长，自主专业发展责任"的研修意识，不断修正教师的工作态度，确立育人新观念，达到修身正己、修己育人的目的。具体活动如下。

系列活动一："心灵陪伴，共同成长——构建和谐的师生关系"的师德培训，组织教师们进行了专题讨论。

系列活动二："执着事业，矢志不渝——特级教师陈延军报告"。

系列活动三："打破学习常规——中国人民大学应用心理学宋少卫教授讲座"。

系列活动四：开展"基于学生发展的有效德育"专题活动。

二、追求境界，加强文化修养

"用我们民族与全人类最美好的精神食品来滋养我们的孩子，让他们的身心得到健全的发展，为他们的终身学习与精神成长奠定基础。"教师是课程的重要因素，是课程实施的组织者和引导者，教师的素养对于学生的影响是巨大的，全面提高教师的文化素养是提高教学实效性的前提。鼓励全体教职工学历进修，以 100% 达到本科学历，其中有一名硕士学位、1965 年以后出生的专任教师，英语口语达标 100%。

三、增长智慧，加强文学修养

苏霍姆林斯基说："只有当教师的知识视野比学校教学大纲宽广得不可比拟的时候，教师才能成为教育过程的能手、艺术家和诗人。"有爱文学的老

师，就有爱读书的学生。学校提出要求，各科老师应当加强文学修养——能够理解语言的奥妙，积蓄欣赏、运用语言的功力，能够欣赏语言，品味语言，熟练地驾驭语言文字。

周一班队会时间为全体科任老师借阅图书阅读时间，周三管理班时间为班主任教师图书阅读时间，并记录学习笔记。在党支部、团支部、青年教师中开展了系列演讲、诗朗诵、研讨活动。

四、健全校本研修制度，营造教师专业发展的氛围，初步形成集教科研、校本培训、校本教研于一体的校本研修新机制

①加强领导，明确分工。建立校长负总责，分管教学主任与各年级组、各教研组组成的学习共同体，引领广大教师"知己补短"，加强修炼，使终身学习、不断充电成为一种深厚的观念。

开展了"反思课堂教学 提高教学质量""浅谈小学作文""温故而知新 交流中提高""改变教师教学方式 改变学生学习方式""重建新型课堂教学价值观 提高课堂实效"等一系列学习共同体活动。

②提高认识，有效训练。在教师中开展"六个一"活动，即每位教师制订一份自我提高计划，撰写一篇教育叙事或论文，上一节精品汇报课，写一篇有质量的教学反思，自制一件精品教具或课件，积累一本自学笔记和三笔字。

五、加强对课堂教学问题的预设，抓住学生生成性问题展开教学

开展了专家引领示范课。

研讨一：请特级陈延军老师上两节作文教学示范课，课后专家与教师互动研讨。

研讨二：请特级陈延军老师上两节阅读教学示范课，课后专家与教师互动研讨。

研讨三：学校大教研组进行了"转型性课堂教学改革思路研讨"。

研讨四：请双榆树中心学区田校长、赵主任到学校听课指导教学。

研讨五：请北航附小王巧莉副校长到学校指导数学教学。

研讨六：在清华附小窦桂梅校长的引领下，与学校一年级语文进行同课异构活动。

专栏

北京市八一中学：针对特定群体培训，创建专项学习型组织。

一、提升学校管理服务团队水平

学校首先重视干部的学习，学校行政例会通常以学习为主，分享组织成果，交流新知识、新信息。撰写关于学习型组织建设的文章，交流学习心得体会。党的十八大召开以后，干部队伍组织集中学习十八六精神，针对学校这个特殊单位，把如何为学生营造幸福校园作为工作重点。通过学习，提升了团队管理水平，增强了团队凝聚力。

二、为骨干教师搭建更高的平台

八一中学一直重视教师的终身发展，为优秀的教育工作者进一步成长搭建平台。八一中学在加入《中国教师报》"教育家成长工程"项目，成为基地校的基础上，很多学科带头人、骨干教师在自己的学科领域都积累了丰富的经验，取得了丰硕成果。学校"教育家成长工程"部分学员还参加了"教育家成长工程系列主题研讨"活动，在活动中学习研讨。学校在进行骨干教师的高端培训的同时，为了让教学理念和方式方法的沟通渠道更加畅通，能够分享经验，团结共勉，还积极采取措施，打破学科壁垒，开展了"骨干教师沙龙"活动，让大家在一个轻松的氛围内敞开心扉，畅所欲言，相互学习，扬长避短，积累经验，使骨干教师的学科能力和引领作用都得到了提升。

三、注重青年教师的培养

青年教师培训一直是八一中学坚持的教师培训项目之一。学校的"青年教师成长营"活动就是要为青年教师提供一个学习与交流的平台，触发青年教师对教育教学发展方向的敏锐性。在青年教师培训中，发展处精心设计了

培训内容，并在形式上做了一定的探索，包括讲座、互动、实践、反思、总结、交流、指导等多种模式，通过培训，促使青年教师在一个团队中学习成长。

学校的青年教师除了学习、观摩之外，自己也承担公开课和研究课，比如承担"乐音"区级公开课的张路老师、在10月25日"校园文化开放日"讲授"德国鲁尔区的探索"公开课的赵煜老师，都是入职仅一年的青年教师。青年教师的培训牢牢背靠初高中教育处的德育和教学工作。学校给这些老师提供优质的培训和展示的平台，使其所接受的培训和真实工作不脱节，有实效性，并敦促青年教师准确定位，为自己的专业发展确定明确的目标和发展途径，让他们打下坚实的理论基础，在探索实践中提高教育教学水平。同时，学校将青年教师的培训和他们的收获以"搭建平台、助推成长"为题结集成册，将成长营的活动成果固化，总结经验，启示来者。营员说，通过这次培训，我深刻体会到自己还有很多东西要去学习，正可谓"玉不琢，不成器；人不学，不知礼"，真正把终身学习的思想融入生活。

四、班主任工作培训，带动班级整体学习

为了进一步探索推进班主任队伍建设的策略和机制，促使班主任更新观念，提高个人的思想素质、理论修养、教育能力、人格魅力，科学地把握班主任工作规律，更好地适应学生自身成长和发展的需要，使学校德育工作能够真正指引学生的人生理想与追求，学校对班主任老师开展了一系列的培训活动。培训模式以专家讲座、示范引领、学习反思、实践训练、专题研讨等方式相结合。建立班主任学习和反思制度。通过学校德育主题研讨活动、班主任会议、班主任论坛等一系列例会制度，通过同伴互助，充分发挥教师集体智慧，积极参与开发区、校级课题和项目研究，同时聘请有关专家、学者、优秀班主任来学校作报告，促进班主任的专业思考，提升专业认知，打造专业班主任队伍。初中教育处有"主题班会研讨交流""向班级管理要特色""活动育人，润物无声"等专题研讨，班主任们与大家分享自己近年来在组织年级开展的各项活动中的治班、育人等方面的体会。高中教育处分别邀请张红教授、北京市教育学院的迟希新博士就"提升班会课的实效性"和"主题班会的

设计原则与范式"等问题与班主任教师一起交流探讨。北京师范大学教育学部、北京师范大学公民与道德教育研究中心的班建武先生作了题为《当代学生文化及其德育意义》的讲座，指导老师们要从学生的视角关爱他们，此外，还有班级管理的基本策略和技巧、班干部的选拔与培养、班级文化建设等各式主题培训，不胜枚举。在不同主题、不同形式培训的帮助下，班主任团队正变得更加成熟、更加专业。

专栏

北京市中农良种有限责任公司

一、高层人员的培训：主要进行企业整体管理能力、种业发展趋势等的培训，包括参加总裁研修班、EMBA 课程等，构建能高瞻远瞩的公司战略策划、管理队伍。

二、中层人员的培训：按主管部门、工作性质等进行划分，对有突出贡献或特别优秀的，外送高校或研究院所进行培训或在职研究生教育，学习内容包括专业知识及企业经济管理知识，打造多层次、多元化、全方位的综合管理人才队伍。

三、全体员工的培训：重点放在员工职业生涯规划上，引导员工把茫然、无序的人生目标进行重新规划，使员工知道自己想要什么，并通过怎样的学习去达成。同时，对员工的专业知识、实践技能进行分层次、分岗位、有针对性不断地学习培训，将学习内容与工作有机结合起来，满足了不同员工的学习需求，极大地激发了员工的学习热情。

采用多种方式的培训，并不断改善教学质量，使得员工年培训率达到了100%。

1. "三个三"的学习模式：三天的岗前入职培训，三个月的岗位强化训练学习，三个人成立学习互助小组。入职培训主要包括企业理念、企业概况、工作制度、工作方法、职业生涯规划等系统内容，通过岗前入职培训，使得新员工能够快速融入公司，并系统掌握岗位工作方法。三个月的岗位强化训练学习，是进入岗位后，由老员工指导或"一带一""一帮一"把工作经验、思路再现，利用三个月的强化锻炼，使得新员工能够扎实掌握岗位工作方法，学会有效工作；三个人成立学习互助小组，即天天学习、时时学习，分部门或跨部门成立学习小组，从多方面不限时、不限地点地展开学习，定期提交学习总结或心得，并不断与大家交流完善，个人提高的同时团队亦得到提高，最终使得协调、沟通等变得通畅。

2. 成立"学习日"：每周四下午及每天早晨例会，为公司固定的学习时间。人力资源部根据员工调查表及公司发展情况安排培训学习的内容，并积极提倡部门或员工根据自身或部门的发展提出培训学习的需求或建议，人力资源部做出相应的安排。学习结束后，留出一定的时间供大家交流、分享一周学习的心得。

3. 形成"傻瓜式"工作流程：公司通过不断培训学习、深入探讨，重新改革创建的一种整体工作方法，即各部门各岗位工作全部以流程图的格式画出来，并备注重点及涉及岗位、协调方法，搭配相关的工作表格，员工只需要按照相应的流程并填写相应的表格，即能把所有的日常工作记录完毕。同时，公司为必需岗位配置电脑，利用先进的科技设备完成工作的存储、录用业务。

4. 学习渠道多样化：包括自我学习、网络沟通、视频培训、聘请各类专兼职教师、内部培训师、外送学习等多种方式，充分调动了员工学习的积极主动性。

5. 培训形式多样化：针对员工岗位特点，通过专题讲座、案例分析、实地调研、对策研究、情景模拟等进行实践教学，对实践中出现的问题进行分析和研究，充分调动了教、学双方的积极性。

6. 知识更新快速化：由于培训师不断地接受新知识，素质整体提高，使得参训人员的认识也不断更新。

学习内容的针对性：

（1）对中高层管理人员的培训，把握"开阔视野、拓宽思路、与时俱进、高瞻远瞩"的原则。在培训需求调查的基础上，根据企业特点以及目前种业发展的形势，从粮食安全、食品安全、新形势下现代种业的发展趋势等几个方面进行。

（2）对科研开发人员的培训，把握的原则是"方向准确、知识融合、眼准心韧、坚持不懈"。重点是学会确定育种方向、利用先进知识引导、与实践技能相配合，同时具备坚韧的心态，才能选育出新品种。

（3）在对营销人员的培训，把握的原则是"预测分析、快速反应、把握市场、持续改进"。在课程安排上重点传授精细化的市场分析、客层分析、品牌管理、市场营销和代理营销等方面新的信息与技术。

专栏

北京明天幼稚集团完善综合培训体系，保证全员覆盖。

集团从教师成长出发，充分利用内外两个培训平台开展培训工作，为全体教职工提供参加培训的机会，教职工参训率100%。在外部培训上，集团和首都师范大学合作，为教师提供学历教育的机会，引导教师树立学习目标，鼓励教师主动学习实现学历达标，目前一线教师本科毕业和在读的比例达到100%。

除学历教育外，集团还充分利用市区教委、高校、研究机构及其他专业培训机构提供的培训机会，组织各类业务骨干参加教学观摩、学术研讨、支教、考察等活动，为教师提供更开阔的学习视野；为提升培训实效，集团实施了"一三五"工程，要求参加培训的每位干部和教师必须对培训内容进行反思和总结，及时记录培训和学习心得，包括"五个观点""三件事"和"一个拿来就用"，具体指通过本次培训获得或者接触了哪五个主要的新观点、新观念和新做法，其中哪三个观点和做法能帮助自己提高教学和管理成效，哪个观点和做法能够马上在实际工作中运用。实践证明，"一三五"工程的实施有效提升了培训实效，让教师都能"学有所获"和"知识分享"。

在园本培训方面，集团依据立美教育的要求，成立了舞蹈团、合唱团、管乐团等教师艺术团，聘请艺术专家执教，引导教师根据自身条件选择相应的课程，帮助教师提升实践立美教育的专业技能，并通过举办教师才艺大赛、玩教具设计比赛等活动检验学习效果，满足立美教育对教师素质的特殊要求。由于突出的工作业绩，集团获评海淀区学前教育干部教师培训基地，突破园本培训的范畴，承担了全区学前教育干部教师的培训任务，获得了良好成效。

专栏

北京慧点科技公司毕业生培训机制创新。校园招聘是慧点进行人才补充的关键渠道，每年均会引入 40 名左右的应届毕业生。应届毕业生的快速成长成为后备梯队建设的关键，慧点科技建立了独具特色的应届毕业生管理机制，帮助毕业生从学生向职业人转型。

一、班级管理模式，让学生生活得到延续

公司为每年的应届毕业生建立了班级管理机制，不论毕业生来自哪所学校、所学什么专业，进入公司后分配到哪个部门，只要是同一年毕业的应届毕业生，进入公司后就进入同一个班级中。公司会为该班配置一个班主任，还会设置班长、学习委员、文娱委员等角色。班主任主要由人力资源部的人员担任，负责对该班级的学生进行为期两年的跟踪管理，时刻了解学生的学习、工作及思想动态，帮助员工快速融入公司、适应岗位工作要求。定期策划班集活动，成功组织了历届学生的拓展训练活动、登山活动、理财讲座等一系列丰富多彩的活动，既增强了团队凝聚力，也拓宽了视野。

二、集中岗前培训，让学生胜任岗位要求

为了帮助毕业生快速地胜任岗位工作，公司会在学生上岗之前组织为期两个月的集中培训，集中进行公司产品、专业知识技能、工作规范、职业化训练等一系列的培训，并在培训结束后进行集中考核，促进学生提升胜任能力。同时，所有技术岗位的毕业生还需要在三个月内自学完成整套的技术自学材料并参与考核，这样的安排也给了毕业生学习的外部动力。

三、导师实训辅导，提升学生动手能力

公司为每一个毕业生配置一名老员工做导师，对毕业生进行学习、工作

指导，在毕业生进入公司的第一天，导师即与他建立了密切的联系，每个月都会设置明确的学习任务，会通过具体的工作，手把手地指导毕业生，并且每周都会与学生进行正式的沟通，了解其学习、工作状态及思想动态，让学生把在学校学到的理论知识与具体业务需求进行有效结合，大大提升了学生的动手能力。

专栏

北京矿业学院附属中学针对教师的需求，开展多种校本培训。

学校制订并实施了教师的分层发展行动计划，把全校教师分为岗位适应、青年冒尖、骨干带动三个层次。通过激发内动力、关心帮助、及时激励、适时加码等有效措施，使他们从教学型逐步转变成教学与研究相结合的初级研究型教师。

在校本培训方面，对全体教师，主要开设了同方知网中国基础教育资源的使用，课件制作，相关软件使用，上网技术培训，网页制作培训，多媒体教室使用培训课程等；对青年教师，学校外请专家、内请业务骨干进行了英语口语培训，创造条件帮助他们通过 GESE 英语口语等级考试。

学校每年投入资金组织学科带头人、骨干教师到外省市名校参观考察学习。每次考察回来，教师们都向全校教职工作汇报、谈体会。学校还组织全体教师观看考察校的录像课，直接感受全新的教学模式。这样富有实效的培训措施，不但使走出去的教师教育观念发生了变化，而且使没有出去的教师也增长了见识，受到了启发，使外出学习的效益得到了最大限度的发挥。

学校请来地质大学的王玉萍老师为全校教职工作了题为《找回心灵成长的力量——对个人和学校的发展负责》的报告，从个人同组织协同发展的"发展理由"到"发展公式"开始，步步深入地谈到个人的自我认识、自我追求、自我反思，最后推荐大家看《第56号教室的奇迹》。邀请海淀进修学校陈燕校长作《审视教学过程，苦练教学内功》的报告；邀请凌惠老师作《让孩子们学有所得》的讲座；邀请海淀区教科所严星林老师作《教师如何开展科学研究》

的报告；邀请海淀区教师进修学校的王玉萍老师作《关注自身专业发展，提升职业幸福感》的报告，结合自身的知识经验，提出"积极主动、发自内心地投入到工作、学习和研究中，不做旁观者"等系列完整的处理工作、生活的态度和方法。此类的专家报告和讲座不胜枚举，使教职工产生共鸣，收获良多。

专栏

中关村医院制定并完善业务技能学习制度。全院医务人员落实继续教育制度，明确医护人员继续教育学习培训的具体分类安排；制定并完善"三基三严"培训与考核制度，落实医疗护理核心制度；完善并加强外院进修制度，贯彻执行住院医师规范化培训工作制度；实行院内导师制，做好传帮带。规定科室内部设置专门学习时间，加强内部业务沟通与学习。

强化"三基"基本功训练：每年根据医务人员的实际情况制订专业技术人员"三基"培训考核计划，开展院级和科级两层培训考核；建立了持续改进的医疗质量管理体系，对检查中存在的问题及时反馈，对一些影响医疗质量的问题采取持续质量改进的方案，如二次培训，院内讲课，外请专家讲座等；定期召开护理质控会议、差错事故投诉分析讨论会，分析护理工作中的重点问题，讨论解决办法；护理文件每月进行质量检查并评比，奖优罚劣。结合医院等级评审、"医疗质量万里行""三好一满意"等主题年开展医疗服务水平提升大比武，通过自我培训检查、外请专家、案例分析等方式自查自纠，在实践中学习进步；以继续教育为平台，科学制订继续教育计划，从业务基础、学术前沿、人文伦理等多方面开展教学，结合日常工作需求，不定期举办专家讲座、专题培训班等，提升员工综合素质。

强化全科医生培养：根据全科医生岗位技能培训考核评估内容，每年制订出培训考核计划，开展各项专题培训与考核；开展"学指南、促规范"活动，推进全科医生慢性病防治人才队伍的建设。

加强住院医师、专科医师培训：选派优秀青年骨干外出进修学习，加强进修学习管理，经常与科室分享学习心得和外院经验，共同提高；实行"院内导师制"，发挥高级职称人员的示范指导作用，重点培养青年医师。同时，积极邀请上级医院专家到医院进行会诊和示范性手术操作，让医务人员学习先进技术，从而为患者提供更好的医疗服务。

定期开展干部管理培训：每年开展中层干部管理培训，内容涉及科室建设、团队管理、文化建设、绩效考核、沟通及礼仪、法律法规等。外请管理专家来院做系列专题培训，邀请兄弟单位来院做经验交流，并购买相关书籍，发放给干部们，利用例会分享学习实践心得。

专栏

北京辰安科技股份有限公司加快学习型组织建设，促进企业的健康长远发展就必须有先进的管理制度和完善的组织机制。为更好地贯彻学习型企业精神，公司规划了员工的综合培训方式。

一、新员工培训

为提高新员工对公司各项工作的适应性和对公司文化的认同感，并且为新员工快速适应工作岗位的能力要求奠定良好的基础，强化职前培训，制定了《员工培训制度》。新员工培训包括通用培训和岗位培训。岗位培训由各用人部门内部进行培训，培训内容包括岗位所需知识和技能培训、岗位工作流程、岗位职责培训等。

通用培训由人力资源部根据入职情况每月定期举行一次，培训内容包括公司的发展历程、公司的经营业务和组织结构、公司各项规章制度、企业文化。

二、在职员工内训

在职员工内训是公司为鼓励员工积极参与各种提高自身素质和业务能力，由各部门选择培训课程并实施培训的一种培训方式。

员工内训相关内容如下：

培训时间：每周二、周四 13∶30～14∶30，每期一个小时。

培训课程：由各部门选择与本部门业务相关的课程，每月月初报送人力资源部。

培训讲师：部门内部自行安排培训讲师，每个课程可同时安排一个或者两个讲师。

受训人：本部门组织的培训，部门员工必须参加，其他部门员工可选择参加。

三、企业外训

根据业务部门的培训需求，聘请外部培训师进入企业进行培训，或根据需要挑选优秀员工参加外部培训机构开设的相关培训课程，接受专业培训。

四、总裁见面会

每季度组织一次总裁与新老员工见面会，介绍公司的发展历程和国家近期阶段性战略规划。

每个月组织一次副总裁与在职员工见面会，介绍公司业务发展状况及相关技术培训。

针对不同层级的人员提供适合的培训：

1. 管理人员的培训

由于每个人的工作性质不同，培训不能千人一面、千篇一律，要突出其特性和个性。在对中、高层管理人员的培训上，公司按部门需要、工作性质、负责范围等进行划分，把有领导潜力的人才外送进行培训或进修，加强与外界的沟通和联系。学习内容不仅是专业知识的学习，而且包括财务、法律、人力资源、管理学等，以此来构建多层次、多元化、全方位的综合管理人才队伍。

2. 中层干部的培训

在对中层干部及基层管理人员的培训上，公司更加侧重与实际工作岗位相结合。先后安排管理人员分别到不同省份的同行业中参观、学习和调研，并写出与工作岗位相结合的有针对性的工作报告，结合自己的工作实际，探索自己在岗位上做出成绩获得突破的途径。

3. 全体员工的培训

在基层销售人员的培训上，公司注重将营销工作中遇到的难题归纳提炼成案例，通过共同讨论，请有丰富经验的销售人员开展专题演讲，激发员工学习热情，使他们在销售技巧上有专业性的突破。这种分层次、分岗位的有针对性学习，将学习内容与工作有机结合起来，满足了不同员工的学习需求，极大地激发了员工的学习热情。而针对公司的技术研发力量，人员培训则采取形式更为丰富的模式，例如，研讨会、派员工参加技术交流会、出席学术会议、邀请航材院专家作技术讲座等形式，提高技术人员的创新意识和研发能力。

四、企业文化建设

当代商城注重加强企业文化建设，从企业文化的核心理念入手，培养员工高度的责任感、使命感，鼓励全体员工诚信、爱岗、敬业、创新。凡是进入当代商城的新员工，都要进行企业文化方面的培训。积极构建部门文化和班组文化，倡导团队精神，营造和谐氛围。把职工教育培训工作与弘扬企业文化结合进来，充分显示企业的凝聚力和协同力。例如，每天放飞的广场鸽、每周晨会背诵的企业核心价值观、商城重要会议高唱城歌等形式都成为当代商城文化建设的重要载体。通过企业文化的建设，统一了员工的职业价值观，认同了企业的文化精神，增强了对企业的自豪感，促进了商城经营管理工作的顺利进行。

北京佳讯飞鸿电气股份有限公司学习企业文化，促进员工和谐。结合企业"做世界领先的指挥调度与控制系统提供商"的愿景，积极倡导"协作进取、务实创新、快乐工作、健康生活"的价值观，培养员工对企业的忠诚度，激发员工的敬业精神，并利用内部读书会、入职培训等契机，加大对公司历史与文化的宣传力度，使企业精神深入人心。公司成立足球队、篮球队、羽毛球队、合唱团、舞蹈队等，搭建了企业文化深入人心的平台。党支部牵头，工会、团委联合举办 10 公里长走和穿越爬山活动，让员工体会不畏艰难、不怕苦累、互相关爱、顽强拼搏的长征精神；组织植树、划船比赛，参加上级

大型文体活动，展示佳讯员工的精神风貌，弘扬集体主义精神，培养奋发向上的健康心态；公司领导同参加、共愉悦，密切了上下关系，融洽了员工队伍。为更好地关心关爱员工，党总支探索开办了"心灵驿站"，通过聘请资深心理专家做辅导咨询、设立员工活动室、成立图书馆等形式，帮助员工以"阳光心态"缓解来自各方面的压力，取得了较好的效果。

海淀区五一小学树立教师形象，弘扬五一精神。为了将教师文化建设推向深入，全体教职员工广泛研讨五一精神内涵和教师良好形象，制定出台了"五一精神"和"五一教师形象"。"五一精神"即务本求实、锐意进取、开放融通；"五一教师形象"即文雅大方、笃爱至真、博学睿智。连续两年共评选了20位"五一劳动奖章"和20位"五一形象大使"。这项活动将持续推进五年，共评选100名先进人物。"五一精神"和"五一教师形象"的出台，为广大教师的教育行为树立了标准，明确了方向，这是五一小学在文化建设历程中所形成的一份宝贵的精神财富。

五、学历进修，提升层次

海淀区委老干部局鼓励和支持党员干部参加各种形式的成人教育、函授教育、在线学习等继续教育，为大家学习深造创造条件和机会。目前，全局党员干部均有大专以上学历，其中本科学历30人、研究生6人，分别占全局在职人数的71%和14%。

青龙桥卫生服务中心重视学历教育和职业能力的提高，培养技术骨干。按照学科需要选送人员到三级医院进修，到社区卫生教育基地培训，按要求对新毕业学生进行住院医师培训，为他们提供学习深造的机会。鼓励医务人员撰写学术论文，参加学术交流会议。

六、参观学习，开阔眼界

海淀区委老干部局多次组织业务科室工作人员到上海、天津、重庆、青岛、杭州老干部部门和本市区、县兄弟单位参观学习、研讨交流，进一步提升了党员干部的组织能力、服务意识和驾驭各项工作的能力。

海淀区政府办公室组织实地调研，开阔工作视野。利用周末休息时间，政府办组织人员先后参观了北京市规划展览馆、国家保密安全展览馆、宋庆龄故居等教育基地，通过这种身临其境的实地参观学习，开阔了工作人员的视野，增强了相应的知识储备，并丰富了节假日生活，增强了办公室的凝聚力。

北京赛科世纪数码科技有限公司促进"观摩式"学习，借他山之石。

（1）学习借鉴先进技术。近两年来，公司选派骨干分赴日本、印度等国家和创维、长虹、高斯贝尔等企业学习有关方面的外延技术等，有效解决了项目研发过程中的一些技术难题，提高了生产效率。

（2）学习借鉴管理经验。公司组织相关人员到海尔、中科院、华为学习借鉴流程、绩效、安全等方面的管理经验。如 IPD 流程、"三基"（基层管理、基础管理、基本技能）管理、信息安全等方面经验已在公司开花结果，公司内部各部门之间也相互学习借鉴质量标准化等方面的做法，促进了管理水平的提高。

北京市八一中学非常重视与兄弟院校的交流学习，先后有福州和内蒙古部分骨干教师、新疆双语骨干教师、榆次二中教师来学校进行参观交流，学校教师通过研讨活动也了解到了不同的教育教学管理模式。八一中学也非常注重国际交流与合作，以一个开放的态度对待来自不同国家、不同类型学校的教育思想和理念，在思维碰撞中吸取经验，开阔视野，提升学校的国际影响力。加拿大多伦多大学语言中心主任 Sherry Hunder 女士一行三人来校访问时，国际部朱凯主任就本校教师赴加参访并参与教育培训活动进行了深入的交流与探讨，希望借助多伦多大学深厚的国际化影响力与国际化学术氛围，让本校优秀教师参与到多伦多大学丰富多样的教师培训活动中去，帮助他们开拓更具国际化视野的教学思路。高中语文组教研组长、市学科带头人王建稳老师把她赴英研修的心得体会与全体教师分享，"成功的教学是教会学生成功地学""把学生的固有心态调整到学习心态"等观点引起了老师们的共鸣。

海淀区妇幼保健院坚持"请进来"和"走出去"，强化内外交流。持续推进人才建设培养，使得一批医疗技术骨干脱颖而出。医院先后选派院长张运平、产科主任贾红梅、儿科主任李瑛等医疗骨干赴法国、美国、意大利等地进行学习访问，深入了解国外先进的医疗理念和公共卫生管理知识，并聘请范渊达、靳家玉等国内外知名专家教授来院进行培训讲课和查房带教，不断巩固和更新全院广大医务人员的医疗知识和理念，提高医疗技术水平。2012年，医院选派各领域骨干 67 人次参加国内外各类短期培训；选拔推荐 7 名业务骨干到三级医院进修；完成公共委申报高层次专业技术人才培训资助的各项工作，为推动医院人才队伍建设奠定了良好的基础。

第三节　学习平台与载体

海淀区以各类培训为抓手，建设学习型组织，一直着眼于适应时代发展的要求，着眼于满足党员干部的学习需求，不断创新符合实际、行之有效的学习形式，搭建各种学习平台和学习载体。

一、建设传统文化阵地

知春物业强化文化阵地建设，充分发挥企业"一墙、一网、一报"的作用。提高地下二层文化走廊、内部局域网、坤讯简报在企业建设中的宣传、教育、凝聚人心、鼓舞力量的软实力。为了带动广大职工参与进来，知春物业在坤讯大厦地下二层建立了学习交流园地和企业文化走廊。学习交流园地上，知春物业把学习计划、个人职业生涯规划、学习心得等相关材料进行了粘贴公布，以供全体职工进行交流学习。在企业文化走廊中，知春物业要求每个部门每月制作一份与本部门相关的学习内容，以供全体职工进行学习。支部学习交流园地和企业文化走廊的建立，对带动广大职工自觉投身到学习中来起到了很好的渲染作用，同时也受到了所有职工的欢迎和好评。

紫竹院街道厂洼社区图书室、文体活动室和科普活动室向社区居民开放。社区图书室有藏书 5000 多册，杂志 50 余种，报纸 20 多份，分文学知识、科普文化、家庭健康、社区康复几大类，满足居民的各类需求。文体活动室置办了一批新的活动设施。科普活动室内墙上安装着蝴蝶标本，还有双目实体显微镜和生物显微镜等。活动室和图书室都是全天候向居民免费开放。社区文化广场为居民提供了娱乐、健身、休闲的好去处。社区有 800 平方米的社区文化广场，数件健身器材安装在社区健身活动小广场中。在社区内建立了以生育文明为主题的计生科普人口文化栏；社区北边安装了 17 块科普宣传栏，常年开展文化、科技、卫生、法律、环保、计生等知识的宣传教育。

军乐团社区为充分调动社区居民的学习意识和热情，社区居委会除了利用横幅、黑板报、宣传栏等方式大力宣传学习型组织的相关理念外，还为社区居民订制了每月一期的社区报——《军乐响声》，由居委会负责刊载社区内的新闻及活动信息，还设置居委会办事流程讲解、案例分析、居民来搞专栏等，用最贴近群众的百姓平常事，引起居民们的共鸣，不仅对居委会的工作进行宣传，也提高了居民群众的学习意识，创造社区良好的学习氛围。

海淀区上地街道紫成嘉园社区为使"全民学习、终身学习"的理念深入人心，利用宣传橱窗、户外宣传栏、户外横幅等媒介常年宣传终身学习、终身教育、创建学习型社会、全面建成小康社会的目的和意义。开展多种多样的宣传培训活动，通过"社区大讲堂"学习教育活动，举办《学习型家庭风采展》等，把创建学习型社区与宣传教育有机结合起来，形成良好的创建氛围。社区内有户外健身场所一处，占地 300 余平方米；室内健身场所一处，面积达 2000 平方米，社区文化活动场所逐渐完善。

西南社区充分利用板报、宣传橱窗的宣传形式，开展广泛的政府各项利民政策的宣传、法治知识教育的宣传、计划生育知识教育的宣传、健康生活教育的宣传，通过专栏科普阵地的教育，使广大社区居民能够了解到社会生活多层面的知识，提升、丰富自身的思想修养。法治宣传阵地图文并茂的宣传，十分吸引社区居民。许多居民在观看中学到法治知识，并能够用学到的知识保护自己的合法权益。

李家坟村加强阵地建设，推动学习实用化。李家坟村以宣传专栏、海报、

标语、宣传简报等为载体，开辟新栏目，注入新内涵，探索新版式，为学习型党组织建设营造氛围。建成了村级党员活动室，并以远程教育网络为载体，加强对党员的培训，使其成为教育群众、吸收党员、凝聚人心的前沿阵地和窗口。充分运用村电脑培训室、村社区教育中心、"益民书屋"等多种载体，认真组织开展流动课堂，为党员群众学习提供便利条件。村党支部在"益民书屋"内设立学习用书专柜，用以存放有关地方党史、科学发展观、中国特色社会主义理论体系等理论学习书目；依托村级文化共享工程和远程教育站点，方便党员学政治理论、党建知识、农村政策、法律知识、实用技术，增强党员群众学习的针对性。

北京交通大学附属中学开办师生校刊，提供展示交流媒介。学校开办校刊《思源》，其中设有教学论文、教学反思、课题研究、名师工作坊、班主任园地、学生天地、心理广角、文化沙龙等多个栏目，为教师的教育、教学、教科研工作提供交流和展示的文字媒介。鼓励学生自办校刊《骄傲》，内设文迹、深度访谈、欧美视窗、青春风木、社团风采、原创地带等栏目，为多方位、多角度呈现和交流学生学习生活状态及感悟开辟了一个新的园地。

车南里社区加大学习型社区宣传阵地的建设投入，在原有宣传橱窗、宣传黑板报、楼道宣传橱窗的基础上，又新增宣传电子屏，滚动式播放信息，做到信息更新及时。社区内现建有宣传橱窗100块，计生宣传长廊1个，拥有1处图书室，1处社区期刊阅览室，科普室、棋牌室、乒乓室等活动室全天候开放，开展社区环保、社区新风、社区婚育等各类教育活动，社区还引进了党员远程教育系统，从各方面满足居民的知识需求，在社区内建立一个开放的学习环境，为创建学习型社区奠定了物质基础。

社区利用板报、横幅、宣传橱窗等载体，开展知识普及活动，宣传科学文化知识，教育居民"爱科学、反迷信"，倡导"低碳生活"。此外，又加大科普宣传力度，完善科普教育机制，巩固创新型科普社区，利用科普活动室、图书室、公共场所、示范基地等资源，组织开展了内容丰富、形式多样、贴近生活的社区科普教育活动。在社区会议室为居民每月播放电影，在重大节日和纪念日举行文艺会演或相关纪念活动，丰富社区居民的精神文化生活，锻炼队伍，凝聚民心，不断提升社区的整体文化形象。

二、搭建现代化学习平台

四季青镇紧紧围绕党的中心工作，结合实际工作情况，经常性地开展互动交流、案例教学等各种研讨活动，积极搭建学习交流、碰撞融合的平台，共同进步、共同提高。通过建立各种专题性学习网站等，积极开展网上党建工作，提高广大党员干部学习教育的信息化水平。四季青镇通过在镇政府门户网站设立"党建之窗"栏目，刊载党建动态、党风廉政等内容；开通庆祝建党90周年专栏、"双百人物""光辉足迹""党史介绍"等板块，展现党的光辉历史；将政务专网扩展至全镇13个村委会，开通党员电教系统，使广大党员干部可以在线观看各类党员干部远程教育课程进行自学。坚持办好创办于1993年的《四季青》报，报道工作进展、介绍经验做法，发挥其学习交流平台的作用。

海淀区政府办公室在政府办OA网开辟学习园地。学习园地由党总支负责监管维护，内容以发布学习材料、通报学习活动、开展学习讨论为主。相比传统的学习阵地，学习园地的开通，实现了由单向讲授向双向交流的转变，学习材料由从上下发到互发互学的转变，并且，图片、音频等的运用使得学习内容更加丰富新颖。注重运用现代教育技术手段开展培训，成效显著，效果明显。

羊坊店街道工委投入专项资金重点扶植"五星耀家园"党员红色教育基地硬件建设，以"智慧羊坊店"办公学习平台为依托，充分利用远程网络教学资源开展视频讲座、观摩精品课程、观看教育影片、交流学习心得等多种学习方式，拓展学习领域、延伸学习空间、提高学习效率。

北京航材百慕新材料技术工程股份有限公司利用现代化科技手段和科技设备，在公司内开通了内部OA网和CRM管理系统。员工可以将培训需求、培训感悟直接通过网络反馈给人力资源部。人力资源部还经常性地发起问卷调查，询问广大员工对培训和再次教育的需求，确保公司组织的培训能满足对员工自身发展规划的期许。

万寿路街道投资建立了学习教育一体化的机关局域网，并搭建了万寿路街道资源管理平台，实现了日常办公的网络化。添置了必要的电教设备——

多媒体投影仪、电子屏幕和液晶电脑等，使街道教育中心的培训教室更具现代化。

绿伞公司实现网上数据共享数据交换，带宽容量大，上网速度快，为公司员工上网查询资料、学习、与客户交流提供了优越的条件。公司建立了自己的网站，注册了自己的域名"www.lvsan.com"和网络实名"绿伞"，只要在浏览器中输入绿伞网址或汉字"绿伞"，就可以进入绿伞网站，了解绿伞的详细情况。通过绿伞网站介绍了公司管理、研发、生产各方面的情况，宣传了绿伞品牌，起到了联系和与用户交流的作用。公司内部通过局域网逐步实行办公自动化，大力推进无纸化办公，加快了办公效率。无纸化办公的推进既节约了开支，又减少了环境污染。公司花费大量的资金投入了 ERP 建设，经过一年多的运行，逐步发现原有系统存在着一定的不足，公司再次大额投入建立完善的 ERP 系统，加强对信息的分析，为加强公司管理和提高市场、科研和生产服务提供了有效的数据支持。

北京中讯四方科技股份有限公司建设中讯人微信群，实现全员的动态、深入的文化学习理念贯彻。以微信为交流平台，引导大家对工作、生活的领悟，微信群的成员涵盖中高层领导、基层员工，不断地进行工作技能、工艺难题、技术探讨、知识扩展，开阔全员视野，分享交流所得，不断地促进员工之间的良性互动影响和知识共享。

中共海淀区上庄镇李家坟村党支部充分利用远程教育网络组织党员进行学习，在远程教育信息网建立学习交流平台，面向党员干部提供学习资料，交流心得体会，推广学习经验，介绍学习动态等。

北京甘家口大厦利用现代化科技手段和科技设备，在大厦内开通了内部 OA 网。员工可以将培训需求、培训感悟直接通过 OA 网反馈给人力资源部。同时，在培训后人力资源部负责及时将课件发到网上，方便员工学习，实现了科学化的信息沟通。

北京拓尔思信息技术股份有限公司创建知识管理平台，利用自主研发的知识管理系统 V7.0，建立了知识分享平台，员工可互动沟通交流，查阅专题培训资料，勇于挑战自我、超越自我，形成了终身教育，使知识不断更新。所有学习创新、培训创新等都基于员工的改变为目标，并注重实践中培训与学习。建立了人才培养机制，把品德、知识、能力、业绩作为衡量人才的主要标准，打造出高素质的人才团队；以培养懂经营、会管理的复合型人才为重点，建设职业化、现代化的高素质管理人才团队；以提高技术创新能力和转化、应用能力为重点，培养具有高层次专业技术人才团队。

中关村二小加强网络研修，实现全体教师及时有效的联动、互动发展。为了充分发挥学校信息技术的优势，真正体现"信息技术为教学服务"的特点，利用校园网络实现资源交流共享与即时研讨，使各个分散的个体、团队通过网络组合成一个研究整体。学校在校园网上为教师们建立了"教学资源库"，大量的论文、案例等文字资料为教师提供了优质的教学资源和优秀的教学范例；"VOD 点播系统"和"照片在线浏览系统"，随时为教师提供各种音频、视频和图片等研修资料，丰富了教师的日常教学和研修内容；在办公网上开通了"教学研讨区"，随时为教师们解决教学工作中遇到的各种困惑与问题；为每位教师开通了"协同教研平台"，每人一个客户端，教师们利用它不仅可以进行在线交流、文件传输、影像资料的共享，还可以组织多人视频会议；在校外网上开设了"家校互动平台"，教师利用它可以及时上传各种教学资料，向家长发布教学信息，与家长进行教与学方面的沟通；在校区间开通了"视频会议系统"，不管是教师培训还是课堂研讨，都可以快速省时、步调统一。信息技术的广泛应用，真正实现了多校区间的同步、优质、特色发展，更为丰富团队教师的教学手段和教学内容、为提高课堂教学的实效提供了有力的保障。这里已成为教师教学反思、沟通交流以及提升教学质量的开放空间。

海淀区国家税务局一直致力于创新模式，将信息技术广泛应用于创建工作，开辟了四大平台作为创建学习型组织的重要载体。

一是全面宣教平台。创办了集信息公开、制度查阅、理论教育、典型宣教等多功能于一体的党务公开网络平台，实现了党建信息查询上的连续性和互动性，为党员群众开展思想政治教育、了解和监督局党务工作提供了最便捷的途径。

二是专题教育平台。在内网创办了以《海税育韵》为主题的"党风廉政建设教育电子专刊"；在基层税务所创办《玲珑税韵》电子杂志，将基层税务所

的工作动态、学习交流情况多角度、全方位、立体化地展示出来。

三是自主学习平台。研发并大力推广"网络教育管理平台"的使用，采用知识库的方式，从业务学习、专题研讨、模拟试题、课件下载及在线收听等多方面为干部提供自主学习平台，并对学习情况进行记录。该局基层结合各自实际，自发拓展了多种形式的平台建设。该局第二税务所开通的"玲珑资讯"微信服务平台，仅一个月的运行就受到了广泛关注，拥有"粉丝"400余人，推送各类涉税信息共24期，回复特殊业务咨询20余条，相继被中国新闻网、《中国税务报》等媒体报道。这种新的服务平台在宣传税法、服务纳税人方面取得了新的突破，同时大大激发了所内干部政策学习热情。

四是廉政监管平台。按照"标本兼治、综合治理、惩防并举、注重预防"的方针，自主研发和改进了"惩防体系管理平台"，对全局各单位廉政学习和落实党风廉政责任制情况进行实时反映，在增强干部廉政意识、强化"两权"监督、提高日常工作效率等方面发挥了重要的作用。

北京慧点科技有限公司为全面建设学习型组织，更好地满足公司员工学习的需求，为员工创造更多的学习机会，公司拨取专项经费建设了 e-learning 学习平台。公司把购买的教学培训光盘和公司各类内部培训视频录像、PPT 资料全部放到该平台上，并将所有的课程按照不同的职能序列进行了匹配，供员工在工作之余自主学习时使用。

玉海园五里社区从实际出发，开展了形式多样的教育培训和学习活动，并在培训中注重培训方式的改革，善于利用更加便利、更能挖掘成员潜力的新方式、新方法，提高培训效能。

（1）建立数字化图书馆，实现与海淀图书馆、街道图书馆的联网，让流动图书车开进社区，方便居民阅读，并定期开展学习交流活动，使广大居民在交流中共同探讨、共同进步。

（2）建立社区远距离教育网络，使学习能够跨越时间与空间，人们可以根据需要随时随地学习，社区内各种教育资源通过网络系统相互连接，使社区教育资源充分得到共享。

（3）建立社区教育超市，为居民营造文化学习氛围。内容包括业务知识、技术资料、兴趣爱好、生活常识等，艺术门类相互交流，促进学习多样化。

中关村医院以全科基地为依托，购置教学设备、优化课程设置，逐步完善现代化教育教学平台。在继续教育平台的基础上，分享公共网络上的终身学习教育平台、网络公开课等网络资讯。增设职工书屋，在医院购买的基础上向海淀图书馆申请成为流动图书室，定期更换新书籍。

海淀区五一小学投入较大资金建成了学校新网站和电子办公平台，新建成的网站和电子平台上专门设有教师学习交流的栏目，栏目点击率很高。学校先进的数字化硬件为教师学习提供了很好的平台。

北京市信息管理学校各校区间使用自有产权光纤连接，各校区均有有线及无线局域网，教师可以随时登录网络，接受远程教育。学校积极打造数字化校园，学校外网、内网不仅整合了学校内部资源，也面向全国乃至世界交流、合作，为教师提供了丰富的学习资源。同时，学校还积极利用"海淀区基础教育教师学生家长互动平台"，面向师生各类群体，有针对性地定期发送相关学习资料，为其提供学习服务。

甘家口街道完善 OA 办公网络基础建设，完成了街道信息化网络机房改造升级工程。同时为新机房配备了防火墙、上网行为管理及防毒墙等设备，保证了信息化系统的安全、稳定、高效运行。

（1）积极探索信息化外包管理模式。2014 年，街道聘请了专业网络运维服务公司，实行安全运维硬环境和服务软环境外包管理模式。确保街道、居民事务接待大厅以及社区内各种信息化设备软硬件的正常运转，做到出现问题零时间响应。

（2）创新街道信息化建设。筹备建设社区电视电话会议系统，提高网络传输带宽，保证信号传输的稳定性和可靠性。

（3）推进社区信息化基础提升。对原有社区居委会政务网进行改造建设，利用街道科技创安分中心建设主干光缆资源，在辖区内新建一套办公局域网，增强网络传输带宽，为三级行政服务中心建设做好技术服务支撑，满足业务办理的实效性和稳定性的同时，为 24 个社区充分利用现代信息网络进行学习提供了硬件保障。

以中央、市委、区委重大会议召开、重点工作部署为契机，利用街道品牌——"甘家口之窗"官方微博组织开展学习，贯彻党的理论创新成果和上级重大决策，把党员干部思想统一到中央、市委、区委的决策部署上来。在群众路线知识有奖竞答中，连续14个工作日发布竞答题目，街道职工、社区居民及微博粉丝共计约4万人参与其中。同时，街道搭建学习平台，在OA网电子办公平台增设学习交流专栏，精心挑选并转载高层讲话、漫画等，刊发学习材料，增强了学习实效性与趣味性，为党员干部化整为零的学习提供了保障。此外，在各个专项工作中创建了多个微信工作群，利用微信灵活方便，能发送语音、文字和图片等特点，第一时间为干部职工定点投放学习内容，对学习中的材料收集，答疑解惑，交流沟通提供了便利，避免了因频繁集中学习影响正常的业务工作。

三、整合利用区域内各类教育资源

万寿路街道以市民学校为依托，增加社区居民学习活动载体。地区文明市民学校从建立至今，已全部覆盖36个社区。学校教学设施齐备，各社区教室均配备了电脑、彩电、VCD等电教设备和成套桌椅，为居民上课提供了良好的教学场所。办学经费有保证，街道每年有专款用于文明市民学校的建设，各社区分校年办学经费不低于2000元。街道市民学校按照街道创建学习型街道的要求，结合工作实际，发放学习材料，举办各类辅导讲座。通过了解国内外形势，学习新观点、开拓新思路，提高了新认识，营造浓厚的学习氛围。在全地区开展了以"阅读·进步·奉献"为主题的读书月活动，并将每年4月定为读书月，向全地区广大党员干部群众发出"崇尚读书、终身读书、读书有所获、读书以致用"的倡议。认真组织开展"共建核心区、奉献在海淀"主题宣传实践活动，引导和动员全地区广大党员、干部、群众积极为核心区建设建言献策，共收集征文70余篇。开展周末社区大讲堂活动，举办了"营养与健康知识""中国传统节庆文化知识""爱国主义诗词鉴赏"等讲座，受到广大居民的好评。对市民的教育是一项长期工作，各个社区分校都贡献了很大的力量。万寿路甲15号社区、后勤学院社区的英语班教学已坚持六七年之久，受到社区居民的好评。复兴路24号社区、太平路24号社区的青少年教育活动，形式多样、内容丰富，很有特色。今日家园社区市民学校的教育活动，内容灵活多样，居民参与率高，既调动了居民的参与积极性，又加强了社区精神文明建设，满足了居民的文化需求，提升了社区居民的文明素质。

万寿路街道各职能科室积极按照街道创建领导小组要求，各部门团结协作，齐抓共管，使复转军人、下岗待业人员及残疾人、特困人员、失足人员等弱势群体的教育培训在街道得到落实。街道民政科做到老龄教育有计划、有内容，形式丰富，创造出了较好的"老有所学、老有所为、老有所乐"的环境及条件，建立老干部党校。劳动与社会保障事务所的培训教室为在街道存档的失业人员和求职人员每月举办两期求职指导培训，并且通过报纸、专刊、简报等做好劳动和社会保障、安全生产的宣传，对劳动保障协管员进行业务培训。街道综治办组织了协管员、交通协管员的培训。司法所开展了"一对一"的帮教、培训活动。计划生育办公室加强"优生、优育、优教"的宣传与指导，每年举办 16 期婚育知识讲座，利用学雷锋宣传日、计生宣传日等大型活动宣传婚育知识，发放宣传材料和计生用品。公共事业管理科积极组织协调辖区内青少年校外教育，开展寒暑假夏令营活动，活动内容丰富。社区建设科每年针对实际需求，组织社区工作者开展不同形式的培训，充实社区工作者的业务知识，形成良好的学习风气。妇联将创建学习型家庭的工作作为妇联工作的重点，将素质教育引入家庭领域，开展培训活动，评比五好家庭，发挥家庭对于社会文化的传承和更新功能。

地区各单位是开展社区教育的重要阵地。街道统筹社会教育资源，成立了地区教育联盟，将地区内中小学校的教育资源整合在一起，为创建工作搭建平台。要求地区各单位积极把本单位的教育资源向社区开放，努力为社区提供教育服务。2011 年，街道开办了万寿路地区首届文化节，组织了地区棋牌比赛、乒乓球比赛、地区太极拳会演、木兰拳会演；组织了摄影展、书法绘画展、手工作品展、儿童绘画展、社区健身路径运动会及体质测试工作等活动；同时开展"五月的鲜花""夏日文化广场"活动，这些活动有力地推动了地区群众文化体育活动的开展。

紫竹院街道厂洼社区借助市民学校、人口学校、家长学校、妇女之家等，构筑了一条涵盖社区各类人群，包括早期教育、家庭教育、青少年教育、再

就业教育、流动人口教育、思想道德教育在内的学习型社区教育链。社区成立了文明市民学校、妇女之家、人口学校、家长学校等，开展社会公德、职业道德、家庭美德以及爱国主义、集体主义、社会主义教育，并积极开展婚育新风的教育。文明市民学校内安装了多媒体设备，便于举办各种讲座、放映电影；社区中建有"科技之光"不锈钢模型。

军乐团社区依靠军乐团院内的总政干休所活动室，社区与干休所联合开展多种活动，如市民学校的书法绘画学习班、乒乓球运动室、书画展览活动等。号召居民积极参加各种学习班，不断丰富自身的同时，培养恬淡安逸的生活态度，不定期的运动会和书画展让他们有了更多交流提高的机会，在相互沟通和了解中共同提高，养成良好的学习习惯。另外，居委会和军乐团幼儿园正筹备共建一个"社区图书角"，在不断接受居民捐赠图书的同时，为各个年龄阶段的读者提供合适的书籍，为他们提供阅读和交流的机会，感受知识的魅力。

蓝旗营社区内有固定的学习培训场地，活动室每周一至周五都有社团固定的学习活动时间。活动室还接通了清华大学网络平台，可以直接接收清华园老龄大学的现场教学，实现了远程教育。社区利用清华大学丰富的教育资源，张贴清华园老龄大学招生通知，鼓励居民参加清华园老龄大学的学习。不少居民参加了清华园老龄大学开设的摄影、书画、书法、电脑、手工制作、电子琴、基础英语等课程的学习。

在镇政府相关部门的协调下，聂各庄社区与辖区内的 4 个村委会及学校、部队等均达成了资源共享协议，各村的村民图书室、阅览室，各学校的文体活动场所，在节假日均对社区居民开放。驻地部队、学校派出文艺骨干、专业老师对社区居民开展各种形式的培训活动。通过资源共享的形式，较好地解决了社区居民居住分散、社区硬件设施和师资力量不足的短板，极大地提高了社区居民参与各项学习活动的积极性和参与度，同时，社区居民积极地参与学习型组织建设，对资源共享的单位也起到了良性互动的作用，推动了整个地区的学习氛围更加浓厚。

海淀区红英小学建设无围墙校园，开发运用社区资源。学校应当是社区文化的引领者，学校的学习型组织建设不该是闭门造车。红英小学不断打破校园界限，积极组织师生携手社区、家庭开展各类主题实践活动，以"小手拉大手"的方式建设阳光家庭、阳光社区：与西北旺镇携手开展读书交流及图书互换活动，每年 10 月开展"国旗进社区"爱国宣传教育活动，定期举办跳蚤市场、家庭义卖、废旧物品交换活动。学校还与社区教育中心合作，开发建设"传统文化学习体验中心"，面向社区和家庭开放，开展传统文化的体验式学习活动。在这些实践活动过程中，教师、学生、家长、社区人员都在参与的过程中学习、交流、分享，形成学习型组织的校园文化、家庭文化、社区文化。

2013 年 6 月，甘东社区成立了青年汇，意在把社区青年人纳入社区建设。青年汇每周一至周三免费为辖区青年人开设英语、语文、数学等基础知识培训。由于社区青年人平时上班，社区青年汇灵活地把活动时间安排在每天下午 6 点后，尽量满足青年人的需求。

为进一步推进学习型社区创建，甘东社区为市民学校制订了详细切实可行的学习计划，社区周一至周五分别开设英语班、合唱队、书法绘画班、编织班、晨练队和茶艺班。每个班分别有固定的老师为市民学校学员按计划教课，社区居民可以自愿参加学习班进行学习。2013 年 7 月，在社区市民学校的积极倡导下，组织了以"我的梦·中国梦"为主题的读书座谈会，进一步营造浓厚的学习氛围。同时，社区还通过不定期举办书画作品汇展、汇报演出、参加比赛等形式展示学员的学习成果，从而鼓励和吸引更多居民加入社区市民学校的学习，不断壮大学习队伍，真正达到社区"人人学习，终身学习"的目标。

为全力做好创建学习型社区工作，社区两委在街道的支持下投入相当的人力、物力和财力，对社区市民学校、社区活动室、益民书屋等有关设施进行建设，为社区居民提供了多种学习教育场所，创造了良好的学习教育环境。社区充分挖掘和整合辖区资源，扩大教育面，促进学习型社区的健康发展。

甘东社区不但有坚强有力的领导班子，还有一支不断壮大的教育和学习队伍。在整合辖区资源的基础上，社区不断挖掘社区自身的资源，社区市民学校的老师基本上都是辖区学习的带头人。通过近两年的发展，现在英语班固定学员有 10 人，合唱队固定学员有 30 人，书法绘画班固定学员有 15 人，编织班固定学员有 20 人，舞蹈队固定学员有 25 人，晨练队固定学员有 35 人，茶艺班固定学员有 10 人。社区青年汇固定学员近 20 人。这样一支固定的教学和学习队伍有助于带动更多社区居民进行学习，为社区营造良好的学习氛围。

玉海园五里社区具有老年活动站 80 平方米、青少年活动室 47 平方米、文化活动中心 400 平方米，共计 500 余平方米。辖区单位内部基础设施对社区资源共享的有：玉泉小学多功能教室 200 平方米（200 个座位）、第六幼儿园儿童健身园 200 平方米、橙天嘉禾影院 5000 平方米，合计 5400 平方米。为学习型组织的创建奠定了坚实的基础。

社区充分利用玉泉小学校内设施，实现资源共享，大力开展多种形式的职业技术教育，并形成社区与街道社保所互动的成年人终身教育、职业专业技术培训、各种专业继续教育和非学历功能短期培训的格局。针对失业人员开展教育活动，使他们积极参与社区教育，重新找到自己的服务岗位，树立并强化终身教育的重要意识。

紫竹院街道厂洼二社区整合社区教育资源，实现了资源共享、优势互补，依托社区市民学校、街道社区服务中心、老年大学、信息管理学校及市、区、街道各级组织举办的各类教育培训班等教育资源优势，构建成一个多层次、多渠道，涵盖社区各类人群学习的活动平台。

第三章　海淀区学习型组织建设职业教育发展的特色模式和典型案例

第一节　北京甘家口大厦:"一四四五"培训模式

2010 年, 北京甘家口大厦在认真总结 10 年创新与发展之路的基础上, 归纳和提炼出具有指导和规范意义的标准化培训模式, 即"一四四五"培训模式:一个核心理念, 四项保障机制, 四项重点培训内容, 五大效果验证。

一、一个核心理念——在工作中学习, 在学习中发展

甘家口大厦从培训规划的设立到每一项具体培训的实施, 都与企业发展战略密切结合。一是学以致用, 把学到的科学理论和各种知识转化为解决实际问题的能力。二是用以促学, 带着工作中的问题学, 通过各种方式的学习寻找解决问题的答案, 在解决问题的同时进一步完善知识结构, 这样的学习更有针对性。例如, 大厦每次培训、参观学习后, 每名学员都会写出学习总结, 在总结中首先要体现的是与实际工作的结合;利用周例会、月例会的形式进行沟通和交流, 用 PDCA 方法进行不断改进。

大厦领导认为, 在工作中学习, 在学习中发展。学习只有用于工作, 才是有效的学习, 学习与本职工作结合也是敬业爱岗的重要标准。

二、四项保障机制

(1) 组织与管理保障机制:建立三级教育培训网络, 落实教育培训责任

133

制，培训工作不仅写入当年的工作报告，由一把手亲自主抓，而且与每名管理人员的绩效考评相结合，做到组织落实、管理保证、职责明确。

（2）规章制度保障机制：建立健全各种教育培训计划、学习制度，做到长期有规划、短期有计划，训前有准备、训中有调整、训后有考核，记录能检索。

（3）学习激励促进保障机制：第一，建立了学习培训奖励制度；第二，为每名员工建立了学习培训档案。每年大厦都会召开教育工作会，对先进教育工作者和创新能手进行奖励，同时大厦采取公开招聘的方法，每年从学习能力优异、工作效果突出的员工中选拔优秀人才，为每名员工提供了公平、公正、公开的晋升渠道。

（4）教师队伍和实施条件保障机制：集合高等院校、专业咨询公司、著名专家学者以及社会各界的力量共同办学，同时利用网络平台等，实现信息的快速传递、资源的最大共享，不仅利于企业降低费用成本，而且使获得的信息最大化、效果最优化。例如，大厦开设的消费课堂不仅以崭新的形象实现了厂家、商家、顾客的相互联系与沟通，传递了消费理念、商品知识，在京城商家开创了三位一体化开放培训的先河，更以明显的效果受到了各界的好评。大厦周平总经理还获得了"全国先进教育工作者"称号。

三、四项重点培训内容

（1）思想素质提升培训；

（2）战略规划服务意识培训；

（3）职业资格认定和持证上岗培训；

（4）职业技能提升培训。

具有自身特色的教育培训模式，使员工整体素质得到了培育、发展、完善和提高，大大增强了企业的向心力和凝聚力。

四、五大效果验证

大厦一方面每年通过绩效考评，以逐级打分的方式，对每个人的学习成长效果进行综合评价，同时还采取全社会多方位监督的方式对学习效果进行验证，验证主要有以下几个方面。

（1）经济效果验证：企业以追求效益、效率和持续发展为目标，经济效益的达成是衡量企业发展的关键指标，大厦建立绩效目标评价体系，通过对经济指标、管理指标、人才培养指标实现情况，验证企业可持续发展的能力。

（2）社会效果验证：企业是社会的有机组成，特别是对甘家口大厦这样一个立足社区的企业来说，为社会服务、为居民服务，亲和社区，赢得信赖，更是推动持续发展的原动力。大厦在注重经济效益的同时，也将公益事业和社会效益的评价作为企业持续发展的重要内容。

（3）供货商评价验证：大厦建立与供货商及时沟通协调与合作的平台，从开业第一年起就率先在京城商家中开创召开供应商联谊会的先河，10多年来始终坚持每年一大会、每季一测评、每月一协商、每周一沟通，随时互补平台的相关方沟通程序，每年进行至少一次供货商满意度测评。

（4）顾客评价验证：大厦建立顾客满意度分析与测评体系，通过对顾客结构的分析，既突出自己的特色，也加强与顾客间的联系，确定目标顾客，培育大厦的忠诚顾客群体。

（5）员工评价验证：大厦根据企业发展需求和员工性格测试，实事求是地对员工现状、能力、意识及岗位技能的工作分析，建立了系统的岗位说明书及考评机制和《人力资源控制程序》，并每年进行至少一次员工满意度及发展情况验证。

通过"一四四五"培训体系的实施，10多年来，大厦培养了大批专业型和复合型人才，实现了企业各项指标的持续发展。

10多年来，大厦经济指标逐年递增，成为全国社区百货店的佼佼者；获得市级以上集体及个人荣誉400余项；顾客对员工服务的满意度平均达到85%以上；供货商对大厦的平均满意度达到90%以上；员工对教育培训的平均满意度达到80%以上。

学习是一个永恒的主题，建设学习型企业是一项庞大的系统工程，这项工程永远没有终点，更不可能一劳永逸，必须常抓不懈，循序渐进。甘家口

大厦努力把创建工作不断引向深入，把大厦建成具有持续学习力、适应市场竞争需要的学习型企业，最终实现企业与员工的和谐、持续发展。

第二节　羊坊店街道工委："五星耀家园"特色教育基地

　　羊坊店街道工委以党员的学习教育工作为抓手，全面带动地区"重学习、强素质、比实践"的时代新风。街道工委以新形势下如何加强党员的继续教育、永葆先进性为课题，组建了特色鲜明的"五星耀家园"党员红色教育基地，有效推动了羊坊店地区基层党建工作的创新发展。

　　"五星耀家园"教育基地分为五个学习区域：党的基础知识区、党史人物事迹风采区、党史文献资料阅读区、网络区和观影区。五个区域相互依托、相互补充，如同五颗闪耀的红星，共同构成了党员学习教育的广袤天空，让新党员在这里坚定理想信念，牢记党员使命；让老党员在这里重温党的历史，勤勉自立、率先垂范；让流动党员在这里找到归属，时刻与党组织保持紧密联系。

　　亮点举措：教育基地的建立得到了海淀区委和街道工委领导的高度重视，在硬件建设、软件提升、制度完善等方面进行全方位的有力支持。一是在社区服务中心专门安排2个房间作为教育基地，先后投入13万元为基地配备了2台电视机、2台电脑、1台DVD以及电教投影等设备，购置了资料柜及各种学习光盘和党史书籍。二是根据时代发展特点、理论学习热点和地区实际需要，不断更新学习资料，补充教育资源，安排专家讲座，确保党的新理论、新观点、新决议及时传达给每位党员。三是制定并完善了《党员电话教育工作职责》《党员电教设备使用和管理规定》《党员电教片播放收看制度》《党员电教播放室管理规定》等工作制度，形成了一套科学合理的工作机制，确保基地运转平稳有序。

主要特色：教育基地自建立以来，以其独特的创新模式和紧跟时代发展的教育方法，有效发挥了地区党员学习教育主阵地的作用，受到了广大党员和群众的普遍欢迎。

第一，方便快捷。党员教育基地建立在党员生活区域附近，为广大党员在家门口提供了专门的学习场所。党员可以就近随时参观学习，凸显了电教学习模式的便捷、高效。

第二，受益面广。教育基地不仅对地区5000多名党员开放，也对流动党员、积极分子和广大群众开放。党员群众可以更加系统、直观地了解党的光辉历史和发展方向，有效确保了基地教育受众范围的最大化。

第三，直观生动。基地下设1个观影区和4个图片文字区，动静结合、深入浅出、客观生动地再现了党的光辉历程和优秀党员的感人事迹，使学员从感性认识上升到理性认识，符合人的学习过程与认识规律。

第四，机制长效。教育基地设立于羊坊店街道社区服务中心，有独立、固定的教育场所。基地坚持长期对外展示、长期对外开放、不断更新内容、不断改进方法的学习方针，有效形成了党员教育的长效机制。

经验总结：基地自成立以来，街道党建部门边实践、边摸索、边完善，总结出了一套既符合实际又行之有效的工作方法。

（1）因材施教，制订个性化教学方案。基地针对新党员、老党员、流动党员、入党积极分子等不同学员的各自特点，量身制订学习计划、安排学习内容，确保学习质量与效果。

（2）坚持"以党性为主、全面育人"的工作方针。在教学内容安排上，基地始终把对党员的党性教育摆在首位，坚持"思想上解困、理论上解难、生活上解忧"的教学宗旨，全力帮扶广大学员。

（3）培养党员学习的自觉性，推动党员自主学习、终身学习。基地通过安排专家授课、重点解读、热点分析、学员座谈等教学方法，调动广大党员学习的热情与积极性。通过"推荐一本好书、布置一次作业、提交一份报告"的"三个一"教学方法，引导广大党员树立自我学习、终身学习的科学理念。

（4）理论与实践相结合，坚持学以致用，侧重解决实际问题。在学员学

习过程中，一方面强化党的理论知识培训，另一方面引导学员将所学理论指导日常工作、生活，激励广大党员充分发挥模范带头作用，确保学习效果落到实处，不走过场。

第三节 慧点公司："慧点商学院"

慧点科技于 2011 年底筹建慧点商学院。商学院由公司总裁担任院长，人力资源部负责日常运营管理，建立了详细完善的管理制度，每年均拨付专门的预算经费，给相关工作的有效落实提供了坚实的保障。商学院自成立以来，极大地改善了慧点的人才培养模式。商学院有效地以公司战略、企业文化为核心，通过多种不同的培训模式建立起公司的学习基地。通过企业文化的导入和公司学习习惯的培育，建立公司知识管理、人才培养、市场竞争的智力平台。商学院也有效地通过学习的方式帮助公司高层管理者推动公司的战略变革，通过专业的学习方案设计帮助业务部门解决业务和管理问题，通过学习与培训帮助员工获得职业生涯发展。

主要特色：一是建立慧点工作方法论，形成共同的工作语言与工作方法。在设置培训课程时，不仅靠部门提出的培训需求，而且结合公司战略目标和业务要求，深入分析某一岗位的典型工作任务和工作场景、工作流程和方法，并由此形成明确的管理要求和工作方法论进行培训。

二是建立岗位必修课，推动内部持证上岗学习。慧点科技内部的所有岗位均有对应的岗位职责说明书、岗位胜任能力要求以及与该能力要求相匹配的培训学习要求，为了提升在岗人员的任职能力，慧点商学院建立了公司的必修课机制，例如，要求公司项目管理团队必须学习 MOT，必须通过公司内部《项目经理认证培训》，要求公司销售、售前人员必须学习公司九大产品知识并通过内部通关考核。

三是培养内部讲师，分享传承智慧点滴。从 2006 年开始，慧点正式建立内部讲师管理机制，并且每年都不断地有新的员工申请成为公司内部讲师。商学院面向公司内部讲师，提供课程开发与制作、授课技巧等一系列专业的培训，提升大家的课程开发与授课能力，并且帮助内部讲师进行课程推广并给予一定的课酬奖励。

四是新人培训，促进融入。商学院每1～2个月组织一期为期三天的新员工入职培训，每一期的新员工入职培训都需要进行培训考试。从团队训练、公司介绍、价值链学习、企业文化会谈、制度宣贯、慧点工作方法学习到新老员工座谈会，全面系统地帮助新员工了解公司、熟悉公司、融入公司。

五是与IBM渠道大学紧密合作，培养专业技术人员。慧点科技与IBM渠道大会长期以来一直进行紧密合作，借助IBM的资源，积极开展LOTUS DOMINO技术培训。SSM、SSL、蓝色领导力等培训项目培养了大批的优秀技术人员，慧点科技也多次成为IBM渠道大学的最佳合作伙伴。

六是专业顾问，指导组织能力提升。慧点科技从2007年开始，从外部聘请专业的学习顾问，指导慧点人力资源部建立公司的培训体系、能力体系、课程体系，在慧点内部形成了通关的培训文化，与专业顾问的合作多年来也一直得到延续。2012年，除了原有的培训体系建设外，与顾问的合作也延续到组织发展层面，关注组织能力提升，营造学习氛围与建立学习文化等都得到了有效落实。

第四节　北京东方计量测试研究所："东方小微"

为了更好地使员工在日常工作之余摄取到有价值的信息，北京东方计量测试研究所与时俱进，大胆创新，搭建了教育培训微信平台"东方小微"，配合常规教育培训工作，启动"微培训"模式。每天为给员工提供国家大政方针、最新业内政策、相关业务知识、安全贴士、企业文化等公共基础知识，辅以各类百科知识、热点话题等内容。一条微信看似微不足道，但日积月累，

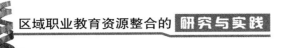

聚沙成塔，便成为员工便携式的"口袋书"。"东方小微"诞生半年以来，拥有了过百的关注账号，陆续被五院院网、院报、五院团委微信所报道或转载，并成功向兄弟单位推广经验。

一、参与便捷，覆盖广泛

作为"参培人"，仅需关注公共账号，即可参与培训知识的摄取。作为"培训者"，各业务部门或员工个人仅需转发，便可进行投稿，将需要传播的知识，通过微信公众平台发布。这种灵活的培训方式极大地便利了培训的实施，实现教育培训资源的低成本共享。

二、成本低廉，形式开放

改变员工传统的学习方式，创新性地打造了具有开放性、便捷性、互动性的交流学习平台，极大地方便了员工通过文字、图片、语音等形式随时接收信息资讯、把握最新动态，极大地节约了组织学习的时间成本和物质成本。

三、碎片学习，加强记忆

将整体知识打散，使之"条块化"，员工利用零散的时间，花费极少的时间阅读和吸收知识，符合记忆规律，增强了教育培训的有效性。

第五节　北京市海淀区教师进修学校附属实验学校：校本培训

学校以校本培训的形式，通过全员参与的研讨平台，学习和理解国家教育法规、理论和政策，并形成学校的办学理念体系。学校创建了参与式案例培训的模式，搭建起"实践反思、同伴合作、专业引领"的平台。

以参与式培训的模式让教师们系统学习教育政策、课程改革理论，形成了积极投入教育改革的舆论氛围，成为北京市课程改革领先的学校。学校通过教师的讨论，形成了学校办学理念体系。

学校的培训模式成为北京市乃至全国学校校本培训的典范。全国课改工作会及北京市、海淀区多次在这里举办现场会、研讨会，推介学校校本培训模式的成果，获得了良好的反响。

一、用先进文化引领，提升教师的教育价值追求

学校的校本培训一直以教师全方位的深度参与而引人注目。全员校本培训模式多次在全国、北京市、海淀区举办的现场会上展示。全员培训多年来一直坚持隔周进行，从未中断。

全员校本培训不仅是解决教师教学中遇到的技术问题，更重要的是逐步强化了学校的文化，提升了教师的教育价值追求，保证了教师队伍的健康、快速发展。

首先，学校的办学理念、育人目标，都是在校本培训的场合，经过全体教师共同的研究讨论逐步形成、逐步强化的。

其次，校本培训不仅仅是教学的培训，学校管理、德育、教师行为选择，还特别将党中央的报告作为学校培训的主题。

此外，校本培训中一个坚持10年的主题就是教学目标的挖掘。课堂教学教什么，解决什么层面的问题，是教育价值追求最直接、最日常的体现，是推进课程改革、提升教育质量的关键。学校从显性、隐性目标，到"三基＋两翼"目标体系，到基于布鲁姆分类学的直角坐标目标体系，到核心目标确立，到"高位思想、上位目标"以及持久理解性目标的确立，使教师在真实教学中的追求一步步提升，成为教师教育价值追求的高位支撑。

例如，暑期开学的第一天，学校就组织全体教师研讨学习新修订的《中华人民共和国义务教育法》，对照国家法规谈如何提升自己的工作。

二、与大师对话，和国际先进水平同行

学校研究成果具备和国际先进水平同行的高度，其前提条件就是以开放的姿态学习，汲取国际上最先进的教育思想、理论和成果。

学校前期主要派遣教师赴美国、新加坡、加拿大、澳大利亚和欧洲等教育发达地区交流和学习。随着深度研究和让更多教师受益的需要，学校把国际级大师和专家及一线教师请进来，进行面对面的交流。

为解决课堂学习的指导和管理，学校请来美国人本主义心理学创始人罗杰斯的传人杰罗姆·弗雷伯格教授到校培训。弗雷伯格教授深为年轻教师的研究精神和专业追求所折服，欣然受聘学校教育科研导师，长期指导教师的项目研究。

学校请来教育目标分类学创始人布鲁姆的传人汤姆斯·盖斯基，为教师提供课堂设计和评估的培训。

美国理解力教学设计全国项目负责人威金斯，提供了逆向设计和教学评估的培训，并和学校进行长期合作，提供讲师级培训。

与学校长期合作的加拿大西温哥华学区教育主管部门，派遣6位优秀的一线教师到校进行示范课和教学设计指导。

为提高教师在技能教学方面的研究水平，学校请来了德国巴符州教育学院的专家，为教师进行全员培训。

"视野有多大，你就能走多远。""与大师对话"，使大批的教师在更高的平台上实现专业发展，并具备了国际视野和现代眼光。培训成果的吸收和消化，提升了教师在研究中的创新能力，创造了一系列国际先进水平的成果。

三、参与式培训中共同研究课堂教学的真实问题

从实践中来，到实践中去，是学校校本培训的基本原则。面向教师教学中的真实问题，在参与式培训中共同研究解决，成为学校校本培训常见的坚持方式。

　　学校始终围绕"教什么""怎么教"的问题，特别是课改理念与教师工作实践的联系环节，开展校本培训。学校将教学的着眼点聚焦于关注理解、关注思维，落实到系列思维技能的培养。学校把对学生能力培养落实到提取信息、归纳概括、比较、建立联系、分析综合、归纳演绎、解决问题等具体的思维技能上，并延伸到各学科的内部。教师通过培训和研究，逐步建立起了以课程标准为指导、高位思想和上位目标统领、以学科技能为主线的系统的课程标准校本化实施方案，建立了相应的评价基准和教学模式。

　　目前，全部由教师原创的，以技能体系培养为主题的专著丛书共6册正式出版发行。中国教育学会会长顾明远先生为丛书作序，称赞这一成果的创新性和可操作性，提供了改进培养模式、改进课堂教学、提高教育质量的有益经验。

　　教育部课程改革发展中心主任刘坚、教育部基础教育司高中处处长刘月霞，都感叹学校校本培训的氛围和教师的丰硕成果，每月定期到学校考察指导。教育部提供了美国新版课程标准征求意见稿，其基本思想正是以高位思想和上位目标为指导，表明学校教师的研究水平处在国际前列。

四、教师成为真正的培训者

　　亲自培训是最高形式的学习。真正的校本培训，教师是培训的主体。他们不但能接受新的知识，更能生发出创新性的成果。更重要的是，一大批教师具备了引领团队的能力，登上了校本培训的讲坛。

　　目前全员校本培训和各部门、团队的培训，主要培训者都是一线教师。他们依托团队，深入研究，并在培训中引导教师在共同研究中生发出新的成果，成为学校教师研究水平不断提升的基础模式。学校组织的分层培训共分六层脱产培训，而培训者被大家称为"第七层"。每年两期的致学教育论坛，是老师们高层次激发和交流的讲坛。

　　学校所有的成果，无不是在教师团队的相互激发、共同协作中完成的。

　　以教师为主体形成的系列培训课程，不断走向高品质、规范化，不但使学校广大教师受益，并成功地进行了品牌化输出。近期，学校的培训教师团队承担了对温州乐清中学、昆明七中、青海乌兰一中等干部教师团队的培训项目，还远赴马来西亚对当地华文学校的教师进行联合培训，都受到极高的赞誉。

五、以项目管理全方位提升校本培训的层次

当学校的校本培训发展到这样的规模和层次，仅仅依靠学校行政层面的管理已经远远不能满足要求。学校所有的培训和研究项目都由教师负责，以项目管理的方式推进。

每个培训专题都有核心的团队进行先期研究，承担培训任务。各年级的课改工作、人生规划、综合素质评价、校本课程等工作，都由不同的教师分别承担，并形成跨年级的联合体，负责对全校的工作进行指导。负责项目的教师享受充分的支持，可以根据需要调用学校资源，甚至给校长、副校长分配工作。

随着校本培训的长期坚持，团队建设不断加强，项目研究能力也越来越强，研究不断深入，水平不断提高。学校在此基础上为教师提供科研方法的培训，引导教师深入论证，使研究走向系统化和规范化，申报国家级、市级、区级课题。

这些工作促进了学校科研专项化推进的模式：

实际工作中发现问题→群体行动研究逐步解决问题→总结初步成果聚焦课题→提升研究水平规范课题形式（申报立项课题）→专业水准高水平研究→提升固化形成高水平成果（如专著）→指导教育教学实践并广泛推广

六、团队就是专家学习构建文化

"实践中发现问题，校本培训和研讨中解决问题，回到实践中检验并重新发现新问题"，成为学校通过校本培训不断提高教师专业水平的过程。为解决重要的专题问题，制订符合学校学生特点的课改方案，构建学科技能体系等，

教师们聚集在一起，打破学术藩篱，打通学科壁垒，进行攻关研究。团队的研究成果，在更大范围的培训和研讨中进一步推广和提升。

在校本培训中，教师不是被动的接受者，他们首先是问题的提出者，接着是问题的研究者，最后还是培训者、成果的推广与实践者。在这一过程中，没有专家，又都是专家，老师享受的是知识的民主。在学校的教研活动中，老师们在碰撞中提高，在实践中追求，体验着自己劳动的巨大意义和崇高价值。在学校的课堂上，学生们在交流中思考，在体验中成长，师生在融洽的关系中享受着教学相长的幸福。

"一个团队就是一个专家"，这是对海淀进修实验学校教职工工作理念的完美诠释，已经成为一种"潜规则"。这种潜规则体现在学校教育教学管理的方方面面。无论是教学过程中的备课、教学基本功培训，还是科研中的校本教研活动；无论是管理过程中的行政例会，还是德育教育问题的研讨，大兵团作战、发挥每个人的优势集中合力解决问题，成为学校最鲜明的文化特征。总之，发现问题找团队，研究问题靠团队，解决问题靠团队，已经深入每个人的内心，固化为一种行为习惯。正是在这种团队精神的引领下，学校完成了一个又一个真实科研问题的研究、实践与推广，逐步构建起了富有特色的学习型学校文化，真正实现了以研究促发展，以研究实现教师成功、学生成才、学校发展。

学习型学校文化的形成，创造了和谐的工作、学习环境。首先，形成了安全、和谐的工作环境，人人都乐于帮助他人，敢于发表自己的意见，一心一意地投入工作。其次，形成了民主、平等的学校生活氛围，每个人都可以畅所欲言，实践自己的教育理想，体验成功的感受。最后，建构起科学、开放的研究探索平台，使他们用自己的智慧解决自己困惑的问题，在交流、对话中提升，在研究、探索中发展。学习型学校文化的形成，有利于建设真正意义上的学习型组织，在提高教师学术素养与教学技能的同时，获取可持续发展的个性潜能，促进教师的专业化发展。同时，良好学校文化为教师的职业生涯的良好感受提供条件，使教师在工作中享受生活，发展自我。

第六节　玉海园五里社区：五色教育体系

玉海园五里社区建立了红、黄、蓝、绿、紫五色教育方案，向社区居民大力宣传终身教育的重要性，不断展示学习成果实效，让居民加深终身教育学习化社会理念，使人人都能积极自觉参与社区教育学习，争当学习型先进个人、学习型家庭、学习型组织。在社区内增设 12 块宣传栏，用文字、图片将社区教育——终身教育系列内容宣传到位。

红色系列教育：以宣传党的方针路线以及"中国梦"为主的教育。在社区党员、民主党派人士、群众中长期开展学习活动，以集中学习、远程教育等形式为主，学习党的十九大精神，用习近平新时代中国特色社会主义思想武装头脑，指导行动。

黄色系列教育：以丰富老年人生活为主的教育。最美不过夕阳红，社区老年大学开设适合老年人特点的各种爱好科目。发挥老年人老有所为、老有所乐、老有所学的特点。开设老年书画、摄影、雕塑及篆刻、电脑基础、风筝、桥牌、英语、家庭护理、紧急抢救、中医按摩、疾病防御、残疾康复等课程。

蓝色系列教育：以培养婴幼儿及青少年为主的教育。开展社区早期教育和星光自护大讲堂。开设 0～3 岁早期教育亲子乐园，开发婴幼儿认知、感知、理解、想象力、判断力、动作协调等能力。成立青少年自护大讲堂，与基础教育有机结合，侧重抓好青少年校外教育，融品德教育于各项教育活动之中。培养社区青少年文体特长，开设少儿电子琴、陶艺、小提琴、手风琴、架子鼓、乒乓球、棋类、科技航模、青春心理健康、自我保护等课程。

绿色系列教育：以倡导居民环保理念为主的教育。引导居民养成绿色出行、绿色消费的低碳生活方式，开办园艺种植、宠物饲养、再生资源环保制作等课程。开办社区健康教育、健康饮食、科学健身课堂，引导居民养成健康的生活方式。

　　紫色系列教育：以提升居民生活品质为主的教育。开设电脑操作、网络时代、汽车维修与保养、证券投资等课程，为建设数字海淀做准备，开展成年人高等教育和远程教育，让居民们坐在家中就能感受到教育的快乐。社区成年人教育开展了交际舞、编织、服装裁剪、烹饪、美容、礼仪、计算机知识、英语、理财知识教育等课程。

　　在原有五里社区文明市民学校教师队伍的基础上，建立起一支专兼结合的社区教师队伍，发挥社区各方面教学专业特长人士的优势，为社区教育服务。专职教师以社区学校和幼儿园老师为主，兼职和义务教师以五里社区市民学校离退休教师和青年志愿人员为主，建立一支教育经验丰富、使用性强、教育内容新颖的社区教育师资队伍，带领居民开展丰富多彩的业余文化活动。以五里社区文明市民学校为载体，形成社区与学校、幼儿园互动的格局，构建社区教育体系，以全员、全程、全面的终身教育为宗旨，开展形式多样的文化、法律、科普及健康知识讲座和教学活动。

第四章　海淀区域内几所企业大学的职业教育概况

第一节　企业大学的缘起及职能

一、企业大学的缘起

企业大学（Corporate University）是当今人力资源管理领域最热门的话题之一。1956 年，GE 成立了全球第一个"企业大学"——克劳顿学院；1981 年，摩托罗拉大学在美国伊利诺伊州创办后，国内外企业纷纷开始建立自己的企业大学。诸多企业大学的成功，用实践证明了企业大学为企业带来了诸多实质性的好处。[1] 企业大学提供的知识生产服务是以生产实践逻辑为基础，不同于传统大学的学科专业逻辑，同时又是与母体企业的生产实践相融合，是其他高教机构所无法替代的。企业大学以求善求用的知识观为指导，以发展企业学习能力、增长企业智慧为使命，以专业化的知识生产服务为支撑，以全员全面全程学习为基础，以服务发展战略为核心，以改善工作绩效为导向，以最优化、最大化知识效能为宗旨，以增强企业核心竞争力、实现企业可持续发展为目标。[2] 比如，腾讯公司在业务高速扩张的同时，深切地感到人才特别是中高级管理和技术人才成为最稀缺的资源之一，为了打造一个更为全面支撑企业战略及业务发展要求的培训管理体系，腾讯公司在 2007 年 9 月成立了自己的企业大学——腾讯学院。

---

① 赵静. 腾讯企业大学建设实践和发展模式研究 [D]. 华中科技大学硕士论文，2009.

② 刘春雷. 高等教育视野中的企业大学研究 [D]. 南京大学博士论文，2013.

二、企业大学的职能

企业大学未来发展趋势调查表明，企业大学有五个方面的核心职能：①提高员工工作绩效和生产率；②通过提供正式学习过程提升企业组织内部教育的重要地位；③向员工传播企业愿景和理念；④在整个企业组织内建立统一一致的教育培训项目；⑤支持整个企业组织的文化变革。[①] 但总结起来，企业大学职能主要有三类。

其一，作为企业教育组织的基本职能。包括围绕企业战略整合、协调、统筹、共享、集约管理学习资源与过程，实现最大化、最优化的学习效率和知识效能。满足组织日益增长的学习需求，促进个人与组织的学习能力创新能力的增长，满足员工终身学习和职业发展需要，满足组织学习的个性化、多样化需求，为企业组织和员工提供专业化的知识生产服务，以应对由于知识经济发展、知识更新乃至经济全球化所带来的挑战，适应变化日益加剧的企业发展环境。

其二，企业大学职能不仅仅局限于内部教育培训，其在企业的日常经营管理中也发挥着重要作用。企业大学以服务发展战略为核心，为企业战略决策、变革转型、组织发展、知识管理、文化建设、政策制定、制度设计、人力资本、职业生涯管理等提供持续的全方位支持，还能有效改善工作绩效，吸引留住优秀员工、提升盈利能力、带来可衡量的经济效益等。

其三，社会职能。为了实现企业可持续的健康发展、实现企业的长远战略，企业大学不仅要服务价值链成员，建立合作联盟、发展伙伴关系，而且要积极传承企业文化精神、恪守企业道德规范、树立企业价值观、承担社会责任。同时，企业大学作为终身教育体系、知识创新体系的重要组成部分，其促进了产业与教育、实践与理论的密切联系，从而促进整个社会范围的知识扩散、知识循环、知识创新和知识发展。[②]

高科技企业由于科技含量高、知识、人才密集、信息资源丰富，已经不仅仅停留在知识的"消费者"的层面，还逐步成为知识的生产者和传播者。伴

---

① 刘春雷 . 高等教育视野中的企业大学研究 [D]. 南京大学博士论文，2013:28.

② 刘春雷 . 高等教育视野中的企业大学研究 [D]. 南京大学博士论文，2013:30—31.

随着企业的创新、研发实践和学习型组织建设，这种趋势越发明显，而且在深度地改变着高科技企业的运营模式、组织管理机制。比如，企业的管理者从传统的"管理者"升级为"引领者"，管理者身份转化为现在的导师、教练，成为"教练式"领导。比如，2009年4月，腾讯学院启动了以推动全体领导层级关于员工辅导技能提升的"Coaching Year"项目，自上而下地推动各级干部对下属的辅导，并且邀请更多高管积极地走进课堂，走上讲台结合自身经验亲自面授如何辅导下属。该项目得到了来自公司所有管理干部的积极参与，并得到了一致好评。"Coaching Year"项目的成功实施，有效地探究了领导力培养如何自上而下全员推广的模式。①

在企业内部逐渐扎根、不断升级后，高科技企业的公司内训项目也开始走出企业的自身范围，扩展和深入到社会各个领域。曾经风行的摩托罗拉公司的"六西格玛"就是一个典型案例。"六西格玛"是最先由摩托罗拉于1987年提出并实施、后被许多国际性商业机构相继采用并发展、不断成长为国际上炙手可热的管理模式。经过20年的发展，到2005年，摩托罗拉大学继在汽车、金融等行业推行"六西格玛"后，又迎来新的挑战。摩托罗拉大学全面展开与更多电信行业伙伴的合作，并首次将"六西格玛"引入范围更广的电信企业中。伴随着"六西格玛"的推广运用，摩托罗拉公司不仅自身深深受益，同时将"六西格玛"理念和方法带给了他的供应商和合作伙伴。与此同时，摩托罗拉大学也在由内部人才培训机构向面向外部客户服务的转型后，将这一理念带给了更多的企业。②

同样，也有一些企业大学专注与职业教育和培训领域合作，提供专业化服务。其中包括前面提到的中关村加一战略新兴产业人才发展中心、即将谈到的用友新道等企业大学或者专业教育服务机构。这些组织依托自身在某些领域的专业优势，选择相关的专业方向开展联合培养的尝试，探索人才培养的新模式，开展企业人力资源主管人员与院校师资的交流，特别是将企业界培训的一些先进的教育理念与教学方法注入师资培训中，诸如行动导向教学、

---

① 赵静.腾讯企业大学建设实践和发展模式研究[D].华中科技大学硕士论文，2009:29.

② 参阅 http://tech.sina.com.cn/t/2005-04-06/1800573886.shtml.二十年精研六西格玛 摩托罗拉又迎新挑战.http://www.sina.com.cn 2005-04-06 18:00 新浪科技.

培训沙盘、模拟角色扮演等。

党的十九大报告提出，"完善职业教育和培训体系，深化产教融合、校企合作"；国务院办公厅印发的《关于深化产教融合的若干意见》明确要求"发挥企业重要主体作用，促进人才培养供给侧和产业需求侧结构要素全方位融合"。企业界特别是高科技企业的人才培养功能将在未来发挥更大、更为广泛的作用。通过"深化产教融合，促进教育链、人才链与产业链、创新链有机衔接"，"为加快建设实体经济、科技创新、现代金融、人力资源协同发展的产业体系，增强产业核心竞争力，汇聚发展新动能提供有力支撑"。

第二节　海淀区域内几所企业大学的运行特点

我们选取海淀区域内几所比较活跃的企业大学，通过对其对外合作输出教育资源和服务的案例进行分析，总结一些特点，在京津冀协同发展背景下，以"中关村"为代表的高科技园区积极践行京津冀协同发展的国家战略，在园区的产业、企业向天津、河北合作办分园区、建分公司等举措的同时，产业的共同培训中心（培训平台）、企业大学也将一些教育资源辐射到这些地区，从而为京津冀协同发展背景下的区域职业教育资源整合提供多元化的资源选择。

一、用友新道

（一）基本情况

新道科技有限公司（以下简称"新道"）于2011年在海南省三亚市注册成立，是亚太本土最大的管理软件提供商、中国领先的企业云服务提供商——用友集团全资控股子公司，面向高等院校、职业院校、社会培训机

构及个人提供管理与信息化人才培养与服务。凭借先进的实践育人理念、双赢的教产融合模式、开放的实践教学平台、强大的教育服务体系，与全国1800多所院校及社会机构开展合作，为180万家信息化企业及社团组织输送理解业务、掌握工具、擅长沟通的管理与信息化人才，服务中国教育事业，服务中国产业发展。曾荣获教育部颁发的"突出贡献奖"，被中国管理科学研究院、教育科学研究所评为"2010全国现代教育理论与实践示范单位"，并获得"2012年度中国两化融合人才培养卓越贡献奖"等荣誉。

新道科技为院校提供智慧教育解决方案（技术环境层的智慧教室建设，主体内涵层的沙盘实验室、ERP For SCHOOL、虚拟商业社会环境 VBSE，增值服务层的人找人社区、师资研修等），针对经管跨专业实习、财会专业、营销专业、开发专业及创新创业有不同解决方案支撑，将企业的真实业务流程、业务场景搬进校园，让学生在学校中能够仿真不同组织、不同岗位的工作内容和流程，实现"上学即上班"，"校内实训＝校外实习"；利用前沿 IT 技术打造"智慧教育"，将信息化与实践教学深度融合，塑造学生探究式的学习环境；设立"师资研修院"，针对产品教学、教学方法进行师资培养、能力提升，已有200多所院校能够独立授课 VBSE；搭建师资交流、学生学练考赛和就业服务的线上线下相结合的平台，打造"人找人社区"。

（二）主要措施

（1）新道倡导教产融合，践行"把企业搬进校园"。通过为院校提供信息化实验室、沙盘实验室、虚拟商业社会环境实践平台（单专业、跨专业）、企业实践案例、实训精品课程等，与院校共同开发经管类专业综合实践教学解决方案；通过参与人才培养方案优化、特色专业共建、实践教学师资研修等服务，推动教产有效融合，现已成为中国最大的经管类实践教学解决方案提供商。

育人大计，师资先行。新道 VBSE 系列课程在全国数百所院校得到了广泛应用，在帮助数以万计的学生训练企业岗位技能的同时，更是成为院校教师提升实践教学能力、创新实践教学方法的卓越平台。

专栏

具体实践案例

【教师实践教学说课鉴赏篇】

来自杨凌职业技术学院的张宗民教授、西安工业大学的刘宁老师、内蒙古工业大学的陈玉霞老师和内蒙古财经大学的李晶老师，为与会嘉宾分享了新道 VBSE 虚拟商业社会环境系列课程在各自院校的实践教学应用经验，高度赞扬了 VBSE 系列课程在专业人才培养和教学体系改革中的价值。

其中，曾经在第一届全国 VBSE 说课大赛上获得一等奖的张宗民教授谈到，VBSE 财务综合实训平台，在杨凌职业技术学院的会计人才培养体系中，基于会计职业岗位群技能要求和职业发展，将传统手工实训和信息化实训有机结合，同时通过企业核心财务业务的提取和引入，让学生不用走出校门，就能够训练会计岗位群的核心技能，解决了财会专业人才培养的广度和深度问题，极大地推动了高职院校高素质高技能人才的培养。

乌海职业技术学院院长牟建军、通辽职业技术学院副院长崔文为四位说课教师做了精彩点评，认为各位老师教学目标明确、教学内容翔实、教学组织具体、教学资源分配合理，同时对于 VBSE 课程本身在人才培养过程中的重要性表示高度肯定。

随后，牟建军院长，崔文院长，新道公司区域总监杨建军、副总监张华炳、内蒙古分公司张桐总经理分别为路演项目团队和说课教师颁发了奖品，期待更多的同学在大众创业、万众创新的浪潮中，通过双创教育，实现个人价值和社会价值的"双创造"，并期待更多的院校教师，通过新道实践教学平台，获得实践教学手段和实践教学内容的"双创新"。

在大会的尾声，全体与会嘉宾共同回顾了教育新道历届校长论坛的精彩内容和花絮，并在现场发起了 2016 新道校长论坛正式邀请，"5 月到广州"。新道第六届校长论坛将汇集教育领域意见领袖，各抒己见，示范分享，实现校校交流、校企对接，积极推动产教融合。

链接：http://www.seentao.com/news/read/id/419

（2）新道强调实践育人，注重"金手指"人才培养，通过创办"新道学院"、沙盘大赛、开设管理软件应用工程专业进行"用友顾问"培训与认证。

"用友顾问"是指具有管理理论、信息技术、管理软件、企业业务等方面专业知识，能以用友管理软件为工具，为企业管理信息化提供实施服务、帮企业解决管理问题的专门人才，属于管理信息化领域关键人才，更是管理软件应用工程师的核心。

初级用友顾问培养将由新道公司与院校共同制作标准的课程设计、训练体系设计、师资培养设计，交由合作院校开展具体培养工作，快速满足产业链中对应于人才的规模需求。

在中级顾问培养中，新道学院作为新道公司重要组成部分，是中级用友顾问人才培养的实验、示范与实训基地。新道学院创新"管理软件应用工程"专业，从科学（理论知识）、艺术（职业素养）、手艺（软件应用）三个维度全方位系统培养。截至2013年初，新道学院开班29期，实现招生近1500人，已经为信息化行业输送了近1300名优秀学员，就业率高达98.09%，毕业不到一年成为项目经理的学员占5%，毕业学员中最高的年薪高达20万元。

高级用友顾问培养则由用友股份、用友新道、全国院校共同开设相应的高级顾问培训班进行联合人才培养。

用友顾问将作为管理软件实施顾问输送至管理软件服务方，用友伙伴及整个行业的伙伴将是此次万人用友顾问的主要服务对象。另外，作为管理软件应用人员输送到管理软件使用方，并逐渐成长为未来的CIO。

目前，产业与教育均进入到融合创新期，如何融合多方力量，共同为客户创造价值，推动社会发展已经成为未来教育产业发展的重点。未来三年，用友软件股份有限公司与用友新道科技有限公司作为各自行业的领军企业，将融合双方优势资源，在中国和亚洲地区三年内培养认证万名以上"用友顾问"，成立"用友顾问"品牌，为产业链伙伴输送高端管理软件人才，支撑产业高增长、新发展，实现与伙伴的共赢。

（3）通过线上学习与线下实训相结合的方式，提升在校大学生及在职人员综合职场竞争力。

专栏

具体实践案例

【我们一起教 V 综】

本课程采用系统化教学设计方法，面向全国虚拟商业社会环境 VBSE 综合实训开设院校，培养跨专业综合实践师资。通过剖析 V 综课程体系设计，介绍标准化教学方法流程，演示 V 综实践教学平台系统操作、分享全国 V 综授课经验等内容，结合各校学情形成个性化、可执行的 V 综教学方案，支持合作院校成功开课。

【课程概述】

群内集聚全国 V 综授课老师，欢迎各位老师加入分享教学经验，探讨教学方法，让我们一起教 V 综。

【课程介绍】

《新道虚拟商业社会环境 VBSE 跨专业综合实践教学平台》（以下简称"V 综"）通过对现代制造业与现代服务业进行全方位的模拟经营及管理，为学生创造多类社会组织从事不同职业岗位"工作"机会，训练在现代商业社会中从事经营管理所需的综合执行能力、综合决策能力和创新能力。

【研修特点】

A. 基于问题与任务导向的研修设计，在解决难题的同时达到个人能力和组织能力的提升；

B. 将学与做紧密结合，推进教学发展，提升教学水平；

C. 通过线上翻转教学、线下集中研修、伙伴学习、团队学习相结合的方式确保研修质量。

【研修对象】

A. 已签约 VBSE 综合版合作院校授课师资组 1~3 人（建议教研负责人同修）；

B. 本科、高职、中职院校经管专业：财务管理、会计、工商管理、市场营销、电子商务、物流等。

【研修目标】

A. 熟悉 V 综课程设计、实训企业业务流程、实训教学组织与实践教学平台操作；

B.掌握标准授课方案，形成符合本校学情的教学方案设计，独立承担 V 综授课，支持本校自主开课。

《我们一起教》V 综 4.0 更新内容：

在前三期课程的基础上，师资研修院联合 6 所合作院校优秀教师对课程进行升级和迭代：

A.提供课程授课方案全文档、提供授课所需资料链接；

B.增加多所院校课程建设经验分享，可供各院校参照借鉴；

C.增加授课内容分工表，便于各个院校进行教学任务分工安排；

D.增加各阶段课程反馈与学习评价；

E.增加教学游戏和教学组织说明，更便于院校教师灵活把控课堂。

本期课程我们特别邀请了河南财经政法大学、云南经济管理学院、广州城建学院、内蒙古工业大学、内蒙古财经大学、福建商专 6 所 V 综课程负责人和主讲老师，为大家分享 V 综课程建设经验，包括师资培训、授课环境、课程大纲、课程特色和创新点等，在此对所有参与本期课程开发的老师表示诚挚感谢！也希望能为参与该门课程学习的各位老师提供更多的参考与帮助。

【成绩要求】

A.完成所有课程学习并通过考核，成绩 60 分以上为"合格"。

B.对于已经在本校独立完整授课 2 次以上教师，可申请 VBSE 综合版认证讲师，具体申请方式请联系新道师资研修院 ligha@yonyou.com。

【预备知识】

该课程基于用友新道实践教学平台，即 VBSE（虚拟商业社会环境）平台，需要在课前全面了解该课程配套教学资源与标准教学方案。

如有沙盘类、会计实务、供应链、市场营销类课程授课经验的老师，将更有助于对该门课程的理解。

【授课大纲】

准备篇

该部分使用大量的、多媒体的、来源丰富的各个院校课程开展过程中的，系统、全方位地向大家展示授课过程。

模块一：全面了解课程，做好各项课前准备工作

要想成功开设一门课程，首先要了解这门课程的性质、结构等框架性信息，在本模块中将课程中的典型场景和环节加以呈现，并着重使用图像和视频的方式进行表征，更利于学员们理解。本模块还要探讨：课前准备工作包括哪些部分？为什么做这些准备工作？

模块二：激发学生兴趣，引导学生组建成团队

兴趣是最好的老师，在 V 综课程中，团队和组织的建设在很大程度上影响课程的效果。本模块将会探讨：如何根据班级规模设置团队？如何安排 CEO 的竞选和招聘？如何激发学生的兴趣？如何引导学生组成团队？如何引导学生进行团队建设？如何进行公司文化建设？

模块三：要求学生上岗，督促整理企业基本信息

学生接手公司，进入公司岗位，要完成角色和心理两个方面的转变。接手公司以后，要引导学生快速了解业务类型，形成对业务流程以及业务处理方式的认知。本模块将探讨：如何快速让学生进入角色？如何帮助 CEO 组织各个组员并进行恰当的任务分工？如何核查学生工作的正确性？

模块四：辅导各项工作，评估学生业务掌握情况

在 V 综课程中，固定数据阶段的经营既是学生掌握规则、熟悉业务流程的有效途径，也是为课程后面的自主经营奠定基础的必经阶段。在本模块中将会探讨：固定数据阶段哪些知识和内容需要厘清？哪些知识和内容需要详细核查？哪些教学环节和活动安排是针对什么问题进行的？如何有针对性地根据学生的反应机动安排教学内容？

模块五：角色变为裁判，让学生进行决策和经营

教师永远代替不了学生成长，让学生自主地进行探讨、决策、经营、竞争、博弈，不仅可以在很大程度上激发学生的学习动机，而且对于培养学生主动学习、团队精神、沟通交流、抗挫折能力都大有裨益。在本模块中，将会详细探讨：什么情况和前提下可以进入自主经营？自主经营之前需要做好哪些准备工作？自主经营过程怎么引导学生作决策？怎么引导学生将决策进行落地？

模块六：物化学习成果，评价学生表现升华课程

有意义的学习包括体验（E）、认知（A）、理论（T）三个层次的信息加工，在V综课程中，参与课程的学生不缺乏体验，但是如何把学生的学习体验上升到认知层面是授课教师面临的最大问题。在本模块中将会详细探讨：如何把体验上升到理论层面？如何在学生平时学习的过程中加以监控和督导？如何在课程结束后进行点评、终结性评价？

链接：http://www.icourse163.org/spoc/course/seentao-228006#/info

（4）新道自创的"管理软件工程专业"非学历教育培养近1100人，就业率达98.95%，学历教育专升本培养350余人，在职硕士培养400余人，为中国管理信息化领域输送了800余名专业人才。

具体实践案例

随着信息化时代的快速发展，以培养信息化领域的高端人才为目标的教育机构如雨后春笋般出现。其中，用友管理软件学院是亚太本土最大的管理软件服务商用友公司投资创办的直属教育机构，将发展目标定为：建设成为中国第一流的私立大学。之所以让这位非学历教育机构的"代表"如此气焰鼎盛、自信满满，是因为这位年轻的"后辈"与生俱来的品牌价值。首先，用友学院首创"管理软件应用工程专业"，课程体系及内容都是经过学院专家长时间反复修改补充而成，所有科目均是原创。试想，有着20多年行业经验的80万企业客户的资源优势，再加上行业专家花费大量时间反复修订，这样的专业教材的科学性和权威性已经不言自明。其次，学院并不是简单的辅助培养，弥补学员该领域的不足，而是以系统的教育为主，采取全日制的6个月时间的持续教育，理论与实践并重，不仅帮助学员获得必需的职业技能，还从口才表达、端正心态以及模拟职场角色等方面进行职业素养的修炼。再次，学员进入门槛较高。以信息化领域的高端人才作为培养目标必定对所招收的学员有严格的要求，需经过学院面试选拔，以确保最终毕业学员的质量。从学员构成情况来看，有工作经验的占83.5%；本科以上学历84.5%，其中研究生占7.7%；"211"以及"985"院校毕业生占24.3%，还有博士、注册会计师等，综合素质比较高。最后，用友学院注重教学体系的设置和教学质量的把关，并且加大学科的基础研究力度，确保所创学科专业的竞争优势。

总之，用友管理软件学院通过两年来的不懈努力，成为非学历教育中的品牌教育机构，同时也在进行着不断的自我完善，以确保品牌价值能够无限延续下去。在非学历教育机构中，用友管理软件学院正在打造自己特有的品牌竞争力。

对中国的整个非学历教育市场来说，精简培训机构，创立模范教育单位，真正能够为我国的教育事业发挥作用、贡献自己微薄的力量，是每一个用心做教育、做培训的机构所依据的最基本的标准。非学历教育同样是一条为社会培养优秀人才的途径。实例可以表明，很多接受非学历教育的人最终都成为企业单位所急需的人才。

链接：www.seentaoedu.com

（5）新道聚焦发展教育服务业，奉行"自主才能自强"理念，坚定不移地选择教育信息化领域，依托用友 UAP（世界领先公用云平台）持续构建自主知识产权实践教学平台与研发产品，拥有多项专利和著作权。新道实践教学平台所具备的真实管理软件、开放性教学平台、虚拟化教学环境、可视化教学过程、数字化教学资源，占据教学信息化行业领先水平。

用友集团 UAP 中心成立于 2013 年 1 月 1 日，隶属于用友集团，旨在为全球大中型企业和公共组织提供计算平台，并打造完整、统一的软件产业链生态系统，以先进的平台、技术和专业的服务成为客户信赖的长期合作伙伴，将长期致力于用信息技术推动商业进步。

具体实践案例

【最佳实践】

中国邮政

用友实现了中国邮政集团财务、人力数据管理流程的全国集中管理，全国 31 个省（区、市）以及 800 多个地市、3000 多个县的业务与数据全部集中于 UAP 平台上并成功应用。面对国内罕见的大数据量大并发应用，系统经受住了考验。在集团公司总部集中管理并且对下级单位业务数据集中监控的前

提下，系统提供了丰富的分析数据，为企业运营决策提供了有力的支撑。实现了全国所属近 4 万个网点的集团管理大集中，财务报表数量超过 8 万，全国范围出合并报表目前最快时间为 15 分钟，承载了 83 万人员信息数据，对于大数据的全国范围查询应用效率良好，系统承载高达 7 万的注册用户数，日常在线操作用户数量多达 7000 人。

加多宝运用 UAP 定制化模式和云计算管理平台模式，创造性地对每年费用以十亿计的市场营销活动进行全国统一在线多组织管理，做到放权有数，管控随心。

链接：http://baike.baidu.com/link?url=xILhTNt9LvxwnJfY3Ldzf0nGzHcX_XDZwtu aXSrqc8Q81iEMq7lrPDGYnqllBmvgyqUVJummP9hDIDBNzE90obBWTUpqiVh Cbq_Thop0FF7

(6) 用友的经营价值观为"一切基于创造客户价值"，凭借优秀客户资源与校企合作经验，通过"用友幸福企业俱乐部""新道幸福校长俱乐部""新道师资研修院""全面经营管理沙盘模拟大赛"等全国性论坛活动及科技竞赛，促进产教合作、校企交流。面向学生组织"用友杯""用友新道杯"全面经营管理沙盘模拟大赛（包括本科组、高职组、中职组），推进学生职业素质教育与专业技能应用的全面发展。面向老师成立"新道师资研修院"，两年来在全国各地开展"让老师走进企业"交流活动共计 130 次。通过企业考察、教学经验交流、教育信息化工具专业培训等方式，已初步构建起面向全国千余所院校，上万名院校、企业教师的交流平台。面向院校与企业，打造院校、企业、研究机构多方交流合作平台。

二、百度营销大学

（一）基本情况

百度营销大学，由百度——全球最大的中文搜索引擎、最大的中文网站于 2012 年创建。百度营销大学的建立，是百度进一步推动互联网行业发展、推动中国中小企业成长、推动中国社会经济发展和转型的责任体现。百度营销大学以"让营销人都懂互联网营销"为使命，致力于推动中国营销人员互联网营销水平的不断提高，让互联网营销的理念、方法成为广大营销人员的常识，从而带动中国企业应用现代营销手段的能力不断上升。

随着互联网、移动互联网的日益普及，庞大的互联网用户群体成为企业营销不可或缺的重要市场，是否能够利用好互联网营销方式，将越来越大地影响企业发展的空间。但是，互联网营销方式众多、更新快、实战性要求高，互联网营销人才的培养跟不上行业快速发展的步伐，成为企业拓展营销渠道、应用互联网技术、发展电子商务等的最大瓶颈。百度营销大学秉承百度服务中国企业 10 多年的互联网营销领先经验，汇集行业智慧，围绕互联网营销人才的发展，构建了线上线下培训、营销能力认证、个人求职与企业招聘、社区化交流、终身学习发展管理等一系列服务环节，让营销人员不仅能够学习到最新的互联网营销知识，还能够获得权威个人能力证书、工作所需的信息、得到同行高手的指点与帮助、参与各类交流活动等。正因为如此，百度营销大学将成为中国互联网营销人才发展的专业性平台。

（二）主要措施

（1）在线学习中心。百度营销大学 e-learning 在线学习中心集合在线课程、直播课堂、学习资料、知识问答、模拟测试等学习方式，给学员综合立体化的学习体验。课程内容将包括搜索营销 SEM、网站优化、网盟营销、百度商桥、微博营销等多种互联网营销方法。

具体实践案例

【产品简介】

百度商桥是百度推出的在线客服系统。客户沟通、访客管理、数据统计、客服管理、商机保护五大核心功能有机整合，商桥为您打造在线营销利器。

【产品功能】

A. 在线沟通。百度商桥为您创造与访客在线商谈的通道，顺畅交流，沟通无成本，促成交易，商机无遗漏。

B. 访客管理。通过百度商桥，针对每一位访客，您都可以知晓他的来意和动机,沟通时便可心中有数,有的放矢。更可快捷存储访客名片,客户管理得心应手。

C. 数据统计。百度商桥从推广到沟通,转化效果一目了然,投放策略持续优化。

D. 客服管理。百度商桥帮您灵活设置客服权限,契合业务需要,监督沟通情况,反映工作绩效,客服管理更加轻松。

E. 商机保护。百度商桥拥有四大安保措施,保护您的商机不泄露,存得长久。

【产品优势】

A. 技术领先。百度投入强大的产品、设计、技术团队,技术不断升级。

B. 安全可靠。强大技术团队支持,有效防范黑客攻击,为您沟通保驾护航。

C. 无限座席。座席,想要多少有多少,业务做大了不愁加席位。

D. 完全免费。完全免费在线客服工具,500兆免费空间,百度推广客户专享。

E. 迅速稳定。百度一脉相承的迅速、稳定,分布式多层架构,支撑亿万流量。

F. 数据精准。借助百度统计专家权威数据,数据时效性、准确性使用价值有口皆碑。

G. 美观专业。访客界面、客户界面均简洁清新。

H. 完美结合百度推广。百度推广效果数据独家披露,一目了然。

【功能详解】

A. 主动吸引访客,便捷高效沟通。让访客不再流失,将流量变为销量。

a. 有吸引力的邀请方式:多种邀请方式、几十套精美皮肤和专业的行业模板,帮您增加沟通机会。

b. 便捷高效的沟通体验:可设置自动回复、常用语和常用文件,提高沟通效率,改善访客体验。

B. 实时网站监控,掌握访客信息。帮您探得访问动机,沟通过程有的放矢。

a. 识别访客来源信息:来源词、来源网站、地域、正在浏览的页面,全面监控访客来源信息。

b.了解访客历史信息：是否为老访客，此前由谁接待，更能查看历史沟通记录。

c.科学全面的访客管理：建立全面访客数据库，免费拥有500MB存储空间，为业务增长保驾护航。

C.丰富数据维度，权威统计报告。流量和沟通两手抓，投放策略持续优化。

a.内嵌百度统计几十套统计报告，独有百度推广效果分析数据，专业权威可依赖。

b.流量统计、来源统计、地域统计，多维度全视角，透彻分析访问和沟通数据。

c.图形化报告，易读易懂，转化效果清晰可见。

D.灵活设置接待权限，实时监控沟通情况。客服管理更加轻松，工作绩效清清楚楚。

a.访客分配机制从工作量出发，公平科学，也可由业务特点出发，设置客服接待权限。

b.实时监控客服接待情况，随时查看沟通记录。

c.汇总查看客服人员接待量，沟通时长及质量。

E.独具四大神器，保障您的商机进得来，存得久，守得住。

a.911系统。百度独创业内最先进的分布式攻击检测和防御系统，攻击分钟内迅速识别，多手段有力阻挡。更享有300G出口带宽，服务快速稳定，商机绝不阻塞。

b.AntiSpam系统。通过自动监测和手动设置双管齐下，迅速识别广告特征关键词，有效过滤广告信息，让客服远离垃圾信息的骚扰，专心接待访客咨询。

c.云端永久存储。百度重金打造云端服务器，沟通记录、常用文件储存于此，安全防盗，永久有效。

d.三级纵深防御体系。百度商桥依托百度核心防御体系，包括漏洞扫描中心、入侵检测中心、数据库监控系统和主机安全系统，为商桥穿上坚固铠

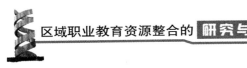

甲。让黑客束手无策，让商机固若金汤。

【如何使用】

A. 安装

• 下载安装软件

• 在网站安装代码

• 建立在线客服团队

B. 设置

• 设置咨询图标

• 设置邀请框

• 设置留言板

• 设置访客窗口

C. 开始使用……

链接：http://yingxiao.baidu.com/product/vadd/15.html

百度网盟是百度推广中的一个核心产品，也是在搜索推广这个产品身上的一种延伸，其超高的曝光量，对于品牌的宣传可以起到非常好的作用，同时要是能够控制好其中几种核心的定向模式，将会给你带来意想不到的推广效果。

下面先带大家认识下百度网盟推广的样式，通常我们在网上浏览一些页面的时候，会看到与这个网站无关的一些推广图片样式、文字样式，在这些图片和文字的右下侧会显示出百度的小熊爪样式来，它就是推广人员利用百度网盟后台投放出来的网盟推广。

当我们在浏览网页的时候，这些广告已经在无形中曝光和展现了出来。

刚接触过百度网盟的后台，都会感觉极其复杂，根本无从下手。笔者通过这几年来对百度网盟这个产品的深度钻研，总结出百度网盟这个产品的核心主要在于兴趣定向、关键词定向和到访定向这三种定向模式。当然，还有地域定向和网站定向两种定向模式，都是熟悉了这三种定向模式之后，后期根据自己的投放策略拓展出来的投放方法。本篇章我们主要是深度了解百度网盟这个产品核心的三种定向模式。

兴趣定向，一部分人也喜欢把这种定向模式称为搜客，也是百度网盟这个产品最早出来的时候，官方给出的叫法。后面我们在接触百度网盟时都称其为兴趣定向。

定向原理：兴趣定向只针对一些对事对物感兴趣的人群进行投放，例如，一个网民喜欢在网上看小说，那么这类人群就会被锁定到百度网盟后台中兴趣行为中的阅读一类人群，只要你勾选了有这类行为的人群，那么网民只要在网上浏览小说一类的网页，我们的广告就会针对这类人群进行展现。

特点：兴趣定向的针对性并不是很强，这种定向模式一般是一些企业或者公司想提高自己公司品牌的知名度，大量曝光。该类定向模式后期需要结合关键词定向和到访定向把一些主要的人群进行锁定，最终让这些网民在我们的网页产生转化。所以，兴趣定向前期可能就是一味烧钱，让我们的广告得到更多的曝光，但从兴趣定向来的转化几乎很少。此种定向模式一般慎用。

关键词定向，相比之下，只是在兴趣定向原来的基础设置上可以添加关键词功能，从而使我们的广告投放更有针对性。

定向原理：例如，一个网民在百度上搜索"割双眼皮哪家医院好"，而推广人员也在百度网盟后台的设置中添加了这类相关性的主题词，那么后期只要这个网民在网上浏览一些信息网站时，那么恭喜你，你已经被成功锁定，你在网上浏览到哪里，我们的广告就会跟着你到哪里。

从网民在百度上搜索的"割双眼皮哪家医院好"这个词，再到后期该网民只要在网上浏览了百度联盟网站时，这家整形医院以百度网盟系统中的图文广告对该网民实施精准展现，来进一步激发该网民的搜索需求，同时将这家医院的品牌给这个网民留下更深的印象。

特点：此种定向模式相比兴趣定向来说针对性要强很多，已经明确了这类目标人群的搜索需求，通过百度网盟后台设置好的广告样式对其精准展现，来达到激发该网民的搜索需求和整形欲望，这种定向模式在推广人员操作账户时也广泛使用。

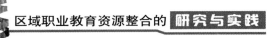

到访定向，也称为回访客，是百度网盟这三种定向模式中最核心的终极武器。

定向原理：利用此种定向模式，将曾经到达过我们网站的人群，最终没有产生转化而流失过的人群，从而将我们的广告对这类人群进行锁定投放。例如，一个网民从百度搜索推广点击进入我们的网站，或以其他方式进入我们网站的，浏览了网站首页的，或是浏览了网站其他一些文章页面的，该网民都会被我们在百度网盟后台设置页面跟踪代码进行锁定，后期百度网盟推广人员可以针对进入各个不同文章页面的人群进行锁定投放。

特点：针对到达过我们的网站，却没有产生转化而流失的人群进行锁定投放，从而持续展现出我们的广告，来激发客户的需求，完成最终的转化。百度官方也给出了到访定向这项技术最为深意的一句话概括：凡失去，必找回。

链接：http://www.williamlong.info/archives/4321.html

(2) 建立营销实验室。百度营销大学实训中心依托于百度互联网营销实验室建立。百度互联网营销实验室，是一套完全基于网络的互联网营销仿真训练系统，就像使用"飞行模拟器"培训飞行员一样，通过互联网营销的模拟营销训练，使学员快速掌握互联网营销基础操作，加速积累互联网营销实战经验。

具体实践案例

2014 年 6 月 16 日，"百度营销大学与郑州市金融学校共建互联网营销实验室新闻发布会"在郑州市金融学校报告厅隆重举行。这是在互联网时代下，企业与院校联手奏响"校企合作"的最强音。会议由郑州市金融学校教学副校长牛晓红主持。此次新闻发布会不但意味着百度营销大学互联网营销实验室将在院校教学中扮演着举足轻重的角色，更标志着百度营销大学将《国家中长期教育改革和发展规划纲要》中的"校企合作"口号真正付诸实践。

链接：http://edu.baidu.com/2014-06-27/1406946120.html

（3）"百度营销大学讲师授权与发展计划"旨在打造一支精通互联网营销的优秀讲师队伍，通过授权讲师的培训传播，让更多人不仅了解互联网营销，更能灵活应用互联网营销，从而为整个产业的发展培育更多的人才。

具体实践案例

2014 年 3 月 25 日，百度营销大学发起的互联网营销"精英培养计划"巡讲活动在济南和日照拉开序幕。本次活动由百度营销大学山东省授权培训中心（以下简称"山东培训中心"）承办，百度营销大学何董培、李艳秋进行了主题为《不可不知的搜索引擎营销》的演讲。为期三天的 6 场讲座中，共计 2000 多名来自山东的社会各界人士参加了本次巡讲活动。

面对企业搜索引擎人才严重缺失、高校无对口专业的严峻情况，百度营销大学提出了互联网营销"精英培养计划"，希望通过百度营销大学优秀的职业教育合作伙伴，将百度多年沉淀和提炼的互联网营销精华知识传授给社会上从事或即将从事互联网营销职业的人员，实现"让营销人都懂互联网营销"。

百度营销大学运营总监何董培老师应邀出席了"精英培养计划"济南站的巡讲。何老师在演讲中首先介绍了百度公司的快速发展历程，并用幽默风趣的语言向我们介绍了搜索引擎的工作原理，并在会上强调互联网营销岗位人才缺口巨大，未来三年，企业用人需求将以 30% 的幅度增加，紧缺状态难以缓解。百度营销大学"精英培养计划"的启动，将进一步加大企业网络营销实操型人才培养力度。

借助百度营销大学在互联网营销领域的领先技术和强大媒体平台资源，百度营销大学山东中心授权培训中心全面贯彻执行"精英培养计划"预定目标，不仅为百度体系及全国传统企业大量输送互联网营销人才，更会为中国传统企业转型升级打好坚实的人才基础。

链接：http://edu.baidu.com/2014-03-31/1405802752.html

（4）营销认证。"百度搜索引擎营销认证"旨在为整个行业梳理规范、储

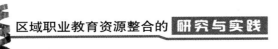

备潜在人才、构建积极健康的搜索营销生态圈，进一步促进搜索引擎营销的繁荣和可持续发展。具体包括个人认证和企业认证两部分，个人和企业的认证有不同的级别设置，以对其能力和资质进行权威认可。

具体实践案例

百度认证是由百度公司发起建立的一个传播搜索引擎营销知识及互联网商业推广产品动态的平台，该平台将提供包括 SEM 知识培训、认证、案例分享、行业交流等服务内容。平台欢迎国内外各界对于 SEM 感兴趣、有心得的朋友参与进来，你的想法和观点将有机会通过百度的平台传播给业界，欢迎大家加入，让搜索成就营销之美。目前主要有三大体系：个人认证、师资认证和企业认证。

【简介】

百度认证是百度公司推出的一套具有完整体系的培训计划和认证计划，由百度营销研究院设立并运营。依托百度作为全球最大中文搜索引擎的权威影响力和丰富资源，提供搜索营销理念、策略制定和效果优化等方面的知识分享。

主要面向广告主、代理公司的搜索营销专业人才，帮助他们迅速提高营销理念、投放策略、数据分析、账户执行与管理、效果优化等方面的知识和技能，深入了解成功的营销工具和行业经验，并及时分享先进的业界理念和方法。

旨在为整个行业梳理规范、储备潜在人才、构建积极健康的搜索营销生态圈，进一步促进搜索引擎营销的繁荣和可持续发展。具体包括个人认证和企业认证两部分，个人和企业的认证有不同的级别设置，以对其能力和资质进行权威认可。

【关于我们】

搜索引擎营销（SEM）是在搜索引擎诞生后，应市场的发展和需求而生的，搜索引擎的历史不长，因此 SEM 本身也非常年轻。我们觉得非常幸运的是，SEM 不仅是一种年轻而有活力的产品或业务模式，更是一种服务，是一种利用搜索引擎平台，通过对客户需求的理解及市场变化的把握，以达到市

168

场目标的专业服务。

搜索引擎营销（SEM）是由百度公司发起建立的一个传播搜索引擎营销知识及互联网商业推广产品动态的平台，该平台将提供包括 SEM 知识培训、认证、案例分享、行业交流等服务内容。平台欢迎国内外各界对于 SEM 感兴趣、有心得的朋友参与进来，你的想法和观点将有机会通过百度的平台传播给业界，欢迎大家加入，让搜索成就营销之美。

【五大措施】

（1）实战派＋学院派系统构建知识体系

学习犹如练功，投入名门正派等于依托强大的靠山。在基于搜索引擎的网络营销领域，百度的"老大"地位不可撼动，百度内部上至副总裁等高管，下至具有丰富经验的一线人员，都成长于实战，他们是百度认证培训体系中的核心。与此同时，来自北大、清华、中欧工商学院的国内传播、营销领域的权威专家，则从理论角度与实战派深度融合。

（2）个性化培养总有一款适合你

如今，不少以"经济利益"为首要考虑因素的培训机构，对学员的培养往往是"流水线"的批量生产方式。而且培训的教材、案例也经常是几十年如一日，毫无创新意识。

然而，在百度看来，无边界的互联网唤醒了中国网民的自主意识和个性色彩，与此对应，互联网营销人才的培养也不能"一刀切"，而是要因材施教。为此，百度特意设计了"从自主学习到被动学习，从在线学习到学习社区，从模块化到系统化学习"一系列的培训模块与体系，这种菜单式的培训机制，更能够满足学员的个性需求。

（3）多维度的科学评测确保"产品"质量

对于所培养的人才，如何评测其综合素质和能力？百度认证采取的是更加科学的"宽进严出"的考评机制，通过对各个环节的严格把关，可以最大限度地避免"浑水摸鱼"的情况。

以最后的考试为例，百度积极跟国际化的专业公司进行配合，搭建符合国际标准的考试平台，让专家可以在任何时间和任何场合登录这个系统，分享自己对考试题库建设的成果，从而开发出符合国际标准的考试题库，对学

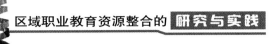

员进行科学的考评。

(4) 提升地位

(5) 认证人员可以加码公司"资质"

【个人认证】

百度认证分为"百度认证营销推广师""百度认证营销顾问""百度认证高级营销顾问""百度认证营销专家"四个等级,学员成功通过考核后,都可以拿到由百度公司总裁兼 CEO 李彦宏签署的认证证书,以证明个人职业竞争力。

A. 英才计划(Baidu Certified Marketing Operator,BCMO)

认证对象:邀请制,仅百度推广客户。

认证要求:申请认证者须参加百度的认证培训并掌握搜索引擎营销的基本概念和知识,熟练搜索推广的账户操作和管理,有一定的账户操作经验。如不符合此认证资格,可加入"百度推广企业英才计划"参加百度为新签约客户提供的认证培训。

认证方式:在线考试。考试时间为 90 分钟,70 分及以上为合格。题型为选择题和判断题。

B. 初级(Baidu Certified Marketing Consultant,BCMC)

认证对象:有志于从事搜索营销工作的人员。建议在相关岗位 6 个月及以上工作经验者或接受过系统培训的初学者申请参加。

认证要求:申请认证者须掌握互联网营销的基本概念,熟悉搜索推广平台的使用。可以执行基于搜索引擎的营销方案,以及熟练地为客户制作分析报告。

认证方式:申请认证者需在百度指定的实体考试中心通过考试。具体流程为:本站注册/登录→实名验证→考试报名→预约时间和考场→付费→如约抵达考场→获取考试代码→参加在线考试。

认证考试达到 70 分为合格,认证有效期 2 年。

C. 中级(Baidu Certified Senior Marketing Consultant,BCSMC)

认证对象:互联网营销策略制定与分析优化人员。建议在相关岗位 2 年及以上工作经验者申请参加。

认证要求：申请认证者须掌握科学合理的互联网营销目标与策略制定的方法、精确的数据监控与实用的数据分析方法；具备专业的互联网营销投放规划与执行能力、整合营销的思考与创新能力。

认证方式：申请认证者需首先取得"百度认证营销顾问"资质，并在其有效期内申请参加本级认证考试。申请认证者需通过百度定期举办的相应认证考试。认证有效期3年。

D. 高级（Baidu Certified Marketing Specialist，BCMS）

认证对象：互联网营销战略规划人员。建议在相关岗位5年及以上工作经验者申请参加。

认证要求：申请认证者须具备非常丰富的网络营销实战经验，具有战略层面的深刻感悟，对网络媒体的运营模式和发展趋势准确洞悉，对全媒体整体营销方式有独到见解。

认证方式：申请认证者需首先取得"百度认证高级营销顾问"资质，并在其有效期内申请参加本级认证考试。申请认证者需撰写答辩材料，并通过百度定期举办的认证答辩会。认证有效期3年。

【行业贡献】

百度把个人认证数量和企业星级认证结合在一起的考核方式，能够从源头上推动行业对百度认证的重视，提高互联网营销产业链和服务方的服务标准，同时也提升从业人员的经济和社会地位。

【相关背景】

据《中国互联网营销职业发展白皮书》，2012年互联网营销人才缺口全年预计高达55万～65万人，且紧缺状况缓解困难。对此，中国传媒大学广告学院院长黄升民认为："预计通过各方面的共同努力，在5～10年后，百度认证将基本满足企业对互联网营销人才的需求，促进产业经济繁荣。"

链接：http://baike.baidu.com/link?url=EhiuxN4xaWDT-mMuQ6yjKo9uRuFtdsNlnJZ26WiuHi49KX8VeOMSfmywkQkWU3yL4gVueYqIlWQOF88LHiFPp44vErQlWA6gZ1PPFSv_qCm61q29-CgZxVB2WJgY7Tb6

三、淘宝大学

（一）情况简述

淘宝大学是阿里巴巴集团旗下核心教育培训部门。淘宝大学以帮助网商成长为己任，历经 7 年的积累和沉淀，通过分析电商行业脉动，立足网商成长所需，整合阿里集团内外及行业内优势资源。2014 年，淘宝大学已成为一个线上线下、多元化、全方位的电商学习平台。

（二）主要措施

（1）在线课程。淘宝大学官网是阿里巴巴集团对外唯一的电子商务在线培训服务平台，也是淘宝大学为网商打造的 24 小时电商加油站，无论是淘宝掌柜、电商从业者还是电商企业主，都可以通过在线学习平台学到一线实战卖家分享的各类干货内容。

（2）淘宝大学线下培训注重深度挖掘各阶段网商的瓶颈问题，在发展中逐渐形成了针对未来网商（学生、电商求职者）的"电商创业系列课程"；针对在职网商（淘宝、天猫平台的网商为主）的"电商精英""电商经理人"课程和针对网商企业主（TOP 网商、传统转型电商企业）的"网商 MBA"三位一体的课程体系。

具体实践案例
【淘宝大学的课程体系】

网商 MBA——网店经理人——电商精英（客服、美工、品牌推广）——电商精英初级班（网店运营、创业课）

一、什么是电子商务

答：广义：使用各种电子工具从事商务或活动；狭义：主要利用互联网从事商务或活动。

二、电子商务的特点和运用

答：寻找、发现产品 / 服务信息—各种信息比较—洽谈—订购—付款—

物流配送—商品验收—服务和支持消费者；价格、外观、质量、好评、销量、信用；右边8个、下方5个位置是广告位，另有47个自然搜索位；向顾客推荐自己商品的好处不要超过3点；询单转化率：有来询问然后成交的比率；"非常感谢您选择我们的产品，请问您还有什么需要，如果可以，请您付款，我们会尽快为您发货"。

三、电子商务的特点

答：降低成本、提高效率、无时间和地域的限制、公平享用信息资源、减少交易的中间环节、增强买卖双方之间的互动性、快捷的信息传递速度。

四、电子商务的形式

答：B2B（商家对商家）即企业与企业之间通过互联网进行产品、服务及信息的交换。B2C（商家对个人）即企业通过互联网为消费者提供一个新型的购物环境——网上商店。C2C（个人对个人）即用户对用户的模式，C2C商务平台就是通过为买卖双方提供一个在线交易平台，使得买方可以主动提供商品上网拍卖，而买方可以自行选择商品进行选择竞价。O2O电子商务即Online线上网店，Offline线下消费，商家通过免费开网店将商家信息、商品信息等展现给消费者，消费者通过线上筛选服务，线下比较、体验后有选择地消费，在线下进行支付。这样既能极大地满足消费者个性化的需求，也节省了消费者因在线支付而产生额外费用。商家通过网店信息传播得更快、更远、更广，可以瞬间聚集强大的消费能力。该模式的主要特点是商家和消费者都通过O2O电子商务满足了双方的需要。O2O服务业领域覆盖面广、企业数量庞大、地域性强，很难在电视、互联网门户（新浪、搜狐）做广告，而O2O电子商务模式完全可以满足这个市场需要。C2B指的是预定的模式，企业有多少需求，我帮你打捞（手工艺品、水果采摘、淘宝现在开发的模式，还没有被大众应用），是电子商务模式的一种，即消费者对企业。真正的C2B应该先有消费者需求产生而后有企业生产，即先有消费者提出需求，后有生产企业按需求组织生产。通常情况为消费者根据自身需求定制产品和价格，或主动参与产品设计、生产和定价，产品、价格等彰显消费者的个性化需求，生产企业进行定制化生产。

五、市场调研

答：确定目标客户群：人群—年龄—消费能力—需求—解决方案；网店定位的原则（选择做什么产品的网店）：挖掘自己的兴趣、专长—以商品为导向—以消费者为导向进行调整。

链接:http://wenku.baidu.com/link?url=dtiQFsixqi5wHYGyOq_YxOnE-IMsEU6mivoYZVexv9ZSZjUur-2Z2RFgJ538KZhpz34vuRZI0Nf2b4WBdFlvz-jG1D0CyJ2bFYa0Rj6PSEi

(3) 淘宝大学手机 App。淘宝卖家随身的成长工具，也是专为移动端卖家群体打造的在线教学视频产品，随时随地可以看到精品优质的课程。①淘宝大学互动直播培训：为卖家提供与老师在线沟通、学习、成长的路径，在听课中的问题能在课堂上得到直接、快速的解答。②电商创业系列课程：基于淘宝、天猫平台店铺实际运作状况，帮助 0 起步卖家轻松完成电商入门，从 0 晋升到 1 的培训课程，课程内容包括开店、装修、引流、服务等。旨在帮助入门级卖家在最短时间内掌握店铺运作技巧。③电商精英培训课程：构建网商人才体系的一门标准化的岗位驱动课程。为企业新入职的客服、美工、推广员工带来高标准的实战干货，切实帮助新员工提升岗位适应力，寓教于练，让学员在训练中提升技能。④电商经理人培训课程：淘宝大学培育网店经营者最重要的项目之一，课程帮助电商经营者避开盲目的店铺操盘行为，改变目前大多数产品驱动型店铺的现状，回归商业零售的本质，达成整店的经营突破。⑤网商 MBA：针对高端网商的研修班，学员汇聚淘宝网年交易上千万、淘品牌或是类目排名前列的网商企业或品牌商家的负责人，课程整合阿里巴巴集团及淘宝网高层、专家、成功网商、知名培训师，从消费洞察、策略与规划、团队塑造、管理与执行、影响力传播五大模块入手，通过现场授课、圆桌会议、课题答辩、校友会、系列方向班等方式，全力打造最具领导力的网商。

【从产品消费到内容消费】

以产品的发展形态来看，2014 年的手机淘宝是一个购物 App，大家的关注点在于如何把 PC 端的产品元素移植到移动端来，并且有良好的购物体验；2015 年则是从一个工具到平台的转化，越来越多的技术被运用到移动端来满足消费者多元化的购物需求；"2017 年的手机淘宝是建立生态的一年，我们正在走向社区化和内容化，并且向生活消费去延伸"。

这并不难理解，打开手机淘宝可以很容易地发现这里几乎快变成一个媒体矩阵。资讯类的淘宝头条、品质生活向的有好货、偏女性用户的爱逛街、注重场景化导购的必买清单等各个内容产品占据了首屏最显眼的位置，据说就连"猜你喜欢"板块，也将不仅仅猜你喜欢什么样的产品，还会猜你喜欢什么样的内容。

用户进入手机淘宝浏览时，他们已经从消费产品逐渐过渡到消费内容，消费升级让他们更在意这个过程中的体验，购买路径从简单的搜索变成在内容中发现需求。

2015 年 9 月，淘宝达人在北京提出"三年 20 亿"佣金的时候，还担心过生产内容的动力不足，只是现在 20 亿已经是一个保守的数字。淘宝推出的阿里 V 计划更是要帮助商家快速找到匹配的达人，由达人在各个内容透出频道中推荐产品，从而在达人的粉丝群体中扩大品牌以及产品的影响力，并转化成购买力。

【垂直，横向，都是内容市场】

淘宝行业负责人钧源表示，2016 年，淘宝无论是在垂直市场还是横向市场中，都将加入大量内容导购。垂直市场包括像家居类的极有家、母婴类的亲宝贝、运动类的酷动城等，横向市场则包括中国质造、全球购等。而在这些粗分的市场下，还会有进一步针对特定人群的细分市场。

"物以类聚，人以群分，购物路径已经发生变化，消费者从货架上找商品变成基于人群标签来划分偏好，社群和 KOL 成为流量的新入口。"钧源告诉在场的所有达人。

淘宝达人、运营专家霞琳用数据佐证了达人的力量：截至 2016 年 5 月，日均进站 UV 峰值超过 1800 万，比 2015 年 7 月翻了 3 倍多；达人规模突破 50 万，比 2015 年 7 月翻了近 4 倍。TOP1000 的达人年度累计粉丝数量超过 1 亿。

美妆达人张沫凡的粉丝接近 100 万，她在淘宝做一场直播，围观人数能达到 14 万。美妆老师 Mr.乔希单次直播促成 100 单以上，平均每分钟一单。

【内容导购已自成生态】

2016 年最火的玩法无疑是直播，相比传统的图文模式，直播可以让用户更直观、全面地了解产品。目前平台上的主播主要有 KOL 达人、媒体机构、卖家品牌商和明星等，每日 UV 达到 300 万，观看用户以女性为主。

淘宝直播的负责人简柔认为，直播就像一个小小电视台，主播用心与否直接关系到收视率，"接下来我们会整合平台的资源，采用 PGC 的方式，升级直播玩法，提升直播质量，助理品牌升级和销售落地。"

同时，简柔也指出，商家在进行直播时如果做更多的运营准备会事半功倍。比如，吴尊上直播卖奶粉，出镜时间并不长，但是 1 小时卖 120 万元，是平日的 30 倍，转化达到 36%。品牌在直播过程中穿插了秒杀、专享价等各种促使下单的环节。

而针对"商家有好的产品但是缺乏内容营销的能力，达人有渠道、有粉丝以及内容创作的能力但是手上没有产品"的问题，由此而生的"阿里 V 任务"正好成为商家和达人之间的桥梁，让商家在阿里 V 任务平台上快速地找到优秀达人，进行直播推广、图文推广、产品评测等合作。

仅上线一个月的阿里 V 任务就已经成功牵线不少商家和达人，"西门子开关插座 1 号店"与达人"最宜家"合作，单篇导购文章阅读数突破 22 万，引导成交金额超过 7 万元；时尚杂志《悦己 SELF》开通淘宝达人官方账号，两周内就接了 800 多任务订单，收益金额突破 180 万元。

如果说原本消费者与用户之间隔着一个搜索框，那么现在看起来，用户与消费之间需要一个决策中立、有温度的意见领袖，这就是淘宝达人的定位。

淘宝达人学院到底是什么？

淘宝达人学院是由淘宝达人团队联合淘宝大学、天下网商官方组建的基于达人领域的综合学习型组织。针对平台运营规则、内容生产、粉丝运营等主题，帮助淘系达人提升和成长；让达人把握内容时代的商业趋势及机遇，最终具备商业化的能力；同时帮助达人与商家联动，促进健康可持续发展。

使命：让天下没有难做的达人。

愿景：成为淘宝达人的黄埔军校。

价值观：分享、开放、互助。

淘宝达人学院的培训对象：淘宝达人学院目前主要的培训对象是"淘宝达人"。

淘宝达人：是指有专业能力、有态度的各领域KOL、媒体、机构、自媒体、网红、编辑、买手、模特等第三方伙伴，能为淘宝消费者提供个性化和多样化的导购内容及服务，同时也能以此获得粉丝和商业价值。

淘宝达人学院的共建嘉宾，可能是业内顶级的共建嘉宾阵容。

平台小二：平台类小二，各行业小二，各产品小二；

阿里系高管：淘系高管，阿里系投资企业高管（微博、优酷等）；

业内知名大咖：自媒体人，社群领袖，营销专家；

网红达人：知名网红，内容生产类达人，红人店主，时尚博主，网红孵化器负责人。

淘宝达人学院入门基础课程：

内容进阶、粉丝运营、商业模式等课程。

了解更多"淘宝达人学院"(Q&A)

Q：淘宝达人学院收费吗？

A：所有的基础课程全部免费！部分线下课程会根据成本来AA费用，因为淘宝达人学院不是以盈利为目的。

Q：这是淘宝官方唯一一个达人学院，对吗？

A：完全正确！接下来，会不断和淘宝各个手淘产品及各行业类目深度合作。

Q：好丰富的课程，我去哪儿可以学习呢？

A：如果你想了解基础课程，那么直接登录we.taobao.com的后台学习就可以了（we.taobao.com页面左下角可以看到达人学院的位置，点进去就可以直接观看视频课程）！

Q：怎样了解更多淘宝达人学院的信息？

A：可以打开淘宝大学微信公众号首页，找到"视•界"子菜单栏里的"淘宝达人学院"，我们所有的信息都会同步更新在这里。

链接：http://www.weixinla.com/document/18765231.html

第三节 各类企业大学运行特点的总结分析

通过对用友新道、百度营销大学和淘宝大学 3 所典型的企业大学的运行模式的分析，可以很清楚地发现现在的企业大学都具有较为明显的特点，这些特点既有大家所具有的共性特点，也有个别企业大学所具有的独特性。对此，主要将其归纳为以下几个方面。

一、人才培养目标明确、专业化

用友集团是亚太本土最大的管理软件提供商、中国领先的企业云服务提供商，用友新道结合其母公司用友的优势及特点，强调自身办学的人才培养目标就是提供管理与信息化人才。百度营销大学则根据自身较强的网络营销能力，让营销人员都懂互联网营销的使命，致力于推动中国营销人员互联网营销水平的不断提高，让互联网营销的理念、方法成为广大营销人员的常识，强调培养具有较强互联网营销能力的网络营销人才。淘宝大学是中国最大网络电商淘宝的企业大学，网络销售正在逐步成为卖家以后必备的一项生存技能。淘宝大学的主要目标群体则是淘宝商户，助力帮助淘宝商家的全方面成长。

可以看出，企业大学的人才培养目标定位非常清晰、确定，不是笼统而论，而是确定了具体的专业领域和专业能力。企业大学人才培养目标的明确化、专业化具有以下几个方面的优势：一是企业人才的确定与企业大学所依托的企业公司紧密相关，企业大学的人才培养目标与企业公司的长项主要业务领域相挂钩。这样，在人才培养的过程中也更具针对性和特殊性，能够以此为背景为之提供有效且充分的教育资源和支持环境，为最终人才培养的质量提供了保证。二是与传统正式学历教育定位不同，传统教育注重人的全面发展，而企业大学的教育则强调专才的培养，其教育更加聚焦，有的放矢。三是企业大学人才培养后的就业方向也具有较大优势，企业大学依托于企业的庞大资源能够为人才培养后创造更多、更优质的就业机会，高水平的专业型人才也是就业市场所迫切需要的。

二、教学方式多样化、信息化

在信息网络技术迅速发展的今天，信息化社会中的互联网极大地拓宽了教育的领域和范围，让更多人有更多的机会来选择学习自己所需要的东西。使用通信技术、微电脑技术、计算机技术、人工智能、网络技术和多媒体技术等所构成的电子环境中进行的学习，是基于技术的学习。通过深入企业内部的互联网络为企业员工提供个性化、没有时间与地域限制的持续教育培训方式，其教学内容是已经系统规划的、关系到企业未来的、关系到员工当前工作业绩及未来职业发展目标的革新性教程。随着知识经济的到来，我们的学习模式受到了前所未有的冲击，各种新的学习模式如潮水般涌现，在所有学习模式中，在线学习是通过在网上建立教育平台，学员应用网络进行在线学习的一种全新方式。这种在线学习方式是由多媒体网络学习资源、网上学习社区及网络技术平台构成的全新的学习环境。相对于其他学习模式来说，它具有无可比拟的优势。一是在线学习更容易实现一对一的学与教之间的交流，让企业大学的服务对象能够有机会接受具有针对性的特殊专门指导，弥补其缺陷和不足。二是在线学习能够充分尊重学生的个性、激发学生的动机，打破传统教育中灌输的低效学习模式。三是在线学习能够不受时间、地点、空间的限制，并且可以实现和现实当中一样的互动，而这一点为企业大学的课程教学提供了最为关键的一步。许多在职员工由于工作的实际需要，无法抽出专门的时间来到专门特定的地点学习培训，因而在线学习的高效便捷有力能够解决这一难题。

无论是用友新道还是百度营销大学、淘宝大学，都十分关注线上课程等信息化的教育方式，它能够有效解决实际问题，也能够提供个性化的培养方案并切实提高培养质量，同时能够达到学员用户无论在任何时候、任何地点只要想学就能学的效果。

三、课程设计与实践紧密结合

在课程内容方面，不少企业大学已经摆脱了以往的以课程知识为中心的办学模式，而且打破以往以学科理论知识的核心地位，强调通过活动实践项目的方式来达到人才培养的目标。比如以百度营销大学为例，百度营销大学在针对营销能力这一领域的教学中强调实践的支撑。百度营销大学实训中心依托于百度互联网营销实验室建立。百度互联网营销实验室是一套完全基于网络的互联网营销仿真训练系统，就像使用"飞行模拟器"培训飞行员一样，通过互联网营销的模拟营销训练，学员快速掌握互联网营销基础操作，加速积累互联网营销实战经验。

将课堂从理论知识的传授转向以实践、实战为基础的课程教学是现代企业大学办学的重要特点，专业型人才的培养除了理论知识的传授外，更强调个人专业能力水平的综合性提高。

四、办学富有创新性，综合利用各种资源

无论是用友新道还是百度营销大学、淘宝大学，这些现代企业大学的办学根本都是企业自身的优质资源，在办学上积极创新，通过各种各样的制度创新、办学创新来整合各类优质资源，为企业大学的人才招聘、人才培养、人才就业创造了得天独厚的条件。例如，用友新道"人找人"的平台功能，通过将学院学员的信息资料组成目录与公司的合作伙伴分享，合作项目的公司通过选择能够精确地确定自己想要招聘的对象，充分发挥了学校办学的创新性。而百度营销大学则完全自主设立了以营销为主题的内部资格认证制度，学员必须通过百度组织的正规考试才能拿到相关领域内不同等级资格认证证书，这不仅规范了营销领域内能力水平层级化，更加方便确定其能力水平，同时也进一步明确了百度在此领域的领先地位。

第五章 京津冀协同发展背景下区域职业教育资源整合与优化的实践探索

2014 年 2 月 26 日，习近平总书记在听取京津冀协同发展工作汇报时强调，实现京津冀协同发展是一个重大国家战略，要坚持优势互补、互利共赢、扎实推进，加快走出一条科学持续的协同发展路子。2014 年 6 月，教育部等六部门制定的《现代职业教育体系建设规划（2014—2020 年）》提出，"深化区域内职业教育合作，率先在京津冀等地推动职业教育院校合作"。实施京津冀等地推动职业教育合作，不仅可以有效地提升区域职业教育整体实力，也可以强力推动京津冀协同发展战略的实施。因此，在京津冀协同发展背景下，职业教育应该找准京津冀三地合作的契合点，建立开放多元的信息化科技平台，深化产教融合的"双赢"模式，为京津冀协同发展提供更多的人力资源保障，同时实现自身的发展。

第一节 京津冀职业教育合作的可能性和必要性分析

有学者指出，京津冀职业教育合作是指不同行政区域依托地缘相近、人缘相通、物缘相同等优势，在政府调控以及市场调节下，职业教育机构、行业企业及各类社会组织所拥有的职业教育资源通过跨行政区域流动，实现合理配置与公平共享，进而缩小京津冀三地之间的现实差异，有效避免职业教育机构之间的恶性竞争和同质化，促进区域职业教育协调、均衡发

展，全面提高劳动者整体素质，推进经济发展由"人口红利"逐步转向"人才红利"①。

欧盟为了提升职业教育与培训的地位，跨越国家、宪政和经济边界，以资源方式进行职业教育合作，在充分尊重各国职业教育传统和办学风格的同时，采用统一标准，使各国对职业教育与培训文凭、证书具有认可的标准。欧盟职业教育一体化的成功经验可以为我国京津冀职业教育资源整合提供一定的借鉴。

京津冀职业教育协同发展需要一系列现实基础作为支撑，其中，政治基础决定了职业教育合作的取向，各级政府间的协同治理能力也构成了职业教育协同发展最重要的制度保障。京津冀一体化是国家战略发展的重要组成部分，更是近年来国家政策重点关注的领域。目前，通过一系列政策的出台和平台的搭建，京津冀职业教育协同发展的顶层设计架构正处于不断发展完善之中。

2015 年 8 月 28 日，北京市教委出台《北京市贯彻落实〈国务院关于加快发展现代职业教育的决定〉实施意见》（以下简称《意见》），要求调整北京职业教育规模，尤其是中等职业教育部分。这意味着在北京教育资源疏解路线中，职业教育成为最先明文确定疏解指令的一个领域。从目前来看，职业教育领域已经开始先行疏解，大幅压缩中等职业教育规模是此次首都职业教育调整的重心。《意见》规定，到 2020 年，中等职业学校调整到 60 所左右，高等职业学校数量相对稳定，将建成 10 所左右达到国际先进水平的职业院校和一批骨干专业。《意见》重点提到了三种疏解方式：一是引导北京东、西城区中等职业学校向郊区县疏解，支持有条件的职业院校通过搬迁、办分校、联合办学等方式向外疏解。二是探索建立京津冀职业教育集团，适应产业链分工合作的需要，支持职业院校跨区域合作培养人才、合作开发课程、共享数字化教学资源、共享实习实训基地、共享教学科研成果。三是加强与河北张家口市职业院校的对接协作，为 2022 年冬奥会培养培训更多技术技能人才。

与北京市的职业教育调整方案相对，天津市和河北省也在政策层面出台

① 王伟哲，闫志利. 京津冀职业教育合作的理论基础与推进措施 [J]. 改革与开放, 2015(7).

了一系列承接首都职业教育资源、发展自身职业教育的举措。天津市教育局发布《天津市教育 2015 年工作要点》，提出深化职业教育改革创新，进一步提升职业院校服务能力，积极开发职业技能"培训包"，完善社会培训机制，扩大社会培训规模。对接主导产业群发展，加强职业教育优势专业群建设。在对接首都优质教育资源转移方面，建立京津冀教育协同发展联席会议制度，完善京津冀教育发展规划协商机制。实施承接首都功能疏解教育配套工程，完善海河教育园区、健康产业园区功能布局，对接首都优质教育资源增量向天津转移。优化天津 12 个首都功能承接平台教育资源配置，促进京津双城基本公共教育服务均等化。与此同时，河北省出台《河北省人民政府关于加快发展现代职业教育的实施意见》，要求加强职业教育国际及省际交流与合作，积极推动京津冀职业教育交流与合作，支持该省优质职业院校与京津优质职业院校共建共享实习实训平台、数字化教学资源等，开展多种形式的合作办学。鼓励该省优质中等职业学校与京津高等职业院校探索开展中高职衔接试点，探索开展该省与京津职业院校校长和管理干部交流挂职以及专业教师交流访学工作。鼓励京津冀行业、企业、科研机构与职业院校组建跨区域的职业教育集团、专业教学联盟等。

目前，京津冀三地职业教育发展不平衡，京津职业教育资源丰富，而河北省职业教育资源相对匮乏，明显处于弱势（见表 5–12 ~ 表 5–14）。

表 5–1　2010—2015 年京津冀高职院校数量对比（所）

年份	2010	2011	2012	2013	2014	2015
全国	1246	1280	1297	1321	1327	1341
京	25	25	26	26	25	25
津	26	26	26	26	26	26
冀	58	58	58	61	60	60

数据来源：《中国教育统计年鉴》

表 5-2 2010—2015 年京津冀高职院校毕业生数量（万人）

年份	2010	2011	2012	2013	2014	2015
全国	116.9	328.53	320.89	318.75	317.99	358.59
京	5.44	4.24	4.14	3.68	3.41	11.76
津	1.74	5.16	5.08	5.38	5.03	7.55
冀	4.19	19.86	18.22	18.8	19.14	15.85

数据来源：《中国教育统计年鉴》

表 5-3 2010—2015 年京津冀高职院校在校生数量（人）

年份	2010	2011	2012	2013	2014	2015
全国	9661797	9588501	9642267	9736373	10066346	10486120
京	119133	112395	108313	107128	105322	97883
津	155608	156167	162515	166749	176562	178748
冀	552916	557265	546167	528989	498505	496610

数据来源：《中国教育统计年鉴》

表 5-4 2010—2015 年京津冀高职院校生均公共财政预算教育经费支出（元）

（地方普通高职高专学校）

年份	2010	2011	2012	2013	2014	2015
全国	5410	6280	8010	10107	9976	10155
京	25937	27874	37372	44947	40425	46163
津	7503	8245	9193	10689	13892	16031
冀	3575	3977	5953	8306	7511	7495

数据来源：《中国教育统计年鉴》

表 5-5　2010—2015 年京津冀中职院校数量对比（所）

年份	2010	2011	2012	2013	2014	2015
全国	10864	10169	9762	9380	9060	8657
京	107	102	96	97	94	93
津	97	89	88	83	80	79
冀	753	696	663	636	631	628

数据来源:《中国教育统计年鉴》

表 5-6　2010—2015 年京津冀中职院校毕业生数量（万人）

年份	2010	2011	2012	2013	2014	2015
全国	543.65	541.13	554.38	557.56	516.15	473.27
京	5.13	5.11	5.89	7.56	6.69	4.14
津	5.14	4.03	3.71	3.93	3.32	3.06
冀	34.82	35.58	38.86	33.71	29.77	25.41

数据来源:《中国教育统计年鉴》

表 5-7　2010—2015 年京津冀中职院校专任教师数量（万人）

年份	2010	2011	2012	2013	2014	2015
全国	68.1	68.94	68.41	66.88	66.38	65.24
京	0.84	0.78	0.73	0.72	0.72	0.7
津	0.79	0.74	0.74	0.69	0.67	0.65
冀	4.9	4.83	4.57	4.42	4.42	4.39

数据来源:《中国教育统计年鉴》

表 5-8　2010—2015 年京津冀中职院校获取资格证书学生数（万人）

年份	2010	2011	2012	2013	2014	2015
全国	342.03	338.43	348.39	433.69	403.29	381.33
京	2.74	2.84	3.36	6.06	3.73	2.83
津	2.39	1.86	1.83	3.19	2.89	2.46
冀	18.06	18.07	17.64	23.35	20.93	19.31

数据来源:《中国教育统计年鉴》

表 5-9　2010—2015 年京津冀中职院校生均预算教育事业费（元）

年份	2010	2011	2012	2013	2014	2015
全国	3265.40	3922.38	5225.96	6993.86	8378.43	8837.56
京	14592.36	14617.51	15196.66	19961.33	27507.02	38246.02
津	9376.74	12267.76	12320.02	22241.44	19474.85	20562.83
冀	2707.08	3327.97	4558.54	6608.17	7693.44	7874.07

数据来源:《中国教育统计年鉴》

表 5-10　2010—2015 年京津冀培训机构数量（所）

年份	2010	2011	2012	2013	2014	2015
全国	129447	129530	123766	112293	105055	98958
京	3561	3494	3711	3595	3634	3659
津	3057	3218	2970	2708	2742	2481
冀	9417	5036	5089	5617	5051	4548

数据来源:《中国教育统计年鉴》

表 5-11 2010—2015 年京津冀培训结业生数量（万人）

年份	2010	2011	2012	2013	2014	2015
全国	5252.29	5146.59	4823.36	4715.6	4479.53	4379.5
京	287.18	268.66	264	320.18	282.92	283.7
津	112.56	108.09	115.25	112.19	125.14	107.06
冀	247.48	218.88	182.17	161.99	153.38	142.31

数据来源:《中国教育统计年鉴》

表 5-12 2010—2015 年京津冀专任教师数量（万人）

年份	2010	2011	2012	2013	2014	2015
全国	24.22	29.83	28.22	27.43	27.65	28.42
京	1.47	2.11	1.93	1.9	1.95	2.46
津	0.63	0.7	0.86	0.76	0.99	0.61
冀	1.23	1.29	1.09	1.04	1.57	1.09

数据来源:《中国教育统计年鉴》

表 5-13 2010—2015 年京津冀参加职业技能鉴定人数（万人）

年份	2010	2011	2012	2013	2014	2015
全国	1657.54	1745.93	1830.55	1838.57	1854	1894.12
京	25.13	21.63	21.67	24.46	17.97	11.33
津	38.05	25.89	18.67	25.28	23.35	26.74
冀	36.62	39.33	44	49.33	45.07	43.08

数据来源:《中国劳动统计年鉴》

表5-14 2010—2015年京津冀获取资格证书人数（万人）

年份	2010	2011	2012	2013	2014	2015
全国	1392.94	1482.05	1548.78	1536.67	1554.28	1539.23
京	19.46	18.9	18.86	18.14	15.65	10.26
津	35.61	24.34	17.71	24.32	22.19	24.5
冀	32.7	35.49	39.22	44.12	41	38.56

数据来源：《中国劳动统计年鉴》

由上面十几个表格可以看出，京津冀三地之间职业教育资源的差异是一种客观存在，可以说，京津冀职业教育发展状况呈现出明显的梯次性，为三地实施合作提供了基础。京津冀地区教育资源丰富，但分布极不均衡，北京的优质高等教育资源和高端人才密集丰富，拥有近1/4的全国重点高校和超过40%的两院院士，天津的职业教育优势明显，而河北的教育发展水平整体落后于京津，高等教育大而不强、基础教育软硬件发展不足、环京津贫困带教育事业发展尤为落后。可以说，教育资源丰富是京津冀地区突出的比较优势之一，但教育资源分布的不均衡又是京津冀协同发展亟须解决的现实和关键问题。

京津两地职业教育资源丰富，但生源较少，致使现有职业教育资源未能充分利用，部分资源处于闲置与浪费状态。而河北是人口大省，职业教育生源充足。从整体上看，京津拥有职业教育的资源优势，而河北省在人口从农村向城镇集中的过程中具有职业培训的需求。因此，打破三地资源流通的壁垒，推进京津冀职业教育合作，一方面可以有效提高北京、天津地区人才、资源、技术的利用率，从而实现三方总体利益的最大化；另一方面可以促进教育资源从北京、天津向河北地区的转移和流动，进一步整合资源，从而缩小三地职业教育发展的差距，实现协调发展。

此外，随着非首都功能的疏解，北京原有的劳动密集型产业、服务产业向周边地区转移和产业结构的不断优化，以及天津滨海新区、首钢曹妃甸园区、新机场临空经济合作区、中关村科技园、张承生态经济区的建立和发展，势必会增加这些地区专业技术型、技术技能型等应用型人才的需求。京津冀职业教育资源整合和共享，恰好可以有效应对这种人才需求，提升京津冀职业教育的整体竞争实力，促进京津冀经济社会的协同发展。

第二节　京津冀三地职业教育存在的突出问题

一、各地专业设置重复率高，"同质性"现象突出

受市场因素的影响，职业教育专业设置的短期行为明显。部分学校特别是一些民办院校在专业设置时，缺乏对人才需求的整体分析和中长期分析，导致一些办学投入少的热门专业，尤其是对实训设备要求和资源条件门槛较低的专业，增长快速，甚至出现"一哄而上"的严重过剩局面，如财经专业和计算机专业。职业教育专业设置存在严重的"同构型"，不同院校间的同类专业在专业定位和课程体系上趋同，千篇一律，高技能人才的培养缺乏自身特色和针对性。这些都在一定程度上造成了教育资源的严重浪费，加大了人才培养的成本，也大大加重了毕业生就业压力。

二、专业设置与区域经济发展要求不相适应

经过比较三大产业对国民经济的贡献和本地高职专业设置的结构、对三地的实证研究发现：①整体而言，相比于第三产业，涉及第一、二产业的职业教育专业开设比例较低，与本省（市）区域经济社会的发展要求不一致。②在区域层面处于重点优先发展的现代农业、先进制造业、现代服务业、战略性新兴产业方面，职业教育人才对接不足。③在一些院校有能力开设且社会有需求的专业仍处于空白，一些社会急需的专业发展缓慢。举

例而言，"2011 年，北京高职医药卫生大类的专业招生绝大多数集中在护理专业，专业结构现状难以满足北京生物医药产业现实规模和发展趋势的需要"；"天津滨海新区的经济以电子信息、石油和海洋化工、汽车及装备制造、石油钢管和优质钢材、生物技术和现代医药、新型能源和新型材料及环保等六大优势产业作为支柱产业，但新区的职业教育对这些产业发展的支撑不足"。

总之，以上问题构成了京津区域内劳动力就业的结构性矛盾的表征之一。一方面，在某些重点振兴的产业中，如汽车、装备制造、船舶和有色金属等，急需大批高素质、高技能的专门性人才，但与之对应的重点本科、职业院校的专业人才供给处于紧张状态，出现人才缺口。另一方面，某些"热门"专业开设重复率过高，短期内市场提供该类的工作岗位有限，出现了毕业生"就业难"以及专业不对口等现象。职业教育与区域经济、产业发展之间的联系松散、不协调。

三、京津冀三地教育发展不均衡成因初步分析①

首先，行政地位的不平等和从属性关系，使得教育资源共享的前提受到限制。

当前京津冀一体化所面临的最大现实障碍源于行政体制。在京津冀一体化中，有人把保定定位为"副中心"。"副中心"是相对"中心"而言的，是围绕中心服务的，潜在的含义仍是作为现有城市化格局的一种补充。京津冀一体化的方向，不是把城市群中的某个城市变成北京的副中心，而是从"副中心"的思维走向平等发展的思维，即通过合理的功能定位、分工发展、相互协作，实现京津冀三地的平等发展。

北京在我国经济社会发展中的位置过于特殊，所以副中心的提法比较普遍，因此很容易使一些承担北京某些职能的城市被视为"副中心"。北京与在京津冀一体化进程中分流承担北京某些职能的城市应是一种平等发展、分工协作的关系，不是简单的"副中心"与"中心"的关系。只有实现了平等发展

---

① 李佳航，蔺丰奇.资源依赖理论视角下京津冀协同发展问题探究——以教育资源共享为例.

的关系，才能为京津冀三地的教育资源共享提供政治保障。

其次，京津冀三地公共服务的差距使得优质教育资源单向进入北京和天津。

由于以前实行的按行政级别配置公共资源的城市发展模式导致了京津冀三地的资源差异相当大，进而又导致了三地间的公共政策差距太大，如养老、医疗、交通、教育等。这样，优质的教师资源都会流向福利待遇、社会保障、生活条件优越的北京。同时，天津、河北想要留住人才就更难了。

最后，北京的优质教育资源很难外移。

我国在过去的城市化发展进程中，主要通过行政方式配置资源，行政层级高的城市，获得的资源越多，发展就越快。但这也带来了不同城市间巨大的资源配置差异。在京津冀城市群中，同样存在这个问题。京津冀一体化进程中，必然涉及北京某些功能的转移，由津冀等地有效承担，但不乐观地看，现在北京功能外转会面临相当大的挑战。最大的挑战就是京津冀城市群间公共资源配置不均等，北京处于明显的优势位置，积聚了全国最优质的资源。如果北京的资源外移，必然涉及优质教育资源外流的问题。

第三节 京津冀协同发展背景下区域职业教育资源整合与优化的实践探索

2017 年 2 月 17 日，京津冀三地联合在河北廊坊召开教育协同发展工作推进会，会上发布了《"十三五"时期京津冀教育协同发展专项工作计划》，提出："在职业教育领域，京津冀三地将继续开展职教人才培养合作项目。合作组建一批跨区域的职业教育集团（联盟），建设一批职业院校培养和实训基地。开展技术技能人才联合培养，探索建立三省市职业教育学习成果互通互认机制。"

近年来，京津冀职教不断深化合作交流，探索资源整合、协同发展新模式。目前，三地所做出的实践探索如下。

一、加强政府合作，建立行政沟通机制

（一）唐山市教育局与北京教委、朝阳区教委开展合作对接

2015 年 7 月 29 日，唐山市委、曹妃甸区区委等有关领导带领唐山市教育局、曹妃甸区有关负责同志赴北京市教育委员会开展教育协同发展对接活动，双方就加强京津冀协同发展教育合作进行了座谈交流，并达成四点共识：一是建立两地教育合作固定联络和对接机制，建立常态化联络沟通机制，统筹协调京津冀协同发展教育合作有关事宜。二是扎实推进现有合作项目。利用北京优质教育资源，面向唐山需求，开展有针对性的骨干教师、名师培训，积极推进北京与唐山优质数字教育资源共享与合作。三是着手研究谋划各级各类学校对接思路。将基础教育作为长期合作领域，谋划在曹妃甸办一所幼儿园、小学、中学的一体化学校，鼓励唐山市及曹妃甸区学校加入北京名校集群。加强中等职业教育合作，实施京唐两地联合培养，为曹妃甸区培养应用技术型人才。高等教育重点推动北京市属高校落户曹妃甸。四是适时开展考察活动。北京市教育委员会将组织考察团赴曹妃甸实地考察。[①]

2016 年 7 月 19 日，唐山市教育局与北京市朝阳区教委签署职业教育战略合作协议仪式[②]在丰南区职教中心举行。北京市劲松职业高中、北京市求实职业学校、北京市电气工程学校的校长等参加了签字仪式。唐山市与北京市朝阳区将统筹两地职业教育资源，在职业教育领导互访、师资培训、学生互访互学等方面形成合作机制，共建示范专业，共建国际标准的实习实训基地，共同开发职业培训课程，打造"京冀职业教育产业联盟"，对提升唐山市职业教育水平起到重要的促进作用。签约结束后，朝阳区职业教育专家为唐山职业教育工作者作了题为《京津冀协同发展背景下职业教育发展的思考与策略》的报告。北京市朝阳区教委一行还参观了丰南区职教中心和迁安市职教中心。

---

① 唐山市与北京市教委积极开展京津冀协同发展教育合作对接 [J]. 京津冀职业教育协同发展简报，2016（1）.

② http://hvae.hee.cn/col/1493883203351/2016/08/08/1496200961956.html.

（二）天津主动与北京、河北加强合作，建立行政沟通机制[①]

2014 年 7 月，天津市教委主动邀请北京市教委、河北省教育厅，联动三地分管职业教育的领导、院校和教研团队深入交流，协商制定三地职教战略合作框架，搭建了京津冀职业教育协同发展的交流合作平台。2015 年 5 月，天津市教委与河北省教育厅签署了《天津市河北省关于加强津冀两地职业教育与培训合作协议框架》，确立了职业资格证书互认制度，共同开展职业技能竞赛、成果展示等技能交流活动，开展职业技能培训，建立职业院校和职业培训机构师资联合培养机制，搭建职业教育优质资源共享平台，建立职业教育国际合作交流平台，加强对口帮扶与支援工作等 11 项工作任务，全面推动两省市之间的职业教育协同创新。

二、三地职业院校加强沟通、合作办学

（一）天津开展三地职业院校校际交流

天津开展三地职业院校间的校际交流；借助北京职业教育优质的人才资源，聘请专家学者，参与天津市职教领域重大项目的论证；开展了三地职业院校师生的交流活动。2015 年，在天津市高职高专院校技能大赛"护理技能""纯电动汽车装调与维护技术"等赛项中，举办京津冀高职院校友谊交流赛，促进京津冀三地职业院校相互学习、实现共同提高。[②]

（二）北京市劲松职业高中、天津第一商业学校、张家口市职教中心共同探讨职教一体化发展新路

2015 年 1 月 16 日，北京市劲松职业高中、天津第一商业学校的校长齐聚张家口市职教中心共同探讨职教一体化发展新路。[③]

---

① 耿洁.京津冀现代职业教育协同发展工作推进会在津召开.京津冀职业教育协同发展简报，2016 (1).

② 耿洁.京津冀现代职业教育协同发展工作推进会在津召开.京津冀职业教育协同发展简报，2016 (1).

③ http://hvae.hee.cn/col/1493880075250/2014/09/01/1495551603217.html.

强强联合，诚意合作。三所学校作为全国职业教育"排头兵"，近两年来先后被教育部评定为全国中等职业教育改革发展示范校。多年来，在京津冀区域经济发展和社会进步中都做出了突出贡献。此次合作，三校将在优势互补、共建共享、统一开放的原则下进行深度合作。各校均将各自的主打强势品牌专业作为合作交流项目。北京市劲松职业高中与张家口市职教中心将联合开办中西餐专业、动漫游戏专业以及高级家政服务三个专业，天津第一商业学校将与张家口市职教中心在"3+2"中高职衔接及天津春季高考专业上继续深化合作。

优势互补，资源共享。京津两地作为直辖市，拥有充足的教育资源、雄厚的经济基础以及广阔的用人市场，历来是外省市适龄学生热追的"教育热地"。而京津地区名校密集、高升学率、高名校率等客观因素造成职业院校适龄学生生源严重不足。同时，由于户籍政策限制，绝大多数外地生源又被拦在了"政策"之外。所以以北京市劲松职业高中、天津第一商业学校为代表的京津两地的优质教育资源存在浪费情况，这与京津冀地区产业升级和产业布局调整趋势是极不相符的。与之不同，张家口市职教中心作为河北省职业教育的标杆，在硬件条件上虽与京津发达地区职业院校存在差距，但在专业建设、校企合作、招生就业、教师队伍建设以及学生管理等方面特色鲜明，优势明显。特别是市职教中心充足的生源也成为京津两地院校青睐的根源之一。此次合作，三校坚持以就业为导向，充分发挥各自优势，共同为建设现代职业教育体系做出有益尝试。

携手共赢，百姓受益。此次三校合作是在京津冀协同发展的战略背景下展开的，可谓强强联合。多元综合效益凸显，一是张家口市适龄学生就此可以便捷、充分享受京津两地优质教育资源，开阔眼界，接触最前沿技术知识；二是提升区域职业教育整体形象，规模效应大幅提升；三是为区域产业升级和经济发展提供充足的人力、智力资源保障。

此次合作不仅标志着三所职教名校在专业建设上迈出了历史的一步，更是京津冀三地的教育领域协调发展的重要开端和成果。三校校长均表示要在三地教育主管部门的指导下，开创出京津冀教育一体化发展的新常态模式，开启职业教育区域发展新常态时代，让百姓子女充分享受三地优质教育资源和成果，在全国起到引领作用。

（三）北京市昌平职业学校唐山分校成立、京唐 IT 产教中心落成

2016 年 10 月 17 日，北京市昌平职业学校唐山分校成立暨京唐 IT 产教中心落成仪式在河北省唐山市第一职业中专举行。

在京津冀协同发展的国家战略背景下，北京市昌平职业学校围绕北京产业转移和唐山产业升级与唐山市第一职业中专合作，双方开展了紧缺人才的联合培养与专业建设。北京市昌平职业学校接收唐山第一职业中专新能源汽车运用与维修、IT 两个专业 6 名教师进行挂职培养，35 名学生到校进行技能强化培训，效果突出。北京市昌平职业学校还帮助唐山第一职业中专规划设计京唐 IT 产教中心，利用自身资源优势搭桥引进京东、中盈创信、康邦科技等知名企业带技术项目和技术人员进驻，建成唐山地区第一家 IT 产业产教融合的实训基地，实现企业生产与人才培养同步进行。

为更好地实现两校"同频共振"的协同发展，需要形成创造性的发展模式和稳定、长效的合作机制，经唐山市路北区政府和教育主管部门同意，北京市昌平职业学校在唐山市第一职业中专设立唐山分校。

唐山分校的成立使得昌平与唐山两地的职业教育合作在深度和广度上达到了一个全新的水平，是"升级版"的合作，是两校协同发展的新起点。分校成立以后，北京市昌平职业学校会选派优秀干部、教师来唐山分校任职、任教，将学校的管理理念与文化、教育标准与经验带到分校，全面参与分校教育、教学、管理等各项工作，逐步实现两校在理念、标准、行动上的"协同一体"。

（四）安新县职教中心与北京 16 所院校签订联合办学、校企合作协议书

安新县职教中心现有在校生 2000 余人，教职工 178 人，其中，专任教师 121 人，研究生学历教师 1 人，本科学历教师 107 人，专科学历教师 21 人，全国优秀教师 1 人，省级优秀班主任 1 人，省级园丁 4 人，师资力量雄厚。为加快学校发展，扩大学校规模和办学效益，学校努力探索新的办学模式，采取了与大专院校联合办学的路子，并依托地处京、津、石腹地的地理优势及白洋淀的特有环境，先后与青岛黄海学院、天津北方职业技术学校、天津

钢铁集团技校联合办中专班，并保证各专业的毕业生 100% 安置工作。为使学校办出特色，学校与河北体校院，保定师专美术系、音乐系等院校联合办了音、体、美特色班，联办院校定期派专家、教授来学校进行专业辅导，使学生的专业水平能尽快提高，此举对学校及安新教育的发展都产生了重大的影响。面对 2008 年北京举办奥运的有利时机，学校与北京 16 所院校协商联合办学，为新的职业教育的发展，创造光辉灿烂的明天。为提高教学质量，县委、县政府对学校的工作十分重视和支持，特别是在师资配备上，县政府于 2003 年和 2004 年批准学校在河北师大、河北体校、唐山师院等院校招聘了多名大学本科毕业生，为学校今后教学质量的提高奠定了坚实的基础。[①]

为加快学校发展，扩大办学规模，提高教学质量，为毕业生提供更多的就业岗位，学校努力探索新的办学模式，在与青岛、天津、北京、石家庄、保定等多所大专院校联合办学的基础上，又与北京正大集团有限公司、北京金隅集团有限责任公司、中国煤炭集团、天津汇川人力资源有限公司、河南嵩山五矿有限公司、河北卓正集团、保定永安公司、白洋淀荷花大观园、白洋淀文化苑、白洋淀旅行社、中国旅行社安新分社、传媒旅行社、香荷旅行社等企业和行业实行校企合作，实现了订单式培养，为学生就业提供了广阔的空间，被河北省教育厅评为"河北省重点中等职业学校"[②]。

（五）容城职教中心与北京经贸高级技术学校密切协作，助力汽修专业学生成功实习就业

近几年来，在京津冀协同发展国家战略大背景下，容城职教中心非常重视与京津冀兄弟学校和企业的交流与合作，以达到互惠共赢、协同发展的目的。

2016 年 9 月 14 日，容城职教中心与北京经贸高级技术学校的有关领导和负责招生就业的同志一行六人赴北京昌石汽车修理有限公司，就容城职教中心汽修专业学生实习就业与企业达成合作共识。

北京昌石科技有限公司董事长刘彬等领导向大家介绍了公司的发展情况和用人需求。该公司成立于 2012 年 9 月，是一家融整车销售、零配件、售后

---

① http://www.hebjy.com/info/5231.aspx.

② http://www.baiyangdian.gov.cn/zjax/tsax/srsm/169.html.

服务、信息反馈、个性化售车、新能源二手车等业务为一体的新能源汽车服务商。2014 年 10 月筹建并与北汽签订合作协议，成为"北汽新能源服务站"。当前，发展新能源汽车已上升到国家战略，作为中国新能源汽车行业的标杆企业，北汽集团在新能源汽车市场持续保持领先地位。该公司负责同志向容城职教中心汽修专业学生介绍了公司的发展历程和岗位情况，通过面试审核，全部录用。

容城职教中心与北京兄弟学校和企业的合作，是促进学校专业建设和提升职业教育办学水平的一次良机，对进一步更新办学理念，拓宽校际、校企合作，培养高素质技术技能人才和实现学校跨越式发展具有很强的借鉴意义。[1]

（六）保定市职业技术教育中心与京津名校、名企合作办学

2016 年 11 月 16 日，保定市职业技术教育中心与北京金隅科技学校、天津第一商业学校、联想集团合作办学揭牌仪式在保定市职业技术教育中心报告厅隆重举行。三所职业学校和联想集团共同为京津冀职业教育协同发展服务，为服务区域经济建设和产业转型升级提供人才支撑。

京津冀协同发展为职业教育提供了难得的发展机遇。保定市职教中心抢抓机遇，于 2015 年 11 月由市教育局领导带队，到北京金隅科技学校考察，并与北京金隅科技学校签订了联合办学协议。同时，市职教中心还与天津第一商业学校签订联合办学协议，使市职教中心学生也可以享受天津市春季高考资格。2016 年，市职教中心又与天津第一商业学校商定，在市职教中心设立教学点，增加机电一体化"2+1+2"联合办学模式。此外，市职教中心还与联想集团签订了校企合作协议，双方建立合作单位关系，就实训室建设、专业课程设置、人才培养目标等达成共识。[2]

（七）京冀学校牵手共同培养冰雪人才

张家口市沽源县职教中心与北京体育职业学院共建合作，共同培养冰雪

---

[1]　http://blog.sina.com.cn/s/blog_4b4b7ca70102wk2v.html.

[2]　http://bd.hebnews.cn/2016-11/17/content_6072120.htm.

运动后备人才。两校的签约合作，既是北京、河北两地职业教育的融合，又是推动两地冰雪技术人才交流、助力北京携手张家口举办 2022 年冬奥会的又一举措。

按照双方签订的协议，北京体育职业学院招收沽源县职教中心冰雪项目优秀后备体育人才，招录专业为运动训练专业（五年制高职），前三年为中专阶段学习，后两年为高职阶段学习。经过三年培养，按照北京市教委规定纳入高职招生计划，经过升学考试后转入沽源进行后两年学习，招生计划为每年 20 人。①

三、产教对接、校企合作

（一）天津搭建"京津冀协同发展·现代职业教育"产教对接平台

天津近两年先后举办了以"京津冀协同发展和现代职业教育"为主题的装备制造业、现代服务业、养老服务业、健康服务业、新能源、石油化工、环保产业和交通行业 8 场产教对接会，建立了京津冀协同合作"人力资源需求信息共用共享平台""产教融合校企合作区域性协作平台""现代服务业创新创业型人才共育平台""师资与学生交流交换平台""现代服务业区域性研究平台"五大平台，以及合作对话机制、协同创新机制、区域共研机制和区域联动机制四大机制。②

（二）天津中德职业技术学院现代服务业产教对接会③

2014 年 8 月 23 日，在天津中德职业技术学院召开的现代服务业产教对接会上，来自京津冀三地的 22 家企业和 26 所职业院校达成"天津共识"，建立全面战略合作伙伴关系。这是在京津冀协同发展上升为国家战略后，三地职业教育的首次携手。由京津冀三地教育行政部门"搭台"，天津中德职业技

---

① http://winter.qianlong.com/2018/0507/2557706.shtml.

② 天津搭建"京津冀协同发展·现代职业教育"产教对接平台.京津冀职业教育协同发展简报，2016（1）.

③ http://news.jyb.cn/zyjy/zyjyxw/201409/t20140901_596106.html.

术学院等职业院校和用友新道科技有限公司、国际货代职业教育与职业发展集团等企业"唱戏"，共同扛起了"服务京津冀协同发展"的大旗，创新发展现代职业教育，培育创新创业型技术技能人才，促进三地现代服务业的发展。

区域地标更换，职教服务半径扩大

嘉里物流（中国）是我国内地最早成立的国际货运代理企业，做这一行业打交道最多的要属海关了，"北京是空港，天津是海港。过去，货物报关一直是属地管理、属地报关。我们很希望能异地报关，但一直做不到，现在终于没障碍了。"嘉里物流的有关人士说。我国的物流成本一直偏高，占 GDP 的比例比发达国家高出一倍，其中管理成本高是一个很重要的原因。

京津冀区域海关通关一体化改革自 2014 年 7 月 1 日率先在北京海关、天津海关启动运行。对于嘉里物流来说，以往一些采取转关模式往返京津的货物，在一体化模式下，通关时间大大缩短，成本也降低了不少。由于这项改革，北京和天津两地的地理坐标已无多大差别。

"如今区域的地理坐标已经更换，以服务区域经济发展为宗旨的职业教育，应如何适应京津冀一体化的新坐标？"产教对接会上，国际货代职业教育与职业发展集团副理事长曲克敏提出这一问题，希望每一所职业院校都要树立起服务京津冀一体化的意识。

全国电子商务职业教育教学指导委员副主任陆春阳指出，京津冀职业教育的协同发展，首先，要在规划和布局上协同，按照产业的布局重新思考专业的布局，避免专业的雷同化。其次，要实现优势资源协同，三地职教发展各有特点，要把优势资源互为补充，整合利用。最后，要实现创新上的协同，特别是在政策上要协同突破，创造更好的发展环境。

职教协同发展，市场引导加政府推动

京津冀协同发展，产业大挪移是"当头炮"。短短几个月间，京津冀产业版图正在悄然重构。北京"腾笼换鸟"，构筑"高精尖"产业体系；天津错位发展，做实"北方经济中心"；河北脱胎换骨，顺势承接北京转移产业。

产业转移更多的是遵循市场规律，而配置公共资源，则更多地需要发挥政府的作用。

"北汽要到黄骅落地，中关村在秦皇岛建产业园。产业转移了，人才要跟上。我们学院有着非常好的教育资源，可我们在河北的招生却有着壁垒。"产教对接会上，天津中德职业技术学院院长张兴会把这一问题抛给了河北省教育厅副厅长贾海明。

贾海明介绍，三地职教的协同发展，是区域一体化发展的必然趋势。这项倡议最先由天津市教委副主任吕景泉发起，得到了北京、河北两地的积极响应。经过两轮磋商，2014 年 8 月 22 日，北京市教委副主任何劲松和天津市教委副主任吕景泉与贾海明分别代表京津冀三地教育主管部门签署了职教协同发展框架协议。

"推进京津冀职业教育的协同发展，观念要新，就像做买卖，要有舍得观；就像交朋友，要有全局观；就像下象棋，要有长远观。"贾海明说。磋商中，北京和天津的态度让他非常感动，"何劲松副主任说，只有北京周边都发展起来，北京才会更受益。而吕景泉副主任则希望大家都能像德国教授那样，把自己的东西千方百计教给学生，这样退休后才能享受别人的建设成果。"

虽然框架协议已经签署，但贾海明表示，协议还要继续问计于学校和企业，进一步修改和完善，"因为学校和企业才是职教协同发展的主体。政府的服务要到位，但不能越位，主要职责还是顺潮流、搭平台和搞服务，配置好公共资源。"

产教携手合作，搭建区域协同平台

"获人才者得天下，融产教者通未来"，北京华联集团人力资源总经理李建红在对接会上介绍自己企业多年来和职业院校的合作时总结出这样一句话。

这也是参加此次产教对接会的 22 家企业和 26 所院校的共同心声。在"天津共识"中，三地的企业和院校表示，要共同建立京津冀协同发展四大合作平台。这四大平台为：

共建人力资源需求信息共用共享平台。加强区域人力资源需求信息资源的共建共享，以寻求空间要素和资源集聚，最大限度地满足社会各界对人力资源信息资源的需求。

共建产教融合校企合作区域性平台。充分整合京津冀区域内政府、行业、企业、高校、科研机构优质资源，组建"京津冀一体化现代服务业与职业教育产教融合校企合作联盟"，定期开展"产教融合、校企对话"高端论坛活动。

共建师资与学生交流交换平台。共同建立京津冀地区区域性师资与学生的交流交换机制，实现教师区域间优势互补（互派教师或培训师），强化教育教学技术交流（深入企业实践、商讨学术科研），打造京津冀协同发展师资互融、学生互学交流平台。

共建现代服务业区域性研究平台。依托天津中德职业技术学院在国际合作方面的优质资源，引入国际上最先进的发展理念与实践经验，整合区域内的优质科研资源，共同开展京津冀协同发展现代服务业前瞻性研究。

同时，京津冀三地还将建立"京津冀协同发展现代职业教育与现代服务业"对话机制、区域项目协同创新机制、科学研究区域共研机制以及校企合作区域联动机制；建立全面合作、协同发展的战略合作关系，开展全方位、深层次、多形式的校校联合、校企合作，着力构建协同发展的现代职教体系，搭建协同发展的产教融通平台，京津冀的企业和职业院校正为这一美好愿景而共同努力。

（三）雄县职教中心与北京企业共谋合作新发展[①]

雄县职业技术教育中心于 1983 年建校，是雄县唯一一所公办中等职业学校，融普通中专、职业中专、职业高中为一体，有丰富的办学经验和雄厚的办学力量。2006 年被评为河北省重点中等职业学校。

学校占地面积 104067 平方米，校舍建筑面积约 12800 平方米。有校内实习基地 4 个，校外实习基地 6 个。专任教师中具有研究生学历的 2 人，本科学历的 95 人；高级职称教师 33 人，中级职称教师 53 人；双师型教师 28 人，占专任教师的 51%。多年来，雄县职教中心开展了多种形式的学历教育，现开设了建筑工程施工、计算机应用、会计、会计电算化、电子电器应用与维修等专业，其中会计电算化专业为保定市骨干专业。

雄县职教中心注重加强合作办学。县级职教中心开办就业专业后，需投

---

① http://www.xxzhijiao.cn/index.php/cms/item-view-id-1479.shtml.

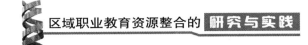

入巨大财力购置实训设施、设备，同时招聘高素质的专业教师。鉴于该县的财政状况和职业教育的现状，作为县级职教中心大力发展或只做1～2个就业专业，其他专业与北京天津的职业学校联合办学，充分利用京津雄厚的职教资源，提高职中学生的专业技能。一年级学习文化知识，二年级分升学班和就业班，就业班送到合作办学单位深造，更有利于学生技能的提高。此外，学校强化技能培训，服务雄县经济。围绕雄县四大支柱产业，加强与企业的合作，对现有技术工人输出培训，提高技术水平，为雄县企业奠定坚实的技术基础。

为更好地适应京津冀新经济发展形势，雄县职教中心根据自身优势，积极开展校企合作项目，推进与北京天宇京航航空服务有限公司的协同合作，筹备开办航空服务专业（该专业已获市教育局审批）。

2017年3月24日，北京天宇京航航空服务有限公司经理杜宪峰、空乘专业负责人陈蔚然、高铁乘务专业负责人尹祖友等一行六人来雄县职教中心参加了航空服务专业教学研讨会。双方就当前空中乘务专业及高铁乘务专业的课程体系设置、中高职衔接、就业形势等方面进行了深入探讨。此次活动进一步推进了学校校企合作项目的进行，将为职教中心高端、新型人才的培养奠定良好的基础。

此外，学校还与白沟鸳鸯岛婚纱摄影部联合开办数字影像技术专业。2016年11月与北京天宇京航航空服务有限公司签约，共同开办航空服务专业。加大计算机专业联合办学力度，6月与石家庄新龙软件科技有限公司签订《培养应用型信息技术人才协议书》，双方通过联合办学，以工学结合模式，共同培养计算机应用与软件开发人才。9月28日，石家庄新龙软件科技有限公司给职教中心授牌，至此，公司成为雄县职教中心计算机专业的实训基地，将帮助学生了解前沿知识，大大提高专业技能。

在加强学生基础课的同时，加强学生实习工作，与多家企业建立联系，建立校外实训基地，增加学生社会实践环节，在认识实习、跟岗实习和顶岗实习的各环节下功夫，确保使每位学生通过实习得到专业知识的巩固。

建立对口的校外实训基地，其中会计电算化专业实训基地有：保定嘉禾设备技术有限责任公司、河北帅康座椅有限公司、雄县山水莲花购物广场有限公司、河北天纬建筑装饰有限公司。

建筑工程施工专业校外实训基地有：河北天纬建筑装饰有限公司，北京山水居房地产开发有限公司，河北雄县第一、三建筑公司等。

计算机应用专业校外实训基地有：雄县联想专卖、恒远电脑城。

学校积极参加河北及北京地区的集团化办学，参加河北的汽车、新能源、建材三个集团的办学，参加了北京建材集团的组建和各种活动，有效地丰富了相关专业的内涵，开阔了办学思路，使学生的就业更有针对性，保障学生百分百就业。

（四）保定市推动职业教育创新改革打造"大国工匠"区域培训基地

保定市积极推进职业教育创新改革，与京津地区开展了人才培养、课程开发、实习实训基地、数字化教学资源、教学科研成果共享等方面的交流合作，积极推动"九县职教协作区"与北京市教育部门及学校、行业、企业的整体对接。目前，保定市有23所中等职业学校与京津地区117家企事业单位达成了长期合作协议；有9所"120项目学校"与京津地区17所职业院校签订了合作办学协议；有11所"120项目学校"与京津地区78家企事业单位建立了良好合作关系。这样既满足了京津地区企事业单位的用人需求，也拓宽了职业学校毕业生的就业渠道，提升了就业层次和质量，进一步增强了职业学校的吸引力，实现了合作共赢、良性互动。[①]

（五）保定市职业教育全面对接京津"品牌就业"优势凸显

保定市职业教育对接京津成效显著，目前，涿州餐饮、定州建筑、高阳纺织、曲阳雕刻、安国中药等高职、中职专业品牌效应凸显，毕业生凭借着特色技能在京津实现"品牌就业"。

目前，京津在城市交通、机械、电子、纺织等行业存在较大的人才缺口，就业机会十分广阔。保定市现有各级各类高职、中职院校可以满足目前京津各行业领域和市场对技能型人才的需求。

自2009年2月下旬保定市全面启动对接京津工作以来，该市职业院校

---

① http://hvae.hee.cn/col/1493880075250/2017/06/08/1496914381390.html.

积极探索与京津及周边县、市企业和学校开展"校企合作""校校联合"等多元合作模式。已初步形成了高阳、徐水的"学校进企",定兴、清苑、望都的"引企入校",涞源、涿州的"半工半读",阜平的"送教下乡,校乡联合",高碑店的"校校联合"等办学模式,以及保定市职教中心的"专业部负责制"管理组织模式。

目前,保定市教育局正组织开办"对接京津成教管理"业务骨干培训班,旨在对典型学校的对接京津实践经验进行交流借鉴,完善教育系统对接京津联系网络,为促进职业教育毕业生在京津的高质量实习就业,保障就业率和就业质量的"双提高"奠定基础。

四、依托职教集团,深化京津冀院校合作

2015 年,河北省 6 所交通类的职业学校加入北京交通职业教育集团,京津冀卫生职业教育协同发展联盟和京津冀艺术职业教育联盟也相继成立。2016 年,京津冀"互联网 +"职业教育集团、北京外事服务职业教育集团、京津冀模具现代职业教育集团成立。2016 年 6 月成立的北京城市建设与管理职业教育集团,吸纳了 100 余家企事业单位、行业协会、职业院校、高等学校、科研院所。

(一)现代服务业职教集团将深化京津冀院校合作

北京现代服务业职业教育集团是以北京祥龙资产经营有限责任公司和北京市商业学校共为牵头单位,由来自北京、上海、天津、河北等 6 省 13 市的优秀职业院校、大中型企事业单位、科研机构等组成的大型职业教育集团。该集团包括 61 家成员单位,覆盖了现代服务业中信息传输和计算机软件业、科研技术服务和房地产业等专业。

北京现代服务业职业教育集团一直坚持不断地深化京津冀院校合作,提升服务区域经济发展的能力,实现产教深度融合,优质资源共建共享,推进人才质量提升,为国家京津冀协同发展和精准扶贫战略、促进首都现代服务业发展做出了积极贡献。

2017 年 3 月 24 日，北京现代服务业职业教育集团召开 2017 年年会。为助推京津冀产业结构的调整升级，该集团进一步加强京津冀校际对口帮扶与交流合作，提高教育扶贫的有效性和精准性，于 2016 年 4 月与河北青龙县职业技术教育中心正式签署了合作办学的协议。根据协议，北京市商业学校与对口支援学校在学校现状、当地产业开展等方面开展了有针对性的广泛调研和交流，为下一步双方合作项目的实施奠定了坚实的基础。

在京津冀一体化协同发展背景形势下，保定女子职业学校与北京市商业学校签订了合作协议，并成为集团的成员校之一。两校合作致力于服务京津冀一体化协同发展，满足产业升级对职业教育技术技能型人才迫切的需求，努力提高职业教育服务经济社会发展、服务企业、服务民生的能力和质量。两校还开展了重点专业之间的师生交流活动。

2017 年，集团进一步推动现代职业教育体系建设，提升服务区域经济发展的能力，实现产教深度融合，优质资源共建共享，提升职业教育的综合实力，并进一步深化以下两项工作：继续开展对云南保山、河北青龙等地区造血式扶贫，继续完善保山"教育＋产业＋文化"扶贫模式的探索和实践，继续加大以奖代补精准扶贫资金的投入；和龙陵县县委宣传部、中国文物学会联合举办惠通桥和滇缅公路文化遗产保护研讨会，推动当地文化和旅游产业的发展，继续招收保山和青龙地区贫困学生并培训教师及干部，把职教集团"造血式"精准扶贫进一步做实。

同时，集团还按计划开展京津冀合作各项工作，开展多种主题活动，促进双方工作的深入开展。定期或不定期到对方学校调研、参观，及时提供相关活动信息，积极开展多维度的学习交流活动，帮助策划、总结、指导其教育教学工作。

（二）京津沪冀宁交通职业教育集团化办学联盟成立

为落实《高等职业教育创新发展行动计划（2015—2018 年）》，推进交通职业院校教育教学改革创新、产教深度融合，近日，"京津沪冀宁"交通职业教育集团化办学联盟在河北交通职业技术学院成立，同时召开了"京津沪冀宁"交通职业教育集团化办学联盟高峰论坛。论坛以"实施三年行动计划，提

高人才培养质量"为主题，共议"交通类优质高职院校建设、产教协同发展、优质资源共享"的举措，分享集团化办学、助推交通行业快速发展的教育教学改革成果。

会上，天津市成人教育教学研究室主任米靖代表天津市教育委员会分享了天津市职业教育 2016 年的改革重点任务与实践成果。天津交通职业学院院长吴宗保、天津市交通集团津维有限公司董事长崔媛媛分别作了《建设"世界水平"高职院校的实践与探索》《从企业视角看产教融合的深化度》的主题报告，同与会者交流了天津交通职业教育"国内一流、世界水平"高职院校建设规划任务和产教融合项目的实践成果。

（三）京津冀艺术职业教育建立联盟

2015 年 12 月 20 日，北京戏曲艺术职业学院、天津艺术职业学院、河北艺术职业学院、石家庄艺术学校齐聚北京戏曲艺术职业学院，共同签署"京津冀艺术职业学院（校）协同发展框架协议"。联盟成立后，三地院校共同致力于深入研究和探索艺术职业教育规律，为京津冀协同发展培养优秀的新型实用型人才；建立干部教师挂职和互派制度，推进京津冀艺术职业教育深度合作；加大开放办学力度，实现优质课程互通、互联、共享，支持在校生跨院校学习；广泛开展招生就业合作，努力推进联合招生，积极开辟毕业生就业渠道；共同组建协同发展专家团队，全面指导教学、科研和艺术实践工作；加强学术交流，努力提高各院校专业建设和科研水平；建立广泛的观摩、交流、比赛成果展示、学生创业平台，推进三地艺术职业教育均衡、协调、错位发展。[①]

（四）北京外事服务职业教育集团成立，协同为 2022 年冬奥会储备人才

为了更好地服务京津冀协同发展和 2022 年冬奥会，2016 年 4 月 1 日，北京外事服务职业教育集团成立大会在北京市外事学校实习饭店举行。

集团目前由 9 家单位构成，包括北京市外事学校、天津市中华职业中等职业学校、石家庄市旅游学校、张家口市职教中心、张家口市崇礼区职业教

---

① 侯兴蜀．京津冀艺术职业教育建立联盟．京津冀职业教育协同发展简报，2016 (1).

育中心、北京饭店、钓鱼台国宾馆、北京贵宾楼饭店和民族饭店。集团实行理事会制,北京市外事学校为理事长校。

集团将以高星级饭店运营与管理、旅游服务与管理、旅游外语、烹饪等专业人才培养使用为纽带,服务京津冀地区重要国事活动、外事接待服务、旅游服务人才培养需求,为2022年冬奥会储备人才。集团成员将共同开展市场调研,共同制订人才培养方案,研究教学大纲和计划,探索"中高本"跨学段校企合作人才培养模式,共享实训基地。此外,集团还将吸引高职院校、本科院校加入。[①]

五、搭建多种平台,促进三地合作交流

三地政产学研社采取各种方式,依托座谈会、调研活动、竞技比赛来搭建交流沟通的平台,促进三地合作交流。

(一)京津冀现代职业教育协同发展工作推进会在津召开[②]

2016年2月24日,在中央召开京津冀协同发展座谈会两周年之际,"京津冀现代职业教育协同发展工作推进会"在津举行。此次推进会由天津市教育委员会、教育部职业技术教育中心研究所、《中国职业技术教育》杂志社、国家职业教育研究院天津大学中心共同发起,天津市教育科学研究院主办,天津商务职业学院承办,天津教委职教中心协办,在天津商务职业学院召开。会议主题是深入贯彻《京津冀协同发展规划纲要》,全面落实《关于加快发展现代职业教育的决定》和发扬全国职业教育工作会议精神,进一步推进京津冀职业教育协同发展,推进国家现代职业教育改革创新示范区建设。来自京津冀三地的政府有关部门、研究机构、学校代表以及行业组织、企业及新闻媒体代表参加了会议。

---

① 侯兴蜀.北京外事服务职业教育集团成立,协同为2022年冬奥会储备人才.京津冀职业教育协同发展简报,2016(3).
② 耿洁.京津冀现代职业教育协同发展工作推进会在津召开.京津冀职业教育协同发展简报,2016(1).

会议期间，天津市教育科学研究院职业教育与成人教育研究所、北京教育科学研究院职业教育与成人教育研究所、河北省职业技术教育研究所联合成立了"京津冀职业教育协同发展研究中心"，签署了"京津冀职业教育协同发展组织合作协议"，发布了"国家现代职业教育改革创新示范区研究课题"。中心下设"京津冀职业教育协同发展研究中心（北京）""京津冀职业教育协同发展研究中心（天津）""京津冀职业教育协同发展研究中心（河北）"三个分中心。中心立足三地经济社会发展，以提高职业教育质量为核心，以改革创新为动力，以服务三地职业教育为导向，充分发挥科研先行的作用，围绕"国家现代职业教育改革创新示范区"、"首都非核心功能疏解"、职业教育支持扶贫开发、助推产业调整升级等重大项目，优势互补，错位发展，开展深入的理论和实践研究，搭建三地职业教育信息互通互联平台，推动三地资源共建共享，协同创新京津冀职业教育发展新路径，探索具有中国特色的京津冀现代职业教育发展模式，助力三地职业教育的跨越发展。

（二）廊坊市召开京津冀协同发展职业教育校（院）长座谈会

为推动廊坊职业教育在京津冀协同发展大背景下快速发展，根据廊坊市政府冯韶慧市长的批示精神，廊坊市教育局 2016 年 5 月 10 日组织召开了"京津冀协同发展职业教育校（院）长座谈会"，来自全市中、高职院校的 30 名校长、院长参加了会议。廊坊市政协教科文卫委员会张加得主任和杨晓东科长参加了座谈会，会议由市教育局职成教科科长张学军主持，市教育局副局长陈宝刚出席了会议，并与大家分享了重要信息和工作感想。

与会人员就职业教育如何适应京津冀协同发展大势，结合各自的实际，就发展职业教育的思想认识、基础建设、资金投入、师资配备及专业设置等问题，提出了各自发展职业教育的具体思路、设想和举措，交流了各校前一段的具体做法和收获，同时对全市职业教育发展提出了许多很好的意见和建议。

市教育局副局长陈宝刚同志在讲话中，首先对京津冀协同发展所包含的内在含义进行了详细解读；其次对市经济社会发展及产业结构对人才的需求状况进行了阐述，同时对今后一个时期职业教育如何为京津冀协同发展的国家战略服务提出了具体意见和措施。一要搞好规划,争取党委政府的重视和支持。俗话说,职业教育是烧钱的教育,离不开领导的支持。政策、建设用地、资金、人员等方面,都要靠领导眷顾。大家知道,人、财、物最小的单位是县级人民政府,而县级人民政府必须履行法律赋予的发展教育、职业教育的职责。要进一步整合职教资源,加大经费投入,扩大学校规模,引进优质师资,提升办学基础能力。二要抓好学校内涵建设。要外树形象,内强素质,努力增强学生和家长对职业院校的信心。建设好重点专业,培育发展专业链,以专业链对接产业链,打造学校专业品牌与特色。要瞄准需求谋划学校的发展。要按照全面质量管理思想,完善学校教学质量保障体系,持续改进,追求卓越,全面提高内涵质量。三要加快思想观念的转变。先从校长自身开始转变观念,进而推动领导的观念转变,化作支持职业教育发展的动力。要认真分析形势,吃透国家的产业政策,瞄准当地的经济社会发展热点,适应需求。走出去,学习借鉴先进经验,积极参加职教会展的活动,寻觅合作机会,达到优势互补,互利共赢。

(三)京津冀职业教育协同发展战略合作协商会主要领导到张家口市职教中心视察调研

2016 年 4 月 28 日,京津冀职业教育协同发展战略合作协商会主要成员到张家口市职教中心调研指导工作。河北省教育厅副厅长贾海明、职成教处副调研员安顺英,北京市教委职成处处长王东江、北京市教科院职成所副研究员侯兴蜀,张家口市教育局副局长陈红梅、职成教科科长逯亚冰一行对张家口市职教中心进行了细致调研。

贾海明副厅长、王东江处长一行先后参观了学校动漫游戏、航空服务、学前教育、餐饮旅游以及"3+4"休闲体育服务与管理本科班师生的专业展示和实训设施,并饶有兴趣地观看了学校威风锣鼓、形体、舞蹈、广播操、礼仪操及轮滑等学生社团展示,认为张家口市职教中心是京津两地技能型职教人才的"大后方",在京津冀协同发展的国家战略背景下,学校能够主动作为,站在京津冀协同发展全局,发挥区位优势,与京津教育协同实现良性对接。希望学校抓住难得的历史契机,夯实现有品牌基础,创新教育教学工作

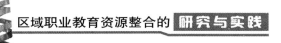

经验。未来在三地共同努力下，京津冀职业教育协同发展之路将越走越宽。

（四）环渤海地区社区教育协作组织第八届研讨会在唐山市召开

环渤海地区社区教育协作组织第八届研讨会于 2013 年 9 月 27 日至 29 日在唐山市隆重召开。参加本次会议的有来自环渤海地区五省两市教育行政主管部门和社区教育系统、电大系统的领导、专家、社区教育工作者代表，有来自四川、浙江、新疆的特邀嘉宾，还有来自北京超星公司、麦课在线、上海兰卓等数字化学习资源公司的企业界朋友，以及《中国社区教育》杂志社和唐山市部分新闻媒体的记者应邀参加了会议。

与会代表围绕"发展社区教育，推进学习型城市建设"的主题进行了深入的交流研讨。天津市河西区、北京市西城区、沈阳市和平区和天津市南开区、唐山市丰南区的代表作了大会发言。各地代表带来的先进经验丰富了社区教育工作的理论和实践，对环渤海地区社区教育的发展必将起到进一步的推进作用。

近年来，唐山市委、市政府对社区教育工作高度重视，建立了由主管副市长任组长，相关单位领导为成员的唐山市社区教育领导小组，出台了《关于全面开展社区教育的意见》，组建了以唐山社区教育学院为龙头的四级社区教育网络，形成了"党政部门统筹领导，教育部门主管，相关部门配合，社会积极支持，社区自主活动，群众广泛参与"的社区教育管理体制和运行机制。

（五）北京市信息管理学校联合神州数码公司举办京冀数字资源分享论坛

为响应京津冀协同发展战略，落实"京冀两地教育协同发展对话与协作机制框架协议"，加快现代 IT 服务技能人才的培养，共享专业建设和人才培养的经验与成果，在北京市教委、河北省教育厅的指导和支持下，2017 年 1 月 12 日，北京市信息管理学校、神州数码云科信息技术有限公司、河北慧网科技有限公司、河北省 40 所中职学校，在海淀区上地信息产业基地数码科技广场，携手举办京冀数字资源分享论坛暨京冀职业院校计算机及相关专业人才培养协同发展战略框架协议签约仪式。北京市教委职成处副处长杨颉、河北省教育厅职成处副处长安顺英出席会议。

北京市信息管理学校计算机及相关专业实力雄厚，课程改革成果显著，数字教学资源丰富，教师、学生参加竞赛成绩突出。在论坛上，学校将利用神州数码公司的实训设备开展专业实训和人才培养而开发和积累的大量数字教学资源捐赠出来，与河北省40所中职学校共享，并介绍了专业建设、数字资源建设的经验。董随东校长指出，重度雾霾倒逼学校加快推进混合式学习，其在学习方式上体现选择性，在学习生态上突出个性化，在学习技术上要求泛在化和智能化，这就需要学校建设具有系列化、集成化、微型化、易用性、选择性等特点的数字教学资源，并且在建设方式上从共建（校企—政校—政企—校校等）走向众筹、众建、众创（政—校联盟—企），利益相关方资源整合，分布式投入，滚雪球式获得。

神州数码云科信息技术有限公司是教育部认定的全国职业教育教师企业实践单位和全国职业教育师资专业技能培训示范单位，多年承办全国及各省中职学校学生技能大赛网络搭建赛项。河北慧网科技有限公司是神州数码公司在河北省的总代理商。在论坛上，河北慧网科技有限公司为河北省40所中职学校计算机网络技术专业实训项目捐赠网络设备。神州数码公司网络大学总监徐雪鹏、讲师孙雨春在论坛上介绍了校企合作推进专业建设与人才培养的经验。

在论坛上，北京市信息管理学校、神州数码云科信息技术有限公司、河北慧网科技有限公司、河北省40所中职学校签署了"京冀职业院校计算机及相关专业人才培养协同发展战略框架协议"，将从数字教学资源共建与共享、人才培养、课程改革、师资培养、学生企业实践等多方面开展深入合作，体现了"共建共享、共谋发展"的新思路，标志着京冀职业教育协同发展迈出了实质性的一步。

最后，北京市教委职成处杨颉副处长和河北省教育厅安顺英副处长分别讲话。杨颉表示，在京津冀协同发展的背景下，要凭借三地地缘优势，逐步实现数字化教学资源共建共享，创新合作发展之路，尤其在计算机仿真技术、云技术应用等方面深化合作，努力提升职业教育培养高精尖技术人才的能力，携手共创职业教育协同发展的新模式。

（六）京津冀职业院校跨地域校际交流赛

2016 年度京津冀高职高专院校学生护理技能大赛暨台湾兄弟院校友谊交流赛在天津医专举行，应邀参赛的共有来自京津冀以及台湾、深圳、内蒙古兄弟院校的 7 支代表队，共计 25 名选手参赛交流。此次大赛以友谊促交流，赛项内容截取了国赛中的精华部分，包括理论考试、静脉输液项目和 CPR 项目，比赛引入标准化病人替代模拟病人，使比赛更加贴近临床工作实际，重点评判选手的临床思维能力、解决实际问题的能力以及人文护理水平。来自台湾辅英科技大学的 4 名学生展示了前臂骨折固定、院内急救 CPCR 项目和静脉输液项目，以情境再现的方式向我们展示了台湾医疗救护中的团队协作和人文护理。[①]

2016 年 10 月 18—19 日，在北京市商务科技学校物流培训基地举办北京市中职物流技能大赛的同时，还举办了京津冀中职物流技能邀请赛，来自京津冀三地 8 所中职学校的 70 名选手参加了此次比赛。[②]

2016 年 11 月 12 日，北京市求实职业学校在团结湖校区成功举办了京津冀职业院校"求实杯"财会综合技能竞赛。大赛由京津冀三地珠算心算协会主办，北京市求实职业学校承办，北京商贸职教集团协办。[③]

六、打造科技园区、职教高地

（一）京津冀国际职教高地——河北曹妃甸国际职教城浮出水面

项目简介

1. 河北曹妃甸国际职教城整体概况

• 规划面积：19.7 平方公里（陆地面积 13.7 平方公里，内湖面积 6 平方公里）

① 耿洁 . 2016 年度京津冀高职高专院校学生护理技能大赛暨台湾兄弟院校友谊交流赛在天津医专圆满落幕 . 京津冀职业教育协同发展简报，2016 (5).

② 侯兴蜀 . 举办 2016 年京津冀物流技能邀请赛 . 京津冀职业教育协同发展简报，2016 (5).

③ 侯兴蜀 . 京津冀职业院校"求实杯"财会综合技能竞赛成功举办 . 京津冀职业教育协同发展简报，2016 (5).

- 规划建校：17 所
- 总投资：380 亿元
- 规划人口：20 万人
- 空间布局：三区、两轴、一带

（1）绘就蓝图

- 整体定位：中国匠谷
- 发展目标：打造一个国际化、现代化、生态化、智慧化的产业新城，一个宜业、宜学、宜居、宜游的产业新城
- 发展理念："筑城兴教、兴教聚产、聚产旺港"
- 发展模式：

①政企校研一体的办学模式：

政府、企业、学校和科研机构融为一体，相互促进，共同提升，服务社会。

②港产教城一体的发展模式：

港口、产业、教育和城市融为一体，共同发展，完成筑城兴教、兴教聚产、聚产旺港的目标。

③业学居游一体的开发模式：

把职教城建成宜业、宜学、宜居、宜游的现代滨海城市。

④工学创评一体的人才培养模式：

为当地经济社会发展培养一大批应用型技术技能人才和创新创业人才。

- 运营理念：

四标准：高起点谋划、高水平规划、高质量建设、高标准运营

五先行：项目未动，规划先行；规划未动，策划先行；策划未动，产业先行；产业未动，招商先行；建设未动，资金先行

六统一：统一定位、统一规划、统一投资、统一建设、统一推广、统一运营

（2）总体战略

基于国家"创新、协调、绿色、合作、共享"发展理念，着力建设五个"特区"，达到三个第一。

五个"特区"：

中国现代职业教育混合制办学创新区

京津冀现代职业教育协同发展引领区

生态智慧型职业教育先行区

"一带一路"职业教育国际合作示范区

中国制造 2025 和"互联网 +"创新创业试验区

三个第一：

中国第一海港职教城

中国第一所混合所有制应用技术大学

中国第一个京津冀职业教育协同发展改革试验区

2. 职教城起步区

• 定位：应用技术大学的先行区，现代职业教育体系创新的改革区，技术技能型人才培养的试验区。

• 概况：职教城起步区是北京曹妃甸国际职教城建设的起点，占地面积 3.87 平方公里，以城市中央功能轴为核心拟建一所创新型应用技术大学。

• 规划：打造以一轴引领，六个校区共同发展的职教城起步区，建设有城市中央功能轴景观带、教师公寓、匠谷小镇文创基地、校园商业等配套设施，满足入驻院校师生居住、生活、休闲、娱乐、运动等多样需求。

• 学校构架：

一所大学：渤海应用技术大学

两种体制：①公办；②民办

三种形式：①学校教育与社会教育；②国内教育与国际教育；③扶贫教育与英才教育

四级体系：①中职；②高职；③本科；④硕士

• 办学特色：

①创新性；②协调性；③绿色性；④合作性；⑤共享性

• 实施路径：

高位谋校，坚持智库导向之径；机制活校，坚持混合办学之径；

人才强校，坚持以师为本之径；特色立校，坚持专业引领之径；

科技兴校，坚持服务产业之径；科学治校，坚持民主治理之径。

起步区建设项目

起步区以"文态造魂、形态造景、生态造韵、业态造富"为规划理念，通过建设应用技术大学、"匠谷之心"产教联盟总部基地、"匠谷小镇"文创基地、城市中央功能景观轴四大功能板块，形成职业教育、产品研发、技术转移、产业投资、生产交易产业循环发展可持续生态圈，打造中国产教融合示范区、京津冀非遗文化传承基地、"中国制造2025"和"互联网＋"创新创业试验区。

（1）已建项目

①一期三个校区

职教城起步区规划建立中国第一所混合所有制应用技术大学，分两期开发建设，总建筑面积130万平方米，总投资60亿元。其中一期校园已建设完成，校园建筑风格多样，文化氛围浓厚，学校设置多个专业实训室，引进国际高端实训设备。

目前已有自主创办的一所中专学校——唐山实验中等专业学校，学校设有艺术团、篮球队等多个文化艺术社团，校园生活丰富多彩，学校有众多高精尖的仪器设备，注重培养学生专业实操能力。还有曹妃甸第一所混合制高等院校——曹妃甸职业技术学院，致力培养技术技能型、创新创业型人才。

学校拟承接全国各地优质中等院校、全国各类大型企业培训学校，开设多种形式培训课程，服务区域内各类人群培训需要。

②匠谷·大学里（一期校园商业）

为丰富校园周边商业配套，满足一期学校及周边人群的餐饮、购物、金融、休闲等基本生活配套需求，建设了匠谷·大学里一期校园商业。

（2）拟建项目

①二期学校

二期学校占地1871亩，规划建设实训研发区和教学区两个区域。立足于"以人为本、教产结合、服务城市"的理念，通过教育、研究与产业相结合的方式，激发学生创新力、创造力，让学生参与生产和经营，打造开放式的实践院校。

②匠谷之心产教联盟总部基地

项目占地598亩，其定位为产教联盟总部基地，其功能规划为校企合

作中心、学产研联合中心、科技研发中心、总部基地，构建集政策引导、创新教育、创业孵化、产教结合、成果转化等于一体的综合性创客平台，打造"大众创业、万众创新"的新引擎。

③联合国教科文组织国际职业教育研究中心（UNESCO）

项目占地40亩，其定位为世界职业技术教育培训基地，其功能定位是职教城的教育研究、文化交流中心，是传播职教文化的高端交流平台。

④匠谷小镇文创基地

项目占地119亩，其定位为集文化、旅游、度假、休闲、娱乐于一体的特色城市文化艺术小镇。匠谷小镇文创基地以讲述"工匠精神"，演绎"国匠文化"为主题，弘扬中国传统工匠文化，打造中国现代大国工匠，形成中国工匠文化展示窗口、全域旅游目的地集散中心、生态城"城市中央休憩区"。"匠谷小镇"已入选河北省首批特色小镇创建类名单。

⑤职教城展示中心（匠谷会客厅、中国职教博物馆）

项目占地53亩，其定位为匠谷会客厅和中国职教博物馆，其功能规划为中国国际职业教育展览展示中心，职教城招商和品牌推广的窗口，具有城市规划展示、全球招商引校接待等功能。

⑥教师公寓

项目占地1200亩，为引进国内外优秀人才入驻，也为教育工作者、城市缔造者提供舒适的生活居所，便利教职工生活，为职教城人才聚集起到了极大的促进作用。

3. 京津冀教育承接转移区

•定位：承接北京非首都功能疏解和产业转移（本科、中高等职业教育院校），京津冀协同发展（教育功能）的重要平台和载体。

•概况：区域占地面积6.64平方公里，定位为承接京津冀本科、中高等职业教育院校转移区，将与市场化运作模式针对京津冀等地区具有转移或新建校区意愿的职业院校进行合作，共谋发展。

•理念：秉承"引得来、留得住、学得好"的发展理念，与起步区共同构成城市教育功能板块，实现产教资源的优势互补，发展成为现代职业教育资源共享区。

• 项目规划：打造 11 所承接京津冀教育产业转移的院校。

以积淀千年的历史文化、浓厚的学术氛围、百变的时尚前沿、静谧的诗意水岸等元素，沿溯河打造极具魅力与特色的溯河文化休闲景观带。

4. 职教城产城配套区

• 定位：环渤海滨海总部旅游区，将为职教城提供城市级配套。

• 概况：职教城产城配套区占地 9.19 平方公里（含 6 平方公里内湖），通过产城配套，发展商务居住、创新创业、总部经济、旅游观光等服务类产业链，最终形成约 20 万人口的中国第一海港职教城。

• 项目规划：

①滨海文化旅游板块

依托曹妃甸滨海资源优势，打造集生态、旅游、休闲、度假、文化体验于一体，以岛游、游艇游为特色的综合性旅游度假板块。

②滨海总部基地板块

以总部经济为核心，打造商务金融、会议会展、创客中心、生活服务等多元功能，成为承接京津冀产业转移、吸引国内外知名企业入驻的国际化滨海总部基地。

• 规划项目：

①达令港

国际化水准游艇码头，游艇名品汇、游艇度假、国际游艇赛事，为世界各地的游艇爱好者送上一场顶级、专业、定制的游艇盛宴。

②购物中心

汇聚琳琅满目的世界名品，活力非凡的购物体验，集餐饮、购物、文化、娱乐、休闲于一体的综合性商业中心。

③花园式国际生活配套市场

以"生态、绿色、环保、共享"为规划理念，打造集菜市、休闲娱乐、餐饮购物、大型停车中心于一体的城市生活区，形成具有城市中央建筑、文化、生活等复合特性的地标。

5. 实施计划

（1）第一阶段：起步阶段，一年出形象

2016 年 2 月—2017 年 9 月

建设规模

由政府引导，北京曹妃甸职教城投资有限公司完成职教城起步区 80 万平方米 3 个校区以及 4 条市政道路的建设，同步启动 20 万平方米教师公寓、6 万平方米配套商业、城市中央功能轴建设，投资总额共计 50 亿元。

(2) 第二阶段：巩固阶段，两年出成果

2017 年 10 月—2018 年 11 月

建设规模

由政府引导，北京曹妃甸职教城投资有限公司投资完成 3 所院校建设，与第一阶段建设成果共同形成总占地 3300 亩、总建筑面积 130 万平方米的职教城起步区。同时加快建设和升级城市配套功能，形成"产、教、城"与"产、学、训"协同发展的格局，实现城市生态系统一体化。

(3) 第三阶段：跨越阶段，三年见成效、五年成繁华

2018 年 12 月—2022 年 12 月

建设规模

以市场为导向，承接 11 所京津冀教育产业转移院校，并通过京津冀教育承接转移区与产城配套区的建设，发展商务居住、创新创业、总部经济、旅游观光等服务类产业链，奠定创新、协调、绿色、开放、共享城市可持续发展的基础，最终形成约 20 万人口的中国第一海港职教城。①

（二）中关村科技创新区打造园区链：协同发展京津冀跨区布局中关村

作为京津冀加速实现协同创新的积极探索者和引领者，中关村发挥着越来越大的推动作用。在中关村辐射带动下，京津冀三地实现创新资源和产业对接，为全面落实创新驱动战略、转变发展方式探索了新路径。协同创新是京津冀区域协同发展的基本理念和关键引擎。

近年来，在中关村辐射带动下，京津冀三地合力打造协同创新共同体，实现创新资源和产业的对接，以及比较优势的协同，放大创新的乘数效应，使过去依赖资源投入、规模扩张的"有极限"外延发展模式转向依靠"人"的

---

① http://www.bcec.com.cn/navDetail?type=2&navigationId=37&pnavigationId=9.

创新创业效能释放、创新驱动的"无极限"内涵式发展，为落实创新驱动战略、转变发展方式探索了新路径。

共建共享协同创新平台

协同创新平台是协同创新能够落地的重要抓手。保定·中关村创新中心由中关村与河北省保定市共建，是中关村首个在京外的创新中心。

"创新中心揭牌启动一年多来，已经吸引阿里巴巴、用友、北京绿建宝、中国网库、SMC、DB、蜂巢搜索、河北歌元、中国技术交易所、中国信息安全认证中心、北大一八九八咖啡馆、天津大学成果转化基地等86家知名企业和机构入驻，其中50%的企业和机构来自北京。入驻企业累积研发投入3500万元。"保定·中关村创新中心副总经理张曙光念叨起这些，如数家珍。

中国创新驿站保定基层站点、京津冀技术交易市场保定工作站、中国智能电网技术交易服务平台、保定市高层次人才创新创业园，也在保定·中关村创新中心挂牌，创新资源聚集效应日益呈现。

扈德辉带领的北京中关村信息谷团队负责保定·中关村创新中心的项目运营。在张曙光看来，"保定·中关村创新中心的建设和运营承载了两项重要任务，一是引入中关村创业孵化、科技金融服务、成果转移转化等方面的理念和做法，将创新文化基因植入项目，形成裂变效应，为保定产业升级和转型发挥示范和促进作用；二是为京津冀协同发展规划的实施落地提供实践素材"。

该创新中心目前已先后举办京津冀人才交流会等20场大型活动、22场创新汇——企业家沙龙活动、6场创新汇大讲堂活动，汇聚超过2000家来自中关村、北京和国内外相关领域的企业赴保定参加活动，对接资源，共谋发展，为保定带来了诸多人才、技术和资本。

河北九五新材料科技有限公司于2016年3月入驻保定·中关村创新中心。董事长安泽方深有感触地说："效率真高！短短几个月时间，在创新中心的帮助下，我们企业就成功地实现和政府、科研院所、企业的对接。运营团队对企业的服务作用很大，一是桥梁；二是杠杆；三是顾问；四是协同创新。"

保定·中关村创新中心已将"优化存量、提升增量、国际合作、强化运营"作为 2017 年的关键任务。具体任务包括：依托创新基地研发中心建立并运营"雨林空间"，完善"孵化器"功能；加速推进"一中心、一基地、一产业园区"三级跳协同发展路径；引入高端人才，完善人才培训服务，完善人才配套服务；加快科技成果转化落地，为有需要企业建设公共技术平台；推进"中德产业新城"的规划建设；加强引入以色列、美国硅谷创新资源等。

科技园区也是典型的协同创新平台。元旦前夕，天津滨海—中关村科技园在天津滨海新区揭牌。当天，来自北京的 45 个项目签约滨海新区，这些项目涉及移动互联网、健康医疗、跨境电商、科技金融等领域，投资额超 350 亿元。

这方规划用地 10.3 平方公里的协同创新热土，引进中关村创新资源、政策、人才，借鉴中关村的创新服务理念与经验，计划 2018 年底前初具规模，到 2020 年建成若干创新社区和特色产业基地，让天津的开放港口与产业基础，与北京的科研资源、科技服务业产生"化学反应"，发挥出协同创新的叠加效应。

近年来，中关村积极运作跨区域科技创新园区链布局，中关村河北曹妃甸高新技术成果转化基地、河北承德节能环保及大数据产业集聚园区、石家庄（正定）中关村集成电路产业基地……都成为京津冀协同创新的重要平台和载体。

共建共享创新生态系统

中关村管委会主任郭洪认为，中关村之所以能成为全国自主创新高地，根本原因在于中关村建成了良好的创新生态系统。

协同创新的成功和可持续，同样离不开适配的协同创新生态系统。

在中关村，大家的共识是：京津冀协同创新共同体，不应仅仅推动一些项目落地，或者仅仅共建一些科技园区，更重要的是共同构建创新创业生态系统，形成可持续协同创新的大合唱。

岁末年初，天津京津中关村科技城发展有限公司在天津市宝坻区正式开张了。该公司将统筹开发建设和运营 14.5 平方公里的京津中关村科技城，通过整合中关村的高科技企业、科研院所等创新要素以及创新理念、品牌和管理模式，集聚大量高端产业和高素质人才，快速提升京津中关村科技城的产业聚集发展水平和建设创新创业环境。

中关村协同发展公司的团队，负责经营管理京津中关村科技城发展有限公司。公司副总经理张超说，着力打造宝坻的硬环境，更重要的是把中关村的创新生态环境复制过来，适时适度引入科研院所的人才和专业优势以及中关村相关产业，快速提升宝坻的创新发展能力。

2016 年，中关村以市场化运营机制将中关村创新创业服务资源引入津冀，支持 36 氪、北服创新园、创业公社、太库、泰智会等 20 多家孵化器，在津冀设置分支机构，注册面积共计 11 万多平方米，在孵企业 / 项目数量 240 多个。

推进协同创新共同体建设

建设京津冀协同创新共同体，中关村不仅是积极的推进者，而且是当仁不让的排头兵。

"中关村的创新资源之富集，创新能力之强，有目共睹。创新能力越强，其分解、裂变的创新能力越强。中关村在加快京津冀协同创新共同体建设中，可以发挥出越来越大的引领和推动作用。"中国科学技术发展战略研究院院务委员郭戎感慨地说。

《中关村国家自主创新示范区京津冀协同创新共同体建设行动计划 (2016—2018 年)》(以下简称《行动计划》) 提出：到 2018 年，在 "4+N" 重点区域，初步形成以科技创新园区链为骨干，以多个创新社区为支撑的京津冀协同创新共同体，实现几大目标：协同创新机制和支持政策取得重点突破，跨区域创新创业生态系统初步构建，自主创新的重要源头和原始创新的主要策源地作用进一步增强，跨京津冀科技创新园区链形成合理布局，区域产业转型升级取得明显成效。

为实现发展目标，《行动计划》还提出实施协同创新共同体建设 "六大工程"：政策先行先试工程，打造区域体制机制创新高地；创新社区共建工程，建设跨区域创新创业生态系统；重点园区建设工程，构建跨京津冀科技创新园区链；新兴产业培育工程，共筑区域高精尖产业主阵地；京津冀人才圈建设工程，推进高端人才集聚和跨区域创新创业；金融服务一体化工程，推动

三地科技金融服务体系有机衔接。①

（三）正定高新区、中关村集成电路产业基地落户正定

正定高新技术产业开发区于 2014 年 1 月 6 日正式被省政府批准为省级高新技术开发区，是该县近期启动和打造的京津冀产业合作区，已纳入中国城市规划设计研究院编织的正定城乡总体规划产业布局范围。区域覆盖面积 55 平方公里，规划面积 24 平方公里，分为北区和南区。截至目前，北区入驻亿元以上项目 12 个，南区入驻亿元以上项目 12 个。在当前面临京津冀协同发展机遇下，高新区依托新一代信息技术和节能环保技术，发展前景非常广阔。

正定县区位条件、文化底蕴、教育资源等基础设施良好，能够适应京津冀协同发展的趋势。县委、县政府与入驻企业进行协商沟通，签订合作协议，研究制定产业对接、电商对接的时间表，着手做好空间规划、产业规划等一系列总体规划。同时，顺应国家的方针政策，根据企业需求制定相应的支持政策，为企业提供有力保障。要进一步优化发展环境，为企业提供优质的服务，使企业安心在此落户。

近年来，正定不断落实企业入驻相应的配套服务，增强社会资本，在现有基础上，加大基础设施建设，提升基础设施的通达性，根据企业的需求尽快制定出适合发展的政策。②

2016 年 11 月 16 日，2016 京津冀协同发展石家庄（正定）中关村集成电路产业基地暨正定科技新城"十三五"发展推介会在中关村国家自主创新示范区展示中心隆重召开。推介会上举行了京津冀协同发展合作项目签约仪式，总投资 244.1 亿元的 11 个京津冀合作项目进行了集中签约，国内外 100 余家企业参会代表等参加了此次系列活动。③

推介会重点介绍了石家庄（正定）中关村集成电路产业基地及正定科技

---

① 赵淑兰. 中关村科技创新区打造园区链：协同发展京津冀跨区布局中关村 [N]. 经济日报·中国经济网，2017-01-25.

② http://news.ts.cn/content/2016-11/17/content_12389691.htm.

③ http://blog.sina.com.cn/s/blog_b3eca0390102v7it.html.

新城产业规划、产业方向，发布了《石家庄市政府关于支持石家庄（正定）中关村集成电路产业基地若干意见》，并对《正定县人民政府支持正定科技新城发展若干政策》进行了解读。随着京津冀协同发展战略的深入实施，正定作为京—津—石"创新京三角"的创新枢纽节点、京—保—石万亿产业带的重要战略支点，已成为北京、河北两地落实京津冀协同创新发展战略的重点区域。

由石家庄市与北京中关村合作共建的石家庄正定集成电路产业基地，充分发挥两地优势，构建集成电路设计、制造和封装测试及装备制造全产业链，打造继上海、北京、西安之后全国集成电路产业第四极。正定科技新城由京冀两地政府整合北京中关村和石家庄市的优质资源共同推动建设，规划面积70.5平方公里，积极培育新能源汽车、高端装备制造、节能环保和现代物流四大潜力产业，为推动京津冀发展提供重要支撑。

第四节　京津冀职业教育资源整合的对策建议

促进职业教育资源整合和共享，在京津冀三地之间形成完善的统筹规划、系统管理的合作机制，提升区域内职业教育整体实力，是解决区域一体化发展的一个重要前提。

整合京津冀三地职业教育资源，实现三地职业教育协同发展，是京津冀协同发展背景下职业教育发展的必然选择。所谓协同发展不是简单的合作，而是对京津冀地区的教育资源进行重构和改革，要深化教育领域综合改革，优化区域教育布局，增强教育发展活力，提升区域教育整体水平。

迈进新时代，海淀区职业教育应提升到与区域经济社会发展息息相关的重要地位，整合区域内政产学研用等各类职业教育资源，重构海淀区职业教育体系，以产业发展的职业人才需求为导向，面向全国乃至全球的人才培养机构，构建海淀区职业人才培养和服务体系，使其与海淀区高精尖产业发展相匹配，走精品化、高端化和国际化的道路，积极发挥职业教育服务核心区经济增长、战略性新兴产业发展和职业技术人才培养的功用。以海淀区职业人才培养和服务体系服务落实京津冀协同发展战略，在北京周边地区，与河北等地区的高校、中职学校合作，进行京津冀三地职业教育资源的有效整合，建设中关村学院分院，把海淀区的优质职业教育资源与津冀的职业院校共享，更好地发挥海淀区职业教育在京津冀地区的辐射带动作用。

京津冀职业教育协同发展是一项系统工程，涉及面广，影响深远，需要科学规划、稳中求进。京津冀三地要以长远发展共赢为原则，立足长远，尊重教育发展和区域发展规律，要克服"一亩三分地"的狭隘的本位主义，也要克服短期的功利做法和政绩诉求，从国家战略和京津冀区域长远利益和可持续发展大局出发，树立协作共赢和利益共同体意识，将三地的思想认识、利益诉求、行动步骤等尽快统一起来，形成京津冀协同发展的合力。

具体来说，京津冀要实现职业教育资源整合可以从以下几个方面着手。

一、强化政府统筹，坚持整体规划

政府在区域合作中扮演的是政策制定者和协调者的角色。在京津冀职业教育合作中，政府要发挥主导和统筹作用。

首先，从国家层面来看，要制定区域内职业教育发展的长远规划和发展目标，进一步明确责任机制，引导和规范京津冀三地之间的合作，推进区域内职业教育发展的公平化，促进资源的利用率最大化，实现效益的最大化。

其次，京津冀三地政府相关部门要加强合作，根据地区经济发展状况，教育发展水平，各单位、机构职业教育实际，积极应对经济发展、产业升级以及职业教育发展的需要。要以改革创新精神破解体制机制障碍。京津冀教育协同发展涉及三地政府、教育主管部门和各级各类教育主体，要实现区域教育的优化布局和改革重构，关键的破解点在于体制机制的创新。应由教育部牵头、三地政府和相关部委参加，建立三地教育协同发展的领导机构，构建决策、协调与执行三级管理体制和协调机制。同时引入新型评估方式，将京津冀教育协同发展工作目标任务的完成情况纳入三地教育主管部门的工作考核和评价中。具体来说，一是做好全面布局与整体规划，整合和优化区域内各种职业教育资源，协同推动科技创新一体化发展。二是随着京津冀地区，尤其是河北省内一些新的产业园区的落地生根，要进一步加强高水平的校企合作，打造创新发展战略高地、创新孵化器、实训基地。三是探索人才培养和输出的新模式，实现人才异地培养、本地接收，促进人才的合理流动。这就需要政府相关部门制定并实施区域内统一的职业教育政策，做好职业教育的统一标准和长期规划。

薛二勇，刘爱玲[①] 提出，要建立与京津冀教育协同发展目标相一致的职业教育协同管理体系，应加强三地之间职业教育协同发展的互补性与共享，在招生计划、人才培养规格、跨区域实习实训等方面形成良性机制，进行政策跟进。一是"一集多微"协同模式，建设以实验园区为载体的京津冀高等职业教育集中承载区，在天津设立京津冀理工类高等职业教育园区，在河北建立京津冀综合类高等职业教育园区。建立京津冀中等职业教育协同发展的多微承载区。三省市教育主管部门引导，建立多个以县域职教中心为主体的中等职业教育协同发展区，打破部门和区域限制，消除区域间招生限制，开展跨区域招生。二是优势互补协同招生。根据三地功能定位和产业结构，确定京津冀职业教育阶段招生总数和各地招生数量、招生专业。天津、河北专接本考试对北京开放。北京考生可自主选择参与天津和河北的专接本考试，拓宽北京职业教育学生发展空间。推广京津冀中等职业教育"2+1"教育模式。按照生源所在地接受理论学习 2 年、工作地实习实训 1 年的方式，设计学生课程，完成人才培养计划，增强中职学生的岗位和环境适应力。建立京津冀学分共享和转化机制。三地教育主管部门和学校基于学生课程的学习结果和相关工作量，确定学分转换标准。三是人才培养协同模式。河北职业教育建议加强农业类专业建设，特别要加强休闲农业、生态农业技术和园艺技术专业的招生；加强文化服务类专业的招生；加强旅游管理大类（休闲服务与管理）、休闲体育等专业的招生；加强生物技术类专业的招生，服务河北医药行

---

① 薛二勇，刘爱玲.职教协同发展需政策措施跟进 [N].中国教育报,2017-12-19(8).

业发展，助力京津发展轴建设。天津职业教育建议加强交通运输大类专业的建设，着力加强水上运输类、航空运输类专业，生物与化工大类、电子信息类专业的建设。建议加强与现代服务业产业、战略新兴产业、文化创意产业以及部分智慧制造产业相关专业的招生。

在京津冀职业教育合作中，海淀区要根据京津冀协同发展的战略部署，积极探索京津冀一体化的现代职业教育协同发展措施。要保证海淀区的职业教育与北京市的功能定位相符合，梳理职业教育在北京市功能疏解中的定位、规划，保证职业教育调整工作顺利实施。一是可以调整职业院校结构和布局，把海淀区优质的职业教育资源移植到河北发展，全面改善河北职业教育办学条件、师资水平。二是把海淀区校企合作、高新产业园区发展的成功经验引入河北。

二、加大职业教育投入，建设现代职业教育体系

建立区域内职业教育经费保障机制，坚持职业教育的公益性和普惠性，坚持政府投入的主渠道作用，支持职业教育发展。要整合职业教育发展专项资金，加大政府对职业教育经费的统筹力度，探索职教经费奖励、补贴和资助机制，逐步推广试点企业失业保险按比例返还政策，引导企业和社会加大职业教育投入，鼓励社会加大职业教育投入。薛二勇，刘爱玲[1] 提出，要合理配置教育财政资源。建议增加国家对京津冀职业教育的总体投入，设立京津冀职业教育协同发展专项经费，设立专项户头，纳入国家和地方财政预算。明确地方和中央在京津冀职业教育财政性教育经费投入中的责任和比例，制定京津冀职业教育投入标准，按照"以奖代补"的方式，落实各项经费差额，高出平均值地区的职业教育经费作为奖励性经费，由所属地方教育行政部门掌握；低于平均值地区的职业教育经费，由中央财政经费予以补贴，实现教育投入的均衡。建立京津冀职业教育特困资助体系，按照学生家庭所在地最低工资标准设立贫困地区中职学生家庭补贴，经费由地方扶贫资金承担，拨付到家庭，保证学生安心读书。建立京津冀职业教育项目发展基金，用于京

---

① 薛二勇，刘爱玲 . 职教协同发展需政策措施跟进 [N]. 中国教育报，2017-12-19 (8).

津冀职业学校基础能力建设项目、师资队伍能力提升项目、教学质量提升项目和示范校建设等。

要建立现代职业教育体系，在关注公办职业院校发展的同时，也要将民办职业教育学校和民办培训机构纳入职业教育发展整体规划，要充分利用区域内没有直接隶属关系的职业教育机构的教育资源。

加强国家级职业教育示范校品牌建设。做强做优职业教育精品专业，推进职业教育课程和教学模式改革。以提升职业素养、培育工匠精神为重点，探索现代学徒制育人模式。建设校企合作、产学研一体化实训基地，开展订单、定向培养和"学历教育＋企业实训"培养。推出职业教育名师和导师，提高"双师型"教师比例。探索"中高本"贯通培养模式，拓宽中职学生发展通道。

海淀区要把提高教学质量作为今后一段时间职业教育改革与发展的核心任务，适应非首都功能疏解和产业转型升级的新要求，制定专业建设规划，改进现有专业设置，积极发展新兴产业相关专业。继续优化"3+2"中高职衔接、综合高中试点专业布局。积极推进精品特色专业建设，打造能发挥引领辐射作用的示范专业。海淀区职业院校要通过优质资源的辐射带动，提升学校的国际化水平和区域示范带动能力。与区域的产业融合、企业合作，将几种教育教学形式有机统一，通过专业和课程改革创新，构建"三位一体"的课程，将不同项目、不同层次的课程和学习资源有机整合，创新学校的课程框架体系，充实学校的专业内涵。通过更科学详尽的调研，收集到更多的行业企业信息，形成"产教融合、校企合作"大数据支撑，进一步提升社会服务能力。通过企业实践和互联网信息技术方面能力素质的培养，满足对教师的素质提出的高层次、复合型的要求。

三、建立区域内职业教育资源库，实现资源共享

京津冀一体化发展要注重发挥北京全国科技创新中心、天津现代制造中心的优势，整合创新资源，推动产业升级，帮扶曹妃甸、张承、新机场等新型产业园区的建立和发展，不断完善合作机制，实现互利共赢，构建分工合

理的创新发展格局。同时要促进科技资源交流共享，充分发挥首都科技条件平台的作用，鼓励三地开放重点实验室、工程技术研究中心、企业中试基地、科技孵化机构等，共建统一的成果转移转化、科学仪器开放和技术交易平台，打造协同创新载体，实现创新成果、科技人才、信息资源等共享，开展高层次科技创新创业人才交流合作，为三地科技型企业提供多方面服务。在全面深化合作的背景下，京津冀三地要打造诸如"中关村软件园云计算实践教育京津冀协同发展中心"之类的区域职业教育资源共享平台，对区域职业教育资源进行集中管理，实现政府、学校、企事业单位职业教育资源的互联互通，实现教学资源尤其是课程开发和师资的共享。

海淀区要建设职业教育资源管理服务中心，挖掘区域产业和专业资源优势，合作共建一批职业教育特色专业和精品课程，认证一批企业职业教育大师和职业教育基地。加强创新创业教育，推进创新创业人才培养工程。促进职普融通，统筹区域科技创新资源。

积极拓展国际教育，提高国际化水平。海淀区在建设全国科技创新核心区和加快"一城三街"建设中，逐步成为全球科技创新的引领者和创新网络的重要节点，聚集了大量人才、原创成果、国际标准等科技创新要素。充分利用区位和品牌优势，积极拓展国际教育，引进一批符合国际规则、国际标准的教育项目，逐步实现"本土化"，落地中关村核心区。尝试联合区域内高新技术企业建立新型的企业大学，在合作中发挥学院的主体作用，使办学方向和水平符合国际化标准；探索创建将中国国学的课程体系、相关品牌的学习项目的国际化输出的有效途径；整合国内外资源，打造具有国际水准的专业学术平台和论坛；建设、整合社会资源，特别是高新企业课程资源平台；以符合国际化的标准推进自身内涵发展和承接各类高端培训，打造若干个具有国际水准的继续教育项目和培训基地。

四、整合信息化职业教育资源，开发远程职业教育

在信息化时代，现代职业教育发展也需要借助信息化手段，利用大数据、"互联网 +"、云计算等，建立统一开放的信息化平台，实现信息共享。京津

冀三地要积极开发远程教育、网络职教中心、数字虚拟课堂等网络平台建设，加强三地网络资源的整合和共享。同时需要建立三地人才需求和招聘网站，及时建立和发布三地产业发展方向、人才供需变化、人才服务信息、人才就业政策、从业者职业培训期望等各方面的信息。明确三地企业人才需求种类、数量等基本情况并进行相关人才需求分析，统筹安排人才培养工作。

海淀区要继续加强教育信息化建设，建设和完善网络教学平台，开发教学资源，不断提高教师信息化教学水平，逐步形成各学校、各专业系统化的网络课堂，开设网络课程和数字化教材，建立优质教学资源库。

申请国家级互联网教育项目试点，探索创建线上线下相结合的学分互认制度和教育模式转换机制；整合区域内高等学校和科研院所、企业大学和培训中心等优质教育资源，打造互动、开放、共享的数字化教育资源服务学习平台。开展远程课堂教学，加强微课程、企业课程、MOOC课程的研发，利用互联网、星网和移动互联技术，围绕立项区域高新技术企业慕课联盟、网上中关村终身学习体验园建设等项目，将丰富的课程资源和系统化管理经验整合为具有自主知识产权的网络课程，为海淀区全体居民进而逐步扩展到整个京津冀地区乃至全国范围的大众提供网上体验学习平台，实现终身学习体验项目和课程的线上线下良性互动。

实现远程和地面、线上和线下、互联网与卫星网的有机结合，开展创新创业远程培训课程的试点性应用，总结经验，凝练模式。在海淀区这一"双创"高地试点试验，运用现代远程技术迅速辐射复制。拓宽经费投入渠道，加大资源整合力度，建设校企合作培养基地和校外实训基地。加强图书馆建设，稳步增加图书文献资源数量，利用App软件、微信公众平台、课程资源库等现代信息技术载体，加强数字化阅读的各项设施的更新，创建同声传译等有利国际交流的教学条件。创新信息化建设的管理体制和运行机制，建立综合统一的信息化服务平台。

五、继续推广、探索产学研合作发展模式，充分调动企业积极性

随着京津冀协同发展进入全面落实的新阶段，搭建合理有效的平台系

统能够引导多方参与、实现资源有效整合，是支撑区域协同发展的重要载体。搭建教育领域的协同发展平台，是破解京津冀教育发展瓶颈、促进区域教育协同发展的关键和引擎。① 在京津冀协同发展背景下，河北省作为产业转型升级试验区，应承接京津地区的产业转移，这势必提升对人才质量和数量的要求。而这种培训需求不能完全依靠职业院校，还要综合各方力量，利用各方优势，加强政府、教育部门和企业、社会组织之间的有效沟通和深度合作，鼓励企业积极参与京津冀职业教育合作，不断探索产学研深度合作新模式。首先，要充分发挥政府的协调促进作用，为产学研合作搭桥引线；完善配套法律法规，对产学研合作予以规范和保障；具体细化配套政策，把鼓励产学研合作落到实处；发挥市场能动作用，鼓励产学研合作的机制创新。其次，要鼓励企业利用自身资源，结合市场需求，加强对企业在职人员的培训。鼓励学校之间、校企之间开展必要的合作参与职业技术教育，对于愿意成为实习、实训基地的企业，政府可以给予一定的资金和政策支持。此外，近年来海淀区利用自身高新技术产业发展、科技企业众多的优势，统筹区域内职业教育资源，形成了学校与企业良好的互动合作，要积极主动发挥自身优势，把这种比较成熟的校企合作、产学研合作模式在河北地区进行推广。

下一步，可以根据产业布局和企业需求，重点发展某些特定专业，比如新材料专业。目前，北京在新材料行业，教育与产业的契合度极低，需要行政主管部门从政策上加以引导和扶持。这就需要：第一，挖掘北京市现有的财经商贸类、服务类的职业教育资源，与新材料行业、企业"产教融合、校企合作"，联合培养新材料专业的定向班，在通用课程的基础上，增加新材料行业的发展情况的课程，为行业专门培养经营管理、销售服务类的高技能人才。第二，立足北京新材料产业链，面对京津冀协同发展战略推进下生产环节转移河北地区的现实，利用京津冀协同发展的政策，挖掘河北中高职在新材料专业方面的积累，结合产业发展趋势的研判，规划布局一下专业建设。在更大的范围考量专业契合度，在京津冀整个地区布局教育资源，以提高与新材

---

① 方中雄. 京津冀教育蓝皮书（2016—2017）：京津冀教育发展研究报告——协同发展平台体系建设 [M]. 北京：社会科学文献出版社，2017.

料产业的契合度。将津冀的职业教育资源考虑在内，与环渤海地区的新材料产业进行契合设计，构建职教集团或者教育联盟，特别是利用河北的教育资源，开展产教融合、校企合作，把握北京新材料的中央企业、大型股份制企业在河北布局生产基地、构建产业生态体系的机遇，挖掘津冀的职业教育资源的现有存量，适当进行增量补充，为新材料企业的生产服务一线培养高技能人才。第三，配合北京市产业政策和布局，加大贯通式培养力度，提升北京市的培养层次，以契合新材料产业人才学历高企的需求现实，北京新材料行业随着疏解功能的政策延续，作为总部基地、管理平台、研发基地，用人的学历要求一般提高到大学本科层次。因此，联合北京地区的普通本科院校，进行新材料专业的贯通式培养，以满足行业企业的人才需求。第四，服务中小微企业的人才需求，今后新材料研发、生产、应用将更加深化到民用领域，新材料在民用时和民用产品进行"合成"时，会产生一些新的职业岗位——新的技术技能，会形成大范围、持久性的应用，这样就可以形成一些新的职业岗位（与新材料产业发展相伴生），要认真研究这些新的人才需求，及时进行相应的调整，以实现与产业发展的更高契合度。

附录 D

建立中关村软件园云计算实践教育京津冀
协同发展中心的方案建议

一、中心介绍

为了积极响应国家"十三五"规划纲要、京津冀协同发展、"一带一路"国家战略、《国家中长期教育改革和发展规划纲要（2010—2020年)》《现代职业教育体系建设规划（2014—2020年)》等大力发展移动互联、云计算、大数据、物联网等为核心的信息技术战略性新兴产业、电子商务及互联网营销等现代服务业的需要，拟建立中关村软件园云计算实践教育京津冀协同发展中心（以下简称"中心"）。建成之后的中心主要功能有：整合京津冀地区行业、企业及高校资源，建立自主的计算机软件、云计算、大数据、移动互联、互联网营销与管理、UI界面设计等领域高端实践型技能人才培养体系；通过企业化课堂管理、项目化演练、工作室实战、项目经理制等方式，不断完善项目实战案例库，为学生提供个性化的就业定制方案，打造一体化的就业服务体系，为学生提供创业及外包项目服务平台，帮助学生实现自主创业梦想。

中心将依托中关村人才需求及高新企业技术优势，开展京津冀地区大学生工程实践教育项目，为京津冀地区高校提供实践型人才培养解决方案与职业教育运营解决方案，为京津冀地区行业企业提供优质人力资源解决方案，为地方政府提供区域职业教育一体化发展解决方案。针对社会及企业人才需求，中心将定期开展专业人才需求调研，通过企业反馈的用人需求信息及关键岗位核心能力确定专业方向。

以企业需求、岗位需求为导向，以岗位核心能力为标准，以打造 IT 职业精英为目标，中心将引进企业的一线专家开发专业课程体系，重视对学生实践能力的培养，通过优质的课程、强大的师资、高效的教学和真实的项目全力打造学生的专业能力。

中心要充分发挥自身优势，以高校转型为突破口，以"大学生工程实践教育培养"为主要合作模式，以培养高端创新型、实践型技能人才为目标，以项目实战为主要实现方法，与需要转型的高校共同培养人才。未来建成的中心计划建立一支由行业资深专家、教育领域专家、企业一线项目管理专家组成大学生工程实践教育专家队伍，明确行业、企业人才发展需求，引进高科技企业项目案例及真实项目，通过真实的工作环境、真实的工作任务、真实的工作角色，开展工程实践教育教学工作，做到"真学真做掌握真本领"，按照企业真实的人才需求、真实的技术要求、真实的业务流程设计技术提升与实战模块，打通高校与企业之间的人才培养与选拔通道，打造全新的工程实践教育教学人才培养模式，为高校提供定制化的人才培养解决方案及师资培训方案，为企业、产业园区提供人力资源服务方案。

中心以"打造领先云计算，共创教育新未来"为愿景，以"面向高校，服务企业，搭建平台，领航未来"为使命，秉承"专业成就品牌，诚信铸就未来"的发展理念，强化工程实践人才培养意识，不断更新工程实践人才培养体系，完善人力资源就业服务保障体系，携手京津冀地区的相关企业与院校共同创建大学生工程实践教育的新未来。

院校合作模式包括原专业建设、新建专业和新建专业方向等几种形式。原有专业建设即在原有专业的基础上参与专业课程的教学工作。新建专业即中心提供专业建设方案，院校申办新专业并实施招生。教学的实施与管理由双方协商确定执行办法。新建专业方向就是指在现有专业基础上进行新的方向开设。中心将同院校结合实际情况，分担教学的实施与管理等工作。中心将技术、项目等企业资源引入院校，提升院校的整体软、硬件教学环境。同时将课程体系、师资、教学服务、就业服务等教育资源引入院校，提高院校的整体教学水平和就业质量，进而提升院校竞争力。专业共建可以很好地发挥企业与院校的各自优势，强强联合，培养实用型人才。

二、合作模式

中心计划与院校共同制订具有特色并符合院校实际情况的课程教学计划和人才培养方案，共同制定核心课程体系，在院校原培养方案（或者教学计划）的基础上，通过课程植入或置换的方式导入实训课程体系，以能力培养为主线，以具体实训项目为教学单元，形成企业全程介入的四年不断线的教学模式（见图 D-1）。

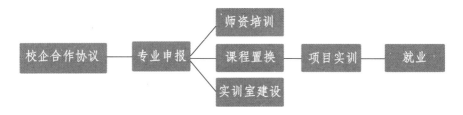

图 D-1　校企合作协议图

招生工作

合作的目标群体为国家计划内招生的相关专业学生，合作院校负责招生指标的申报工作，中心给予配合，共同完成招生目标。

合作方式

结合合作院校专业学生培养要求，制定基于项目过程的课程标准，设计来自专业岗位典型工作任务的实训项目；开发课程、编写讲义教材，加强教学资源的建设；承担部分课程的实践教学任务（见表 D-1）。

(1) 第 1 学期，开学典礼（包括签订就业协议）、专业导论教学工作；

(2) 第 2~6 学期，每学期至少 1 门专业核心课的集中讲授和项目实训；

(3) 第 3 学期，企业参观及实习 2 周；

(4) 第 4 学期，校内实训 2 周；

(5) 第 7~8 学期，企业实训 4 个月（包含毕业设计）；

(6) 每学期，一次专家讲座；

(7) 每学期，一次学生座谈；

(8) 每学年，一次技能大赛。

表 D-1　课程教学计划表

学年	阶段	课程	学习方式
第一学年	专业认知和基础阶段	专业核心课 职业素质课	校内：教学、实训
第二学年	专业能力提升阶段	专业核心课 实训课 职业素质课	校内：教学、实训
第三学年	专业能力提升阶段	专业核心课 实训课 职业素质课	校内：教学、实训
第四学年	核心技能提升阶段	实训课 职业素质课	企业：实训、实习

课程置换

根据现有的专业课程设置情况，将中心开发的课程补充（或替换）院校原有的专业课程，通过课程植入、课程置换、学分置换等方式将这部分课程纳入本专业大学教育学分体系中。

学生的公共基础课、专业基础课、选修课均由院校统一安排教师按原有计划授课，专业技能课程由经过中心认证的教师进行授课。这部分教师主要来源于国内外企业，是具有丰富实战经验的技术及管理人员，同时也会有合作院校的部分老师（经过系统培训并顺利通过考核的高校老师）。

中心负责对专业课程的行业调研、课程设置、师资培训、授课、实习、就业等方面提供服务。同时，根据实际需要负责对合作院校的老师进行专业知识更新、项目实训、行业动态等方面的短期专项培训，实现专业基础课与专业技能课程的有效衔接，让合作院校的老师能够逐渐承担教学任务。

资源保证

中心组织行业专家进行课程设计，贴近中国企业的实际人才需求，同时聘请来自知名企业的一线实战专家担任讲师，以确保教学及专业建设的效果，在课程设计与实训模式上不断创新，改革实训模式保持实训规模扩大的同时确保就业率，而且高质量就业。

由院校提供实训场地及基础的计算机设备，如因专业人数的增加等必要原因，在合作达到一定规模后，中心可考虑进行部分设备的投入。

中心提供专业核心课参考教材目录及专业核心课教学资源（包括大纲、课件、案例库等）。通过这一课程体系帮助中国的高等院校建设高质量、复合型、实践导向的计算机相关专业。与中国高校携手，共同培养具有国际视野、符合中国国情、高素质、应用型的 IT 行业人才。

三、教育模式

1. 技能实训技术领先

中心搭建计算机类专业教育平台，依托自主研发的课程体系、人才培养方案、教育服务体系，创建行业教育品牌，与国内高等院校合作，确立校企联合培养项目，打造高端教育培训品牌。

中心基于双赢思维下的专业化服务，为合作院校的发展提供可靠的支持，提供领先的教学方案，引入行业高端课程体系，合理指导专业课程设置，完善的师资培养体系，实现"双师型"师资的培养，强大企业技术人员师资库及项目库，为合作校提供项目实践服务，实施全新的实践教学模式，将计算机技术、项目资源等优势融入专业建设，实现共赢。

通过基于准确的相关专业人才需求调研数据，在课程设置、教材使用、教学模式、就业服务、师资保障等诸多方面，把企业岗位对人才的需求标准延伸到专业设置中去，从而确保其学有所用。"课程实训＋项目实训＋企业实训"相结合，分别从专业技能、项目能力和职业素质三个方面帮助广大学生全面提升职场就业竞争力，快速成为"到岗即能胜任工作"的复合型、实用型人才。

课程紧跟企业的标准发展，并经过院校的反复教学实验验证而得。为克服传统教学中教材陈旧，与企业需求严重脱节的不足，中心每年组织一次企业与高校的课程探讨会，针对热点技术开展教学研讨等。

在教学模式方面，改变传统讲授式教学，将实训环节结合到教学的各个阶段，课程实训、项目实训和企业实训全方位综合实施。改变教学的传统做法，综合培养职业素质和职业技能。在就业服务方面，将日常教学与就业服务紧密联系，并利用人才资源库平台工具，将学生的学习实训资料与企业人事结合，着眼打通学生与企业的直接沟通渠道。在师资保障方面，拥有专业化师资团队，师资具备丰富的企业工作经验和实际项目经验，从而克服传统师资"从高校中来，到高校里去"，企业工作经验不足的缺陷，与众多国际知名 IT 企业的合作，将"企业需求"元素贯穿于教学始终。

2. 教学服务体系完备

中心为合作院校提供全面的资源：

（1）为合作院校提供冠名招生（实战班、定向班），与合作院校签订合作协议；

（2）定期为合作院校提供专业师资培训，有助于专业基础课程与实训课程的衔接，同时也可以由院校教师担任一部分实训课程，以保证教学的完整性和持续性；

（3）专业技能实训课程植入，学分置换，独立的课程体系，模块化的教学与项目实训；

（4）实训室建设相关的支持与投入，根据各合作院校的情况，中心对实训设备进行投入；

（5）双证书认证，组织学生参加中关村软件园及工信部相关培训与考试，发放中关村软件园证书、工信部职业资格证书或技术等级证书；

（6）定期组织行业专家作为专业师资的现场面授课程；

（7）学期分散与集中相结合的实践课程；

（8）经典课堂案例和课后练习；

（9）经典企业级应用开发项目的引入；

（10）职业素质和职场文化专题讲座；

（11）定期组织校长峰会、技术交流会议等；

（12）高质量配套教材，详细定义了每一门课程的课程目标和课程大纲，课程大纲按照实训项目的方式编排，以企业实际岗位需求为出发点，侧重于工作流程和项目演练，更加符合实际工作模型，有助于实训教学的准备和实施。

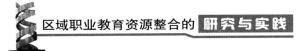

3. 教学质量控制严格

(1) 课程体系模块化

通过对行业、产业的调查分析，了解各行业人才需求标准，明确关键岗位技能，确定课程体系及培养方案。整个课程体系分为多个模块，可以培养学生不同方面的职业技能，让学生的学习过程更有针对性和目的性。高技能型人才培养的目标要求是强调以能力为本位，重视实践能力的培养，实质是知识、技能和态度三位一体的素质结构。这个素质结构主要由四个要素构成：一是完成职业任务所必需的基本技能或动手能力；二是完成职业任务应具备的基本素质；三是职业岗位变动的应变能力和就业弹性；四是在技术应用中的创新精神和开拓能力等。校企合作实训项目完全能弥补院校在以上四个方面的不足，拥有完备的知识体系和课程结构，能适应企业开发的完整需求。课程内容充实，专业方向清晰，专业课程聚焦明确，可完整替换普通高等院校计算机专业的专业课程和集中实践课程。

培训过程中，学生在接近真实的虚拟职场环境中进行实战演练，获得与实际工作相差无异的工作经验，由课内延伸到了课外，形成了全面覆盖的竞争优势。所以，学生一旦进入企业，马上就可以进入工作状态，符合行业对学生的高质量就业要求（见图 D-2）。

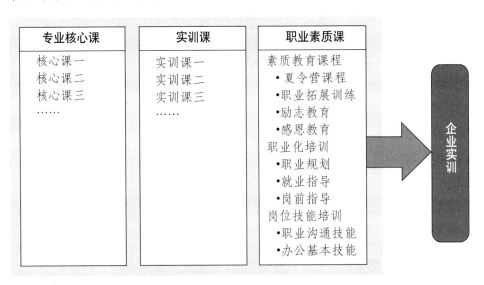

图 D-2　企业实训图

（2）导师制角色模拟

导师制是企业当中最常用的培训方法，把导师制应用到教学中，让有经验的企业导师创建企业实际工作流程和工作场景，并全程指导学生的角色模拟，协同完成项目和任务。可以让学生充分体验和掌握各种角色的工作技能和工作经验，并培养他们的主动性和责任感。

所有参与院校专业共建的师资队伍都是由企业实际开发经验的一线开发人员组成的专业化师资队伍，其中包含国内外优秀的专家人才队伍、企业优秀项目经理人、高校优秀专业教师。教师采用目标分解、任务驱动、技能培养、滚动教学等模式培养学生。教师以引导者的角色，设计和分析创作目标、情境，使学生了解相关的专业知识，同时提出任务，引导学生去完成。学生以主体的身份分析、理解设计专业知识，积极操作来完成创作目标任务。通过任务驱动给学生提供了自学、创新的空间，同时更多地提供了专业交流的空间，使教和学之间的关系由单一关系转变为引路人与开拓者、教练与运动员、互相研讨切磋的对象等关系，真正落实以学生为主体、以培养能力为本位的理念，专业化的教学及实训师资便于实现理论教学与技能实训的有效结合。

（3）实训项目案例化

以真实工作场景为核心，以真实项目为背景，每个团队将根据课程内容和讲师的安排，通过技术研讨、实际操作等手段，合作完成一个任务和项目，将所学到的知识应用到一个完整的项目过程中。鼓励学生自己动手、团队协作，培养学生自己解决问题的能力。

使用企业中实际运行的项目用于教学，将整个项目分解，划分为多个子任务，分析每个任务需要的知识概念、方法技巧、素质要求，并将这些环节案例化，最后通过完成任务的形式来组织学习内容。

所有实训项目都从企业一线的开发环境移植过来，开发流程和使用的工具均按照企业现场开发环境来组织和实施。让学生明确实战项目运作的全过程，包括项目招设标过程、方案拟订过程、谈判过程、项目实施过程、项目总结及验收过程等。在项目实训的实施过程中，学生会从再现的真实大型项目的全过程中学习，从客户需求开始分析到产品的特性解读、系统架构

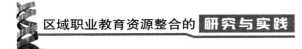

的规划、产品搭配以及系统的项目实施，从每个细节入手，真切体验经典项目。

学生在进入到实训课程后，需要明确自己的实训任务及实训目标，了解整个实训过程，认真解读实训内容及步骤。实训过程就是实战项目的商业化过程，拥有全真的工作环境、开发流程、管理模式、团队建设、售后服务体系等。

（4）教学师资专业化

所有参与院校专业共建的师资队伍都是由企业实际开发经验的一线开发人员组成的专业化师资队伍，其中包含国内外优秀的专家人才队伍、企业优秀项目经理人、高校优秀专业教师。教师采用目标分解、任务驱动、技能培养、滚动教学等模式培养学生。教师以引导者的角色，设计和分析创作目标、情境，使学生了解相关的专业知识，同时提出任务，引导学生去完成。学生以主体的身份分析、理解设计专业知识，积极操作来完成创作目标任务。通过任务驱动给学生提供了自学、创新的空间，同时更多地提供了专业交流的空间。

（5）教学过程科学化

针对企业实际应用需求，以真实的企业级项目为主导，以理论知识和项目讲解为前提，即学即用，在项目的制作过程中消化吸收所学知识，在解决项目的实际问题中使所学技术达到熟练应用。针对教学中的每个环节，将课程划分为确定目标、提出任务、分析任务、解决任务和总结评价这样五个阶段。最后通过项目的完成而实现对所学知识的传授，并且在教师（项目经理）的指导和帮助下找出解决问题的方法，让学生以小组形式划分，在做中学，体验真实的企业项目设计流程。

教学保障和学习管理采用过程考核制和项目管理制，完全实现公司化管理，所有学习数据和项目成果能够得到完整的保留和传递，能全方位、无缝地监控整体教学效果。学生完成院校的专业基础课程并全部合格后才有可能进入到实训阶段。学生需要通过第一轮职业基础能力考核，也就是面试，通过面试过程及成绩记录为学生建立实训档案，确定学生的职业技术及能力水平等级，以便为学生量身打造切实可行的实训计划及提升方案。学生进入到实训阶段后，完全实行公司化管理，全真的公司工作环境，实训老师作为总经理，全体学生作为公司全部成员，根据项目及学生实际情况划分项目小组，每个小组就是独立的业务部门，设立一名部门经理，按照公司的项目开发流程指导学生对真实项目的开发，每门课程实训都需要确定提升方案并进行过程监控，每名学生都有项目任务和目标，都需要有工作日志，对当天的实训及时进行记录和总结，反思实训工作中的不足。由总经理带领各部门经理对整个实训项目过程进行监控和考核，对项目各小组及成员进行技术能力和职业能力等方面的考核，最终完成本实训项目的相关报告。不同阶段不同课程的技术能力及职业能力（如表达能力、沟通能力、团队合作能力和管理能力等）均有不同，部门经理及成员以课程为单位轮岗制，保证每一名学生的能力得到全方位的提升。

实训项目整体结束后，每位学生都会有一个或者几个适合自己的可参考的工作岗位，并有步入相应的工作岗位的工作技能的考核。"项目实战考评"标准是建立在企业技术考评标准基础上的，是比企业标准更加严格的实战技术考评体系。通过该体系，学生可以非常好地了解自身的不足，定位到每一个技术细节，对自己的综合技能合理地完善，轻松面对职场挑战和岗位竞争。学生通过项目实训课的学习锻炼，具备一定专业领域项目开发经验，体验、了解公司的工作环境，熟悉公司的项目开发及项目管理流程，成为上手快、实战能力强、技术过硬、基本功较扎实、具有较强的团队精神和创业能力、用人单位抢手的人才。

以软件专业为例，针对大学生动手能力较差、技术深度不够的特点，采取全真企业项目实训的方式，由资深项目经理、专业美工和专业测试工程师组建完整的项目开发团队，精心挑选两三个大中型的真实企业项目，经历大型软件企业才具备的软件开发全过程，包括：开发规范/开发计划、需求分析阶段、设计阶段（原型设计、数据库设计、框架设计）、详细设计、编码阶段、测试阶段、实施和维护阶段等。具体项目开发流程如表D-2所示。

表 D-2 项目开发流程表

开发规范 开发设计	由项目经理制定开发规范：编码规范、文档规范、数据库设计规范、框架设计规范。由项目经理制订详细的开发计划：需求调研、需求分析、概要设计、详细设计、编码、模块测试、集成测试、性能概要设计、详细设计、编码、模块测试、集成测试、性能测试、实施上线
需求阶段分析	把班级同学分组，以五人为一组，对业务进行模块划分，树立分析，形成需求规格说明书，项目经理进行最后的确认并点评
设计阶段	以组为单位，根据需求规格说明书，形成原型设计，以项目经理确认为标准，之后进行数据库设计、架构设计、业务流程设计，并形成相应的设计规格说明书
详细阶段	根据设计文档规格说明书、数据库设计规格说明书、原型进行详细设计，包含结构设计、类设计、核心业务代码实现
编码阶段	以组为单位，根据任务划分进行业务代码编程。每组抽出一人，成立测试小组，测试小组进行代码质量跟踪和检测
测试阶段	1. 单元测试 2. 根据需求文档、功能模块进行功能测试，产生 BUG 文档，并形成相应的测试用例、测试文档 3. 继承测试 4. 当单元测试无功能问题时进行集成测试，产生 BUG 文档，主要是交叉业务之间的逻辑性
实施阶段	项目经理根据实际项目，写出硬件、软件环境需求说明书，并写出相应的部署文档。以组为单位，书写用户使用说明书
维护阶段	以组为单位，书写详细的维护说明书，包括日志清理、数据清理、数据备份

(6) 教学资源系统化

引进国外高校的计算机课程的资料和资源，并按照符合中国高校教学习惯的方式重新编排，力图紧跟国际最高端的前沿技术和前沿课程，所有教学资料会每年更新一次，紧跟技术发展的潮流和趋势。

公司化管理及建设遵循"真实环境、真实项目及真实管理"，在企业实训教练和专业专任教师的共同指导下，按照企业项目开发的规范流程完成小规模的真实企业项目。同时对这些项目进行整理、提炼及文档化，加入项目库,成为课堂教学、实训教学的共享资源。反过来,项目库内大量的共享资源又可作为企业工作室项目的研发基础和技术来源。结合院校、专业及学生特点,设置案例库,定期更新案例,以满足学生的实训、实战要求。

通过多层次、多项目的实训,积累学生实践技能和项目经验,使学生在校期间就熟悉用人单位的独立工作任务和典型工作任务,实现和岗位需求的"无缝对接",提高就业竞争力。在实训期间,通过完成真实岗位的工作任务,以项目来强化培养学生分析和解决问题的能力,锻炼学生快速学习、前瞻性学习的能力,使得职业素养逐渐成为个人习惯。

(7)素质培养职业化

除了学生的专业技能培养,还注重学生职业素质的训练。把项目管理的思想深入到学生的学习中去。带领学生能够从任务目标计划、风险管理、团队协作、工作量分配、冲突和情绪处理等方面完成项目任务,并从中得到行业、专业相关岗位所需要的职业素质训练。

素质教育课程为基础,通过学生入学的夏令营课程,让学生了解大学生活,以拓展训练开启学生职业人角色转化的第一步,通过励志教育和感恩教育培养学生的事业心与责任感;以职业化培训课程贯穿始终,职业规划、就业指导、岗前指导为学生提供全程的职业化训练,同时关注学生岗位基础技能的培养,职业沟通技能保证学生在日常的工作中迅速融入团队,通过公文写作能力、文字表达能力、办公软件操作能力、办公设备应用能力等基本办公技能的培养,让学生具备职业人的基本素养。

4. 实训项目开发严谨

(1)教研教学团队:确定各专业负责人及专职教研团队;

(2)专业方向开发:明确实训各专业或专业方向;

(3)课程模块开发:设计各专业课程实训模块;

(4)实训课程开发:完成各专业实训教学资料的准备;

(5)实训项目设计:设计阶段、实训课程、实训项目设计工作;

(6)校企对接工作:结合院校专业教学计划,对实训课程模块进行调整,做好专业知识与技术的对接工作。

5．班级管理企业化

（1）成立以班为建制的公司，企业化管理

学生入学后即实行公司化管理，以企业名称为专业班级冠名，如"××××有限公司"，班级内部实施企业化管理模式，成立企业化管理机构，分成各项目组学习，班委会实行企业管理制，用企业岗位名称代替班委名称。按照企业环境布置班级教室并张贴企业标语，营造企业氛围。制定配套企业式管理制度并张贴上墙，形成班级企业文化。开展各种仿真企业活动，组织到企业参观见习活动。

（2）确立虚拟企业薪资制度，及时奖惩

建立一套完整的虚拟薪资制度，出勤打卡制，学习、工作、生活的一言一行都与薪资挂钩，实行奖优罚劣，每周一评，每月一结算并进行公示。对平时表现优秀、参加活动积极、获表彰或参加竞赛获奖、好人好事、全勤等给予相应奖励，对违反各种相关规定者视情节轻重给予相应惩罚。按周评定，按月结算。

（3）竞争上岗，逐层管理，完善制度

引入企业竞争机制，管理干部竞争上岗，实行末位淘汰制，每月由董事长组织员工进行民主评定，并将评定成绩与薪资挂钩，优胜劣汰。不断建立和完善企业各种管理制度，如组织制度、薪资制度、员工守则等，不断完善企业管理理念。

公司进行分层管理，逐级监督考核。总经理、副总经理各自分管几个部门，部门经理管理好部门成员。部门成员监督好部门经理，部门经理监督好总经理、副总经理。绘制企业管理机构图，让学生更了解企业的管理机构设置，既为自己制定工作目标，又能培养学生的竞争意识，各部门也会相互比着干，比活动，比业绩，比进步，比创新，从而更好地完成各项工作。

6．职业指导全程化

职业指导全程化分阶段教学内容如表 D–3 所示。

表 D–3　职业指导全程化分阶段教学内容

阶段	职业指导内容	目标
第一阶段 （大一新生）	适应性指导：借助职业测评软件开展职业人格与心理测试	1. 帮助学生认识自我，发现自身优势与劣势 2. 了解社会职业状况，鼓励学生加强专业知识学习与专业技能培训 3. 树立正确的职业理想、择业观和就业观，明确努力方向
第二阶段 （大二、大三学生）	1. 行业深入探索 2. 职业生涯发展与规划设计 3. 就业政策、劳动法规、就业技能、职业素质 4. 自主创业教育	1. 强化择业目标与动机 2. 培养学生的学习能力、实践动手能力、分析和解决问题的能力以及创新精神 3. 了解就业形势与政策，树立竞争意识、敬业精神与基层成才理念 4. 培养学生的创业热情与敏锐的市场观察力
第三阶段 （毕业生）	1. 求职择业技巧 2. 职业适应性教育	1. 学会调适就业心理、准备求职材料、采集筛选招聘信息、掌握笔试与面试技巧 2. 调整职业心态与工作方法，提高职业适应性

7. 就业保障系统化

中心合作创建高校计算机专业教育品牌，拥有国内外众多知名企业资源，可以建立人才合作、项目接包、共建实验室等形式的合作关系，学生毕业后可直接面对国外国内各大型 IT 企业的人才选拔，形成了服务于企业人力资源系统建设以及学生就业的人才服务体系，搭建了"院校—实训基地—企业"三方畅通无阻的增值合作平台。

（1）与学生入学即签订就业保障协议。

（2）提供就业服务，包括学生的就业指导、就业训练。

（3）把企业实战项目引入实训课堂，让学生有实际项目操作经验。

（4）为不合格学生提供免费就业推荐机会以及有偿继续教育的机会。

四、专业情况

图 D–3　软件开发专业课程体系——Java 方向图

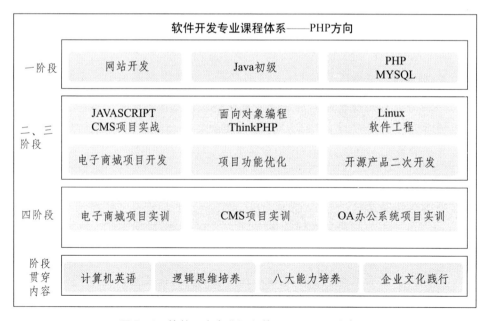

图 D–4　软件开发专业课程体系——PHP 方向图

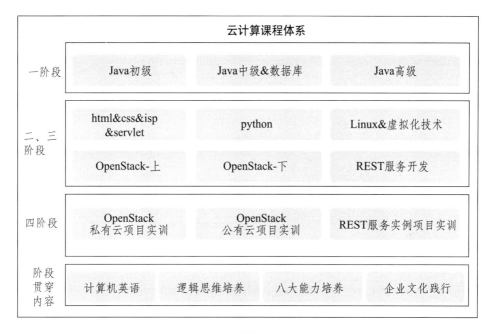

图 D-5 云计算课程体系图

图 D-6 大数据课程体系图

五、培养思路——经验培养模型

经验培养模型如图 D-7 所示。

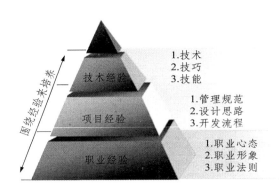

图 D-7　经验培养模型图

六、专业课程体系的开发流程

课程开发流程如图 D-8 所示。

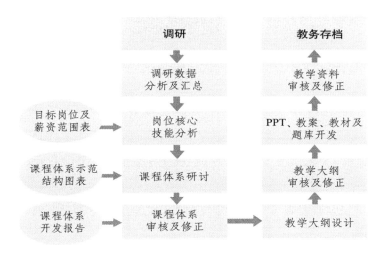

图 D-8　课程开发流程图

七、项目逆向推导思路

采用逆向推导开发原则，采用如下步骤进行逆向拆解：

1. 选取几个有代表性的真实项目，拆解成一个个功能模块；

2. 将功能模块进一步拆解成多个技术点；

3. 将技术点分解成一个个知识点；

4. 对知识点进行汇总形成大纲；

5. 根据大纲开发出教案、PPT、教材；

6. 根据大纲开发出试题库和项目案例；

7. 开发职业素质课件。

中心统一组织专家委员会进行评审，评审通过方算完成。

八、教学实施过程质量监控

通过行业专家听课、项目经理听课、教学（实训）效果测评、日常教学检查、学生座谈及综合考试等方式，对项目实训进行全方位的考评与反馈。

由理论测试、技能测试、素质测试三个方面构成的综合考试制度是教学质量监控的主要手段。每个教学周期完成后，均须安排理论测试、技能测试、素质测试三项考试。理论测试为笔试方式，技能测试为随机抽题分组测试方式，素质测试为背诵、日常素质作业和常规面试相结合的综合方式。

九、项目实训模式

项目实训模式就是组建项目工作室，按照真实企业的运作方式，对外承接真实项目，把学生当成员工进行全方位训练，以培养学生真实项目经验为目的的一种模式。

1. 认真选择项目

（1）技术涵盖面；

（2）真实性；

（3）和学生就业岗位相匹配。

2. 实训公司化严格管理

3. 规范流程：开题报告、项目实施、项目答辩

4. 衡量标准

（1）学生具备一至两年的项目经验；

（2）学生自信心得到极大增强。

附录 E
创新创业教育走进职业院校合作方案

一、背景

　　创新是社会进步的灵魂，创业是推进经济社会发展、改善民生的重要途径，创新和创业相连一体、共生共存。近年来，大众创业、万众创新蓬勃兴起，催生了数量众多的市场新生力量，促进了观念更新、制度创新和生产经营管理方式的深刻变革，已成为稳定和扩大就业的重要支撑、推动新旧动能转换和结构转型升级的重要力量，并正在成为中国经济行稳致远的活力之源。

　　《国务院关于大力推进大众创业万众创新若干政策措施的意见》（国办发〔2015〕32 号）指出，"推进大众创业、万众创新，是培育和催生经济社会发展新动力的必然选择"，"推进大众创业、万众创新，是扩大就业、实现富民之道的根本举措"。

　　"大众创业、万众创新"的关键是不断培养出创新型、智慧型、生态型、高端型和卓越型技术技能型人才。现代职业教育要培养具有创新创业素养的职业技术人才，必须在专业课中融入创新创业教育。职业院校在培养创新创业人才方面有着先天优势。职业教育注重应用技术人才的培养，职业院校与企业的联系密切，职业院校的教师有企业工作、实习经验，职业院校学生创业意愿较强，因此，结合职业教育的优势，在课程中加入创新创业课程体系，提高职业人才的创新能力和创业技能，有效提高学生的创新素养和创业意识，在全国率先打造职业院校双创教育新模式，推动创新型技术人才培养的发展。丰富创新创业教育师资力量，培养优秀的创新创业人才。

二、职业教育 + 创新创业

传统的职业教育是以就业为目的的教育，学生入学后通过一系列的技能培训，掌握岗位所需的专业技能，然后进行项目实训，这些项目是以教学为目的、虚拟的项目，在完成项目实训后推荐学生就业。通过对传统职业教育的分析，我们发现，传统的职业培训是一种流水线式的人才培养机制，以就业为唯一目标。

中关村学院和中关村加一战略新兴产业人才发展中心通过升级培养模式，形成了创新创业职业人才发展培养方案。通过创新创业教育与专业教育进行系统设计、融合，遵循针对性、发散性、适用性原则，通过理念与课程融合、师资与项目融合、实践与体验融合、平台与资源融合、引导与制度融合、形态与文化融合，形成了专业课"双创"教学方案，培养有创新能力的创业型职业人才。

三、"双创"职业人才教育体系具备两大特色

（一）课程体系化

图 E-1　创新创业实践图

1. 创新创业通识课与创新创业精英课相结合

在全体学生中开展创新创业通识必修课，培养学生的创新能力和创业意识。对于有创业潜质的学生，开展创新创业提升系列选修课，形成创新创业素质教育与创新创业精英教育结合的体系丰富的双创课程体系（见图 E-1）。

2. 创新创业与专业课相结合

在专业课中设计"寻找社会需求，激发学生创意"的课程环节。以本行业内的创新产品为案例引发学生对本行业发展方向和需求的思考，促使学生产生创意；以引导式和问题式的教学方法，在专业课教学中，引导学生对自己

的想法和创意进行方案的设计，将创新方案动手实践的环节与专业实践、专业实验相结合。专业的实践和实习将成为学生把创新方案变成现实产品的环节，将本专业的职业生涯教育与创业教育相融合，根据专业特点，将本行业的创业案例作为教学素材，为学生提供本行业创业及就业的相关知识点教授，使学生实现对自己未来发展的良好规划。

3. 开展创新创业实践

形成理论—实践—理论的教学模式。建设创新创业教育实践基地，基地按照"创意—创新—创造—创业—创富"的创业路径理论进行分区建设，在每个区开展创业路径上不同环节的内容，使学员沉浸其中；课程以问题为导向，围绕问题开展互动，激发学员的探索欲望；课程采取课下自主学习和课上引导学习相结合的方式，让学员在项目实践中获得更真实的学习。

（二）分层职业规划

对学生进行分层职业规划，基本课程完成后，学习一般的学生进入项目实训，完成虚拟项目，一部分优秀的学生进入学校教育实践基地创业区的工作室，带薪完成商业项目。

实施商业项目的学生，对于想就业的学生，可以面向中高端职位实现高薪就业，对于有能力、有创业意向的学生，为他们提供创业导师，并通过项目扶持的方式帮助学生创业（见图 E-2）。

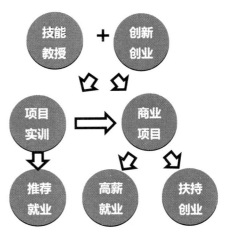

图 E-2　创新创业职业人才培养流程图

四、合作方式

与职业院校合作建设创新创业学院、创新创业实践基地，为学校开展提供创新创业课程体系、师资培训、在线教学平台等服务和产品（见图 E-3）。

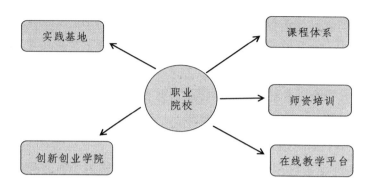

图 E-3 职业院校合建设图

为了深入贯彻执行党的十九大报告"完善职业教育和培训体系，深化产教融合、校企合作"和《国务院关于加快发展现代职业教育的决定》《国务院办公厅关于深化产教融合的若干意见》精神，推进现代职业教育体系建设，扩大和深化职业教育体制机制改革，探索混合所有制人才培养模式改革新思路，发挥企业在高等职业教育中的作用，实现校企深度融合；贯彻国家"互联网+"及"大众创业、万众创新"发展战略，推动院校与企业联合培养人才，充分发挥校企深度融合办学的优势，加强学校教育与产业发展的有效衔接，提升职业教育水平和服务国家"一带一路"战略的能力，拓宽国际教育通道，培养更多面向"互联网+"领域的精英人才。在专家们的精心指导和大力支持下，根据中关村园区的实际，结合企业大学和各类企业的资源，利用京津冀协同发展政策，中关村学院和中关村加一战略新兴产业人才发展中心经过大量调研、相关论证和初步综合，联合推出以下与"互联网+"有关专业的专科层次的人才培养解决方案。方案以校企融合和学院专业建设为基础、以创新创业为背景、以"产学一体"为人才培养模式，结合前沿优势专业，以打造特色鲜明、创业氛围浓厚的双一流院校为目标，同时希望与京津冀地区的职业院校开展多种形式的合作，从教育教学层面共同推进职业教育在京津冀三地的协同发展。现在提供高等职业院校新媒体与电商运营、VR 虚拟现实两个专业的人才培养解决方案。

附录 F
高等职业院校新媒体与电商运营人才培养解决方案

1. 电子商务行业背景分析

2017 年 5 月 29 日上午，商务部发布《中国电子商务报告 2016》，报告显示，2016 年，我国电子商务继续保持平稳发展态势。2016 年全国电子商务交易额达 26.1 万亿元，同比增长 19.8%，网上零售交易总额达 5.16 万亿元，同比增长 26.2%，我国世界第一大网络零售市场地位进一步稳固；农村网络零售交易额 8945.4 亿元，已占全国网络零售额的 17.4%，移动购物在网络购物交易规模中占比达到 70.7%，电子商务及相关产业直接和间接带动就业人数已达 3700 万。这为电子商务专业创建提供了很好的契机。

以互联网为代表的数字技术正在加速与经济社会各领域深度融合，成为促进我国消费升级、经济社会转型、构建国家竞争新优势的重要推动力。

近年来，新媒体与电商运营服务已全面覆盖商业经济各个方面：不管是国民经济的制造业领域，还是服务业的流通领域；无论企业应用、个人应用，还是政府采购。越来越多的企业看到了新媒体与电商运营的好处，不论是官方新媒体公众号与电商运营平台，还是使用独立创业的自媒体与网店，都让新媒体与电商运营渗透率保持持续高速增长。随着网上支付、物流配送的逐渐成熟，电子商务在采购、物流、技术、服务、用户体验等各个环节快速创新。未来新媒体与电商运营必将形成规模庞大的经济体，并通过与实体经济的切实结合，给社会、经济发展注入动力，呈现出高普及化、常态化趋势。

自 2015 年国家推进"互联网+"战略，传统行业+互联网成为未来企业发展的趋势，同时，随着新媒体、自媒体的出现，企业对新媒体与电商运营

人才的需求呈指数级增长，截至 2017 年，我国新媒体和电商运营人才缺口达到 300 万人。

2016 年 11 月 11 日，国务院办公厅印发《关于推动实体零售创新转型的意见》（国办发〔2016〕78 号）（以下简称《意见》），明确了推动我国实体零售创新转型的指导思想和基本原则。《意见》在促进线上线下融合的问题上强调："建立适应融合发展的标准规范、竞争规则，引导实体零售企业逐步提高信息化水平，将线下物流、服务、体验等优势与线上商流、资金流、信息流融合，拓展智能化、网络化的全渠道布局。"这为电子商务学院长期发展提供了基础。

数据显示，2016 年中国百强报纸微信公众号开通率高达 100%，未来 1 到 2 年将是传统媒体转型的黄金期。随着手机网民规模的扩大，用户需求趋于多样化，为了占据手机用户市场，移动端成为继微信公众号的下一个转型风口。2014—2018 年中国数字广告市场占比持续增加，2016 年中国数字广告市场占比达到 38.8%，其中移动广告占比 21.7%，电视广告市场占比 32.4%，位居第二。预计 2018 年中国数字广告市场占比将超过一半。数字广告市场占比迅猛增长，传统媒体广告市场占比明显减少，将在一定程度上使企业经营出现危机，传统媒体亟须转型，新媒体的快速崛起为新媒体与电商运营专业发展提供了更大的空间。

基于电子商务的稳定增长、新零售的快速发展和新媒体的崛起，中关村学院和中关村加一战略新兴产业人才发展中心开展深度校企融合，定位于电子商务、新零售、新媒体社群经济和跨境电商，更加深入、系统地开展电子商务领域人才培养。

2. 岗位需求分析

根据对在职人员的调查，北京地区新媒体与电商运营岗位初始就业的起步薪酬为年薪 5 万～7 万元。从业人员在工作半年至两年内，薪酬会产生很大变化，绝大多数从业人员的薪酬会增 50%～200%。从全国的情况看，新媒体与电商运营的平均月薪多数在 6000～7500 元，中高级职位的平均月薪多数在 1.5 万～2 万元。如表 F–1 所示。

表 F-1　新媒体与电商运营及新媒体与电商运营岗位和城市薪资水平表

岗位	高级岗位月薪	全国平均月薪	一线城市月薪	二线城市月薪	一、二线城市差距
SEM	17k	6.5k	8k	5k	3k
SEO	14k	5.5k	7.5k	4.5k	3k
网络推广	14k	5k	6k	4.5k	1.5k
网络运营	15k	5.5k	7.5k	5k	2.5k
新媒体	17k	6k	7.5k	4.5k	3k
网站编辑	12k	4.5k	5.5k	3.5k	2k
电商运营	19k	6.5k	9k	5.5k	3.5k

3. 招生对象、学制与学习形式

(1) 招生对象：符合学校报名条件的高中毕业生

(2) 学制：三年

(3) 学习形式：全日制

4. 培养目标

新媒体与电商运营专业课程瞄准热门产业需求，以学生就业和未来发展为出发点设计和实施培养方案。本专业课程体系聘请多位领域专家、企业技术专家共同分析、分解技术体系，以社会紧缺型、技能型人才的培养目标为中心，设计新型培养方案，培养目标为：培养具有扎实专业基础、较强项目实现能力、较高综合素质的互联网技能型人才。目标分解为：

• 具备文案设计的基本能力，对移动互联网有较好的认知和掌握。

• 熟悉阿里、京东等大型电商平台的移动端推广规则，了解主要引流工具和流量优化方法。

• 具备建立微信公众号、吸粉推广、社群运营、会员管理、价值输出的能力。

• 具备微信公众号、个人号和直播账号全网传播的能力。

• 具备产品分析和市场调研的能力。

• 对社会热点的敏感关注度和价值提炼能力。

基于以上人才培养目标，新媒体与电商运营人才培养专业体现如图 F-1 所示。

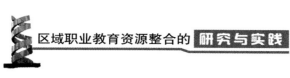

综合实践课	定岗实习	毕业设计

专业核心课	电商UI实战	电商运营数据分析	职业素养
	电商运营与策划	新媒体营销实战	
	电商SEO	企业实战（二）	
	电商创业与商业项目实战	电商运营实训	

专业基础课	电子商务概论	电子商务认知实训
	企业实战（一）	消费者行为学
	Photoshop图像处理与网页设计实战	网页开发与制作（DIV+CSS）

图 F-1　新媒体与电商运营人才培养专业体现图

5. 就业岗位群

（1）新媒体营销主管

岗位职责

· 微博、微信个人号、公众号、直播账号的创建和维护。

· 微信、微博公众账号的内容更新、人群聚焦、话题发起、客户管理等工作。

· 负责创新性营销活动、事件营销、热点营销、围绕重点业务进行话题或事件营销策划。

岗位所需要的职业素养及专业技能

· 良好的语言表达、沟通技巧及团队合作精神，高度的责任感有创新精神。

· 具有较强的创作力和执行力。

· 熟悉搜索引擎优化 SEO 的原理和策略。

· 熟练掌握论坛、SNS、博客、微博等各种推广方式。

· 具有推广软文的撰写能力，网络活动策划能力。

（2）电商运营主管

岗位职责

• 负责网站整体运营，制订网站运营策略、方案和计划并组织执行。

• 6.18、双 11 等大型促销活动及营销方案的策划与实施执行。

• 做好店铺品类规划，做好店铺引流款、明星款、爆款商品的常态化推广。

• 熟练掌握电商平台后台功能，利用店铺促销工具。

• 不断提升免费流量、付费流量、活动推广的手段和效果。

岗位所需要的职业素养及专业技能

• 熟悉主流电商平台的业务模块和商品上行渠道。

• 根据不同的商品特性，选择适合的类目和上行方式。

• 提高点击率和转化率，提高好评度。

• 熟悉天猫、京东等平台网上推广流程、交易流程、运营规则和各种营销工具。

（3）网店美工

岗位职责

• 根据主营商品类目，确定店铺风格，进行店铺装修。

• 负责店铺内产品信息的收集和撰写。

• 拍摄、制作、更新店铺模板、商品主图、详情页。

• 能够针对店铺策划的活动制作 banner 图、海报等宣传资料等。

岗位所需要的职业素养及专业技能

• 熟练使用 Photoshop 等工具。

• 良好的语言表达、沟通技巧及团队合作精神，高度的责任感，有创新精神。

• 熟悉店铺后台功能和模板，设计首页、导流页和确定店铺风格。

• 了解主流电商平台对主图和详情页的制作规范要求，熟练应用 FABE 法则编写详情页。

• 通过热力图分析，优化详情页描述，提高点击率和转化率。

（4）客户服务

岗位职责

• 负责通过在线客服系统解答客户的售前咨询和售后服务。

- 在线处理订单的交付和退换货申请及评价管理。

- 分析原因，做好订单的催付，提高订单的执行率。

- 负责每周、每月进行用户咨询服务的总结与分析。

- 负责组织线上线下活动。

- 客户沉淀，粉丝积累，社群运营，提高会员复购率。

岗位所需要的职业素养及专业技能

- 良好的语言表达、沟通技巧、团队合作精神，高度的责任感和客户服务精神。

- 能熟练使用 office 办公软件，尤其是 word 编辑、排版操作。

- 熟悉论坛、微博、微信、QQ 群等玩法及传播渠道。

6. 人才培养模式

针对新媒体与电商运营专业特点及企业实际需求，聚合企业技术专家和教学专家为课程设计了全新的人才培养模式，致力于培养懂产品、懂技术、懂营销、懂互联网的新媒体与电商运营专业人才。以互联网产业背景为基础，采用校企联合的模式，应用全新教材，依托雄厚师资，产学研相结合，力求打造适应新形势，具有最新思维和技能的新媒体与电商运营复合型技术人才。

人才培养模式如图 F–2 所示，以就业为导向，以培养全方位、复合型人才为目标，通过企业调研，设计符合企业需求、以项目实践操作为核心的课程体系，通过高校师资和企业师资共同实施，嵌入企业真实项目案例，最终保证学生达到企业用人需求，与企业用人标准零缝隙。

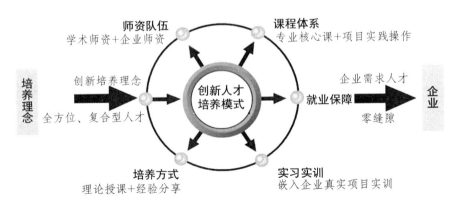

图 F–2　新媒体与电商运营专业人才培养模式图

7. 人才规格

（1）知识结构

① 掌握马列主义基本原理。

② 掌握计算机基础知识。

③ 掌握市场营销知识。

④ 了解互联网、掌握新媒体与电商运营的知识。

⑤ 掌握 Photoshop 等图形处理及网页制作知识。

⑥ 了解新媒体与电商运营常用工具软件。

（2）能力结构

① 具备市场调研能力。

② 具备执行搜索引擎营销的能力（SEM、SEO）。

③ 具备电子商务平台操作和运营推广能力。

④ 具备新闻策划和软文策划的能力。

⑤ 具备微信、微博、自媒体等新媒体运营的能力。

⑥ 具备新媒体与电商运营数据分析能力。

⑦ 具备较强的计算机应用能力，能够熟练使用常用操作系统与办公软件。

⑧ 具备熟练使用常用新媒体与电商运营软件与工具的能力。

（3）素质结构

① 热爱祖国，拥护中国共产党，具有坚定的政治立场。

② 品行端正，遵纪守法，具有良好的职业道德。

③ 热爱本职工作，积极上进，具有良好的团队协作能力。

④ 具备一定的自学能力。

⑤ 具有一定的商务谈判和销售技巧。

⑥ 具有优秀的交际能力，语言逻辑性强，良好的客户沟通能力。

⑦ 具有较强的业务素质和创新能力。

⑧ 具有健康的体魄，美好的心灵和健康的审美观。

⑨ 具有较强的心理素质。

表 F–2 是必备的几项职业资格。

表 F-2　职业资格证书表

序号	职业资格名称	颁证单位	等级	备注
1	普通话	教育部	2 级乙等	必考
2	计算机等级考试	教育部	2 级	必考
3	百度认证	百度	初级、中级、高级	选考
4	淘宝认证	阿里巴巴	初级、中级、高级	选考

8. 课程体系设计

本专业以职业岗位对实用型人才的职业能力和素质要求为出发点，通过岗位调研、企业调研、从业者调研、毕业生反馈和院校调研等途径，全面了解本专业的人才市场需求情况，确定本专业就业岗位对人才在知识、技能、能力及素质等方面的具体要求，然后经过专业建设指导委员会的反复论证、构造和完善，形成了以就业为导向、以应用为主旨、以能力培养为核心，符合高校教学规律和本专业人才培养目标的课程教学体系，课程体系设计思路如图 F-3 所示。

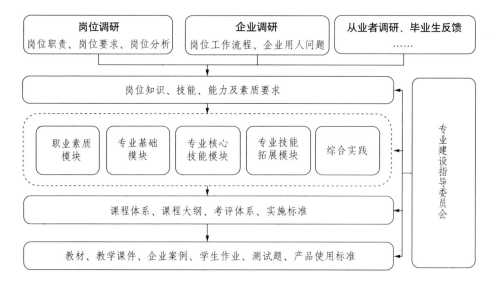

图 F-3　课程体系设计思路图

9. 课程体系

"新媒体与电商运营"专业课程分为公共课、职业素养课、专业基础课、专业核心课和综合实践课五大模块，总课时数3214（见表F–3）。

表F–3 新媒体与电商运营专业（专科）课程整体安排表

课程类型	学时分布	学分分布
公共课	686	38
职业素养课	128	8
专业基础课	520	22
专业核心课	680	35
综合实践课	1200	40
小计	3214	143

各模块课程如表F–4所示。

表F–4 新媒体与电商运营专业（专科）课程设置表

课程类型	课程名称
公共基础课程	军训与入学教育 大学英语 思想道德修养与法律基础 毛泽东思想和中国特色社会主义理论体系概论 形势与政策 体育 应用文写作 创业教育与职业指导 心理健康教育 艺术修养 计算机应用基础
职业素养课程	职业素养提升——个人部分 职业素养提升——团队部分 职业素养提升——企业部分 职业素养提升——就业部分

续表

课程类型	课程名称
专业基础课程	消费者行为学 电子商务认知实训（电子商务客服与物流管理） 电子商务概论 Photoshop 图像处理与网页设计实战 网页开发与制作（DIV+CSS） 企业实战（一）
专业核心课程	电商 UI 实战 电商平台运营与策划 企业实战（二） 电商运营数据分析 电商 SEO 新媒体营销实战 电商创业与商业项目实战 电子商务运营实训
综合实践课程	顶岗实习 毕业考核

10．课程介绍

（1）职业素养课（见表 F–5）

表 F–5　职业素养实训内容表

实训项目名称	职业素养课			
参考学分	8	参考课时	128	开设学期	1、2、3、4
实训目的	通过本实训，要求学生获得沟通与表达、团队协作、责任意识、企业管理制度、企业工作流程、企业人际关系处理、职业发展规划、面试等职业素养知识			
实训内容	开学典礼、我的大学、安全常识学员礼仪、如何学习、建立自信、战胜自卑、学会感恩、我的团队、团队认知能力训练、团队融入能力训练、团队领导能力训练、赢在沟通、积极聆听、演讲训练、企业架构、企业文化、职业道德、职场礼仪、职场沟通、职场心态、职场发展、快乐工作、职场规划、简历撰写、如何面试、面试技巧、面试常见问题解答、模拟面试、如何通过试用期、如何创业			
考核与评定	成绩评定由学生的实训成果、学习表现等方面组成，记分方式为等级方式，分优秀、良好、及格、不及格四个等级			

（2）平面设计与电商 UI 实战（见表 F–6）

表 F–6 平面设计与电商 UI 实战课程内容表

学习领域	电商 UI 实战					
实施学期	三	总学时	108	理论学时	36	实践学时	72
教学方法和手段	案例教学、小组讨论、讲练结合、多媒体教学					
学习重点	店铺装修、Banner 图片设计、产品图片处理					
职业行动能力	店铺装修、Banner 图片设计、产品图片处理					
课程内容	赏析电子商务网站页面	1. 赏析中小企业形象网站 2. 赏析行业类综合网站 3. 赏析电子商务商城网站				
	运用 HTML 制作简单页面	1. 通过 HTML 制作网站构成分析页面 2. 通过 HTML 制作网站布局分析页面				
	搭建电子商务网店页面	1. 处理修饰商品图片 2. 制作网店的店标 3. 制作网店的侧边分类列表区 4. 制作网店的促销区域				
	创建电子商务网店中的动态图像	1. 创建网店推广动态图像 2. 创建促销区域动画 3. 创建网店店标动画				
	创建与管理网站站点	1. 网站栏目及文件目录设计 2. 站点的创建与管理				
	设计与制作店铺	1. 店铺综合管理 1.1 图片管理 1.2 店铺分类管理 1.3 装修实验 AB 模式 2. PC 端店铺装修 2.1 店铺信息设置 2.2 店铺模板 2.3 店铺备份 2.4 店铺公共头部 2.5 店铺首页 2.6 商品列表页 2.7 店铺简介页 2.8 店内搜索结果页 2.9 自定义页面 2.10 商品详情页				

学习领域	电商 UI 实战	
课程内容	移动端店铺装修	1. 移动端装修的重要性 2. 移动端装修后台与操作 3. 手机海报（H5 页面）
	主图的设计	1. 主图的制作规范 2. 有吸引力的主图 3. 主图设计的四大维度 4. 浮动广告的制作
	详情页设计	1. FABE 法则 2. 详情页和文案设计 3. 详情页案例解析 4. 用热力图优化详情页
	实训	商业网页设计制作实训
教学基本条件	多媒体教室、机房	
教学评价	采用过程性评价与目标性评价相结合的方法，满分为 100 分。过程性评价包括对学生考勤、课堂表现和作业的评价，占总分的 30%。其中学生考勤占 10%，课堂表现占 10%，作业占 10%；目标性评价主要指期末考试的卷面成绩，占总分的 70%	

（3）电商运营与策划（见表 F-7）

表 F-7　电商运营与策划课程内容表

学习领域	电商运营与策划					
实施学期	三	总学时	132	理论学时	44	实践学时	88
教学方法和手段	案例教学、小组讨论、讲练结合、多媒体教学					
学习重点	店铺入驻、商品分析、商品发布、提高点击率和转化率					
职业行动能力	商品上行的主要渠道和方式					

学习领域	电商运营与策划	
课程内容	电商平台介绍	1.1 电子商务发展历程 1.1.1 什么是电子商务 1.1.2 阿里系、京东平台介绍 1.1.3 B2C、C2C、O2O、众筹、团购、点击率、转化率 1.1.4 阿里电商运营模式：淘宝、天猫 1.1.5 京东店铺类型 1.1.6 京东物流体系 1.1.7 入驻前准备 1.1.8 店铺运营规则
	电商创业规划	2.1 行业数据分析 2.2 类目销售概况 2.2.1 买家购买分析 2.2.2 商品属性分析 2.3 行业关键词分析 2.3.1 竞品分析 2.3.2 商品定价方法
	平台入驻 / 店铺开设	3.1 开店基础操作 3.1.1 注册及认证流程 3.1.2 B 店和 C 店入驻资质 3.1.3 物流和仓储选择设定 3.1.4 T+1 结算和发票设置
	商品上架发布	4.1 商品上传步骤 4.1.1 类目选择 4.1.2 基本信息编辑 4.1.3 商品维护 4.1.4 功能、物流设置 4.1.5 商品其他信息维护 4.2 促销设置 4.2.1 单品促销 4.2.2 赠品促销 4.2.3 套装促销 4.2.4 满减促销 4.2.5 满赠促销 4.2.6 多买优惠促销 4.2.7 满件送促销 4.2.8 预售管理 4.2.8 卡券管理 4.2.9 互动营销

续表

学习领域	电商运营与策划	
课程内容	京东众筹	5.1 京东众筹与轻众筹 5.1.1 众筹的发起与资质要求 5.1.2 众筹的项目策划 5.1.3 众筹的目标设置与回报 5.1.4 众筹的页面设计规范 5.1.5 众筹的咚咚开启 5.1.6 众筹的交付与收款
	移动端运营	6.1 移动端的现状与趋势 6.2 移动端电商入口介绍 6.3 移动端运营内容玩法 6.4 移动端运营互动玩法 6.5 微信端秒杀 6.6 直播引流
	数据分析与优化	7.1 经营概括类术语 7.2 流量来源类术语 7.3 售后服务类术语 7.4 承诺时效类术语 7.5 店铺动态评分类术语 7.6 数据罗盘基础使用介绍 7.7 店铺分析与行业分析
	店铺运营规划	8.1 年度销售额目标分解 8.1.1 常态销售与 6.18、双 11 大促 8.1.2 行业数据分析 8.2 年度推广费用预算及分解 8.2.1 全年运营工作规划总表 8.2.2 店铺年度活动规划
教学基本条件	多媒体教室、机房	
教学评价	采用过程性评价与目标性评价相结合的方法，满分为 100 分。过程性评价包括对学生考勤、课堂表现和作业的评价，占总分的 30%。其中学生考勤占 10%，课堂表现占 10%，作业占 10%；目标性评价主要指期末考试的卷面成绩，占总分的 70%	

（4）电子商务认知实训（见表 F–8）

表 F–8　电子商务认知实训课程内容表

学习领域	电子商务客户服务与物流管理				
实施学期	一	参考学时	2 个月	参考学分	8
教学方法和手段	案例教学、小组讨论、讲练结合、多媒体教学				
学习重点	售前、售后客户服务，产品与包装，快递，物流				
职业行动能力	电商客服				
课程内容	走进电子商务客户服务	1. 认识电子商务客户服务的含义与类型 2. 理解电子商务客服的含义 3. 区分电子商务客服的类型 4. 常用客服软件（千牛、咚咚） 5. 关注电子商务客服的素质要求 6. 探寻电子商务客服的素质要求 7. 感受电子商务客服的知识要求 8. 感受电子商务客服的技能要求 9. 网购流程体验 10. 认知电子商务客服岗位 11. 分析电子商务客服流程及部门职责 12. 明确电子商务客服岗位要求 13. 撰写电子商务客服职业生涯规划书			
	客服软件使用	1. 客服软件的操作体验 2. 账号管理 3. 快捷回复 4. 客服规则			
	网店客户分析	1. 分析网店客户类型 2. 了解不同的网店客户分类方法 3. 熟悉不同类型客户的采用策略 4. 网店目标客户的需求分析 5. 熟悉网店买家的购物心理 6. 洞悉网店买家的购物心理特征 7. 消除网店买家不安心理的策略 8. 熟悉网店客户的管理 9. 搜寻网店潜在的目标客户 10. 管理网店现实客户 11. 网店客户的挖掘和关怀			

续表

学习领域	电子商务客户服务与物流管理	
课程内容	订单处理	1. 客服接待技巧 2. 订单出库 3. 发货时效及平台规则 4. 发票及赠品纠纷处理
	售中客服技巧	1. 学会网络购物者的信息接收 2. 熟悉购物者信息接收后的应答技巧 3. 掌握价格应对策略 4. 应答快捷语的设置 5. 熟悉商品款项的处理 6. 了解商品销售款项的处理 7. 商品运费的修改 8. 拍下不买怎么办 9. 怎么进行有效催付 10. 网店交易纠纷处理
	售后客服技巧	1. 学会售后产品的退换货处理 2. 了解商品的退换货流程 3. 熟悉商品退换货的价差处理 4. 女装的退换货处理 5. 学会正确处理客户投诉 6. 了解投诉的原因 7. 商品评价管理 8. 打造优质售后服务 9. 客户投诉的危机处理
	店铺数据监控	1. 店铺服务监控 2. 咚咚管家数据监控 3. 提高店铺 DSR 评分
	会员营销管理	1. 认识会员营销 1.1 认识会员（平台会员级别设置） 1.2 会员体系的建立 2. 发展关系 2.1 前端客服接待 2.2 交易过程中的价值传递 2.3 售后服务跟进 3. 营销管理 3.1 常见的客户营销方式 3.2 常见的客户营销渠道 3.3 会员营销活动策划

学习领域		电子商务客户服务与物流管理
课程内容	电子商务客服工作手册的编制	1. 了解电子商务客服工作手册编制的具体内涵 2. 熟悉电子商务客服工作手册的主要内容 3. 熟悉电子商务客服的行为规范 4. 编制电子商务客服工作手册 5. 掌握电子商务客服的销售、售后处理流程 6. 熟悉电子商务客服基本流程 7. 熟悉电子商务销售流程 8. 编写客服基本流程图
	仓储管理	1. 检验商品 2. 编写货号 3. 入库登记
	货物打包	1. 分类包装 2. 隔离防震 3. 打包要点
	物流配送	1. 中小件快递 2. 大件物流 3. 冷链配送 4. 跨境物流 5. 众包网络
	推荐物流	1. 了解推荐物流 2. 操作在线下单 3. 运费计算器和物流跟踪
	实训	电商客服及物流实操
实训要求		1. 严格执行实训进程安排 2. 明确实习目的，端正实习态度，虚心学习 3. 遵守实训的纪律，服从实训安排，圆满完成实训任务 4. 积极思考，认真领会课堂上的理论知识在实际工作中的应用 5. 认真做好笔记，细心观察，注意收集各方面的素材，按要求填写实训日志 6. 成绩考核：根据学生实训资料及实训表现按百分制综合评定其实训成绩

(5) 电商 SEO（见表 F–9）

表 F–9　电商 SEO 课程内容表

学习领域	电商 SEO					
实施学期	四	总学时	24	理论学时	12	实践学时　12
教学方法和手段	案例教学、小组讨论、讲练结合、多媒体教学					
学习重点	电子商务 SEO 运营					
职业行动能力	电商推广，提高点击率和转化率					
课程内容	搜索权重	1. 搜索规则解析 2. 关键词采集 3. 关键词组合				
	避开搜索规则的雷	1. 切勿弄虚作假：虚假交易、换宝贝、重复铺货、商品 SKU 作弊 2. 切忌粗心大意：错放类目和属性、标题关键词滥用 3. 切忌挂羊头卖狗肉：价格不符，邮费不符，标题，图片，价格，描述等不一致，广告商品				
	消除宝贝排名靠后的隐患	1. 四大因素影响宝贝排名 2. 宝贝排名优化三大招				
	商品标题的编写	1. 商品搜索和类目搜索 2. 切词技术和匹配 3. ABC 法则 4. 阿里、京东的标题规则				
	综合排序规则	1. 文本相关性，类目相关性 2. 人气模型，搜索反馈 3. 市场机制，价格模型 4. 品牌模型，季节模式 5. 店铺模式，个性化搜索				

学习领域	电商 SEO	
课程内容	店铺引流点击率	1. 流量构成 1.1 自主访问流量 1.2 平台免费流量 1.3 平台付费流量 1.4 站外流量 2. 免费流量 2.1 店铺搜索原理 2.2 商品搜索 2.3 店铺搜索 2.4 活动搜索 2.5 促销搜索 3. 付费流量 3.1 精准通、直通车 3.2 品牌聚效 3.3 品牌展位 3.4 京挑客、淘宝客 3.5 京东直投 3.6 智推 4. 活动引流 4.1 了解平台活动 4.2 提报平台活动 4.3 "玩赚"平台活动
	打造七天螺旋，逆转商品销量	1. 七天螺旋如何设计 2. 螺旋失败常见问题 3. 解决流量、搜索问题 4. 提高转化率的 21 个锦囊妙计
	数据营销工具	1. 淘宝指数 2. 江湖策 3. 数据魔方 4. 生意参谋
教学基本条件	多媒体教室、机房	
教学评价	采用过程性评价与目标性评价相结合的方法，满分为 100 分。过程性评价包括对学生考勤、课堂表现和作业的评价，占总分的 30%。其中学生考勤占 10%，课堂表现占 10%，作业占 10%；目标性评价主要指期末考试的卷面成绩，占总分的 70%	

（6）新媒体营销实战（见表F–10）

表F–10　新媒体营销实战课程内容表

学习领域	新媒体运营				
实施学期	四	总学时	108	理论学时	36	实践学时	72
教学方法和手段	案例教学、小组讨论、讲练结合、多媒体教学				
学习重点	新媒体定位、获取粉丝、推广策略、价值输出				
职业行动能力	粉丝获取能力、内容策划能力、内容编撰能力、营销植入能力以及沟通能力				
课程内容	概述	1. 新媒体简介 2. 新媒体的类型与价值 3. 新媒体与社群电商 4. 平台电商与社群电商的异同 5. 打造与客户的强关系			
	直播和短视频	1. 店铺活动直播 2. 短视频提升转化率			
	二维码	1. 二维码的功能和设置 2. 二维码的发布途径 3. 二维码的推广关注			
	微信营销	1. 微信公众平台建立（订阅＆服务号） 2. 自媒体：微信订阅号推广 3. 基于微信的推广——粉丝营销 4. 微信小程序 5. 微信互动——提升粉丝爆炸式增长 6. 微信电商＆案例分享 7. 微信服务＆案例剖析			
	社群电商	1. 社群电商的规划 1.1 客户沉淀和粉丝来源 1.2 引流方式 2. 社群电商的玩法 　同好、结构、运营、复制、输出 3. 社群电商价值升级 3.1 内容生成 3.2 社群管理和会员分级 3.3 价值变现 3.4 提高会员复购率和转介率			

学习领域	新媒体运营	
课程内容	实训	1. 微信公众号实训 2. 微信推广实训
教学基本条件	多媒体教室、机房	
教学评价	采用过程性评价与目标性评价相结合的方法，满分为100分。过程性评价包括对学生考勤、课堂表现和作业的评价，占总分的30%。其中学生考勤占10%，课堂表现占10%，作业占10%；目标性评价主要指期末考试的卷面成绩，占总分的70%	

（7）电子商务运营实训（见表F-11）

表F-11　电子商务运营实训课程内容表

学习领域	网络整合营销策划				
实施学期	四	参考课时	1个月	参考学分	4
教学方法和手段	案例教学、小组讨论、讲练结合、多媒体教学				
学习重点	电子商务运营				
职业行动能力	电子商务运营				
课程内容	经典电商案例分析	1. 典型营销策划案例分析 2. 网络整体营销策划 3. 策划方案撰写			
	对接企业商务项目	1. 了解项目需求 2. 分析项目需求 3. 营销策划			
	实施电商运营	实施电商运营			
实训要求	1. 严格执行实训进程安排 2. 明确实习目的，端正实习态度，虚心学习 3. 遵守实训的纪律，服从实训安排，圆满完成实训任务 4. 积极思考，认真领会课堂上的理论知识在实际工作中的应用 5. 认真做好笔记，细心观察，注意收集各方面的素材，按要求填写实训日志 6. 成绩考核：根据学生实训资料及实训表现按百分制综合评定其实训成绩				

（8）顶岗实习综合实训描述（见表 F-12）

表 F-12 顶岗实习综合实训描述实训内容表

实训项目名称	顶岗实习综合实训描述				
开设学期	五	参考课时	720	参考学分	24
实训目的	1.增强学生吃苦耐劳精神，锻炼学生承受挫折的心理素质，以利于良好职业首先养成 2.增加学生对社会的全面了解，丰富学生社会实际经验，提高学生综合素质，进一步增强学生实际操作能力、专业应用能力和岗位适应能力 3.通过和企业接触与社会交流，改变学生就业观念，培养学生创业精神和创业意识 4.加强教师与企业的沟通与联系，了解企业对专业人才知识和技能需求，为人才培养方案制订掌握第一手材料				
实训内容	根据专业就业岗位方向，结合顶岗实习单位的实际，提供 SEM、SEO、新媒体、电商运营四类实习岗位，由学生根据自身特长及兴趣自主选择，实习内容为： 1.与企业项目总监沟通协调，完成新媒体与电商运营方案策划 2.根据企业项目的需求，选择不同的新媒体与电商运营方式 3.承担 SEO 实际工作，完成网站维护和优化排名的工作 4.承担 SEM 实际工作，完成百度、360 等账户推广工作 5.承担新媒体推广实际工作，完成新媒体的建设维护和推广工作 6.承担电商运营实际工作，完成店铺的管理和推广 7.完成项目总监交给的工作				
训练要求	1.遵纪守法、严格遵守实习单位的规章制度，服务安排，认真完成实习单位工作任务 2.尊敬师长、团结友爱、正确处理上下级工作关系和人际关系 3.实习期间认真填写实习日志，实习结束提交《顶岗实习报告》《实习日志》和《实习鉴定表》（须实习单位盖章）				
成绩考核	根据学生顶岗实习资料及实习表现按百分制综合评定其毕业顶岗实习成绩				

（9）毕业设计（见表 F–13）

表 F–13　毕业设计实训内容表

实训项目名称	毕业设计			
开设学期	六	参考课时	480	参考学分	16
实训目的	毕业设计是完成教学计划达成培养目标的重要环节，它通过深入实践、了解社会、完成毕业设计任务或撰写论文等诸环节，着重培养学生综合分析和解决问题的能力和独立工作能力；同时，对学生的思想品德、工作态度及作风等方面都会有很大影响。对于增强事业心和责任感，提高毕业生全面素质具有重要意义，是学生在校期间最后学习和综合训练阶段；是学习深化、拓宽、综合运用所学知识的重要过程；是学生学习、研究与实践成果的全面总结；是学生综合素质与工程实践能力培养效果的全面检验；是实现学生从学校学习到岗位工作的过渡环节；是学生毕业及学位资格认定的重要依据；是衡量高等教育质量和办学效益的重要评价内容			
实训内容	1. 企业产品的市场调研和新媒体与电商运营应用调研 2. 企业 SEO 工作实训和方案策划 3. 企业网站建设方案策划和开发 4. 企业 SEM 工作实训和方案策划 5. 电商项目的调研和互联网应用策划			
考核与评定	在各指导老师的指导下按计划有效地完成项目			

11. 教学计划

学校与中关村学院及中关村加一战略新兴产业人才发展中心合作，将传统的学历教育与实用性的新媒体与电商运营课程相结合。在该专业教学计划中，中关村学院及中关村加一战略新兴产业人才发展中心根据职业需求为学生量身定制专业课程，使学生不仅具有深厚的理论技术水平，同时还能够紧跟行业的发展，学习掌握实用技术，成为企业需要的人才。

本课程体系中课程安排、每门课程的学时数及学生学完考试合格可以获得的学分数如表 F–14 所示。

表 F-14　课程安排及学分表

课程类型	课程名称	学分	课时	教学	学期 1	学期 2	学期 3	学期 4	学期 5	学期 6
公共基础课程	军训与入学教育	4	82	院校	✓					
	大学英语	8	144	院校	✓	✓				
	思想道德修养与法律基础	3	54	院校	✓					
	毛泽东思想和中国特色社会主义理论体系概论	4	72	院校		✓				
	形势与政策	1	20	院校	讲座	讲座	讲座	讲座		
	体育	7	144	院校	✓	✓	✓	✓		
	应用文写作	2	36	院校		✓				
	创业教育与职业指导	2	36	院校				✓		
	心理健康教育	2	36	院校		✓				
	艺术修养	1	14	院校	✓					
	计算机应用基础	4	48	院校	✓					
	合计	38	686							
职业素养课程	职业素养提升——个人部分	2	32	企业	✓					
	职业素养提升——团队部分	2	32	企业		✓				
	职业素养提升——企业部分	2	32	企业			✓			
	职业素养提升——就业部分	2	32	企业				✓		
	合计	8	128							

续表

课程类型	课程名称	学分	课时	教学	学期1	学期2	学期3	学期4	学期5	学期6
专业基础课程	消费者行为学	2	32	院校	✓					
	电子商务认知实训（电子商务客服与物流管理）	8	240	企业	✓					
	电子商务概论	2	32	院校		✓				
	Photoshop 图像处理与网页设计实战	3	48	院校		✓				
	网页开发与制作（DIV+CSS）	3	48	院校		✓				
	企业实战（一）	4	120	企业		✓				
	合计	22	520							
专业核心课程	平面设计电商UI实战	6	108	企业			✓			
	电商平台运营与策划	8	132	企业			✓			
	企业实战（二）	4	120	企业			✓			
	电商运营数据分析	2	32	企业				✓		
	电商 SEO	2	24	企业				✓		
	新媒体营销实战	7	108	企业				✓		
	电商创业与商业项目实战	2	36	企业				✓		
	电子商务运营实训	4	120	企业				✓		
	合计	35	680							

课程类型	课程名称	学分	课时	教学	学期1	学期2	学期3	学期4	学期5	学期6
综合实践课程	顶岗实习	24	720						✓	
	毕业考核	16	480							✓
	合计	40	1200							
合计		143	3214							

注：公共课与专业基础课可根据院校实际进行调整。

12. 教学实训

根据该专业的最终目标：学历＋技能，教学实施的模式也采取分段进行，由理论课和上机课组成。

（1）学校教学实施要求

本部分按照学校教学实施要求进行。

（2）企业教学实施要求

配有标准教室、投影仪、机房等基本教学环境和工具。

本专业实施岗位包括：学校教学老师、企业指导员、企业技术专家、就业顾问。

（3）学习方式

采用多模式教学，专业核心课程面授学习，基础课程可结合远程直播或视频在线学习。

（4）学习支持服务

为学生提供了及时、有效的学习支持和服务。包括：

·技术专家提供面授辅导，帮助学生答疑解惑；组织学生进行讨论、分享学习的经验。

·学习过程中，企业会及时提供优质的学习资源，通过新技术、新知识的讲解，开阔学生的视野，了解技术的发展动向。

·企业就业顾问根据课程体系的要求，为学生进行简历书写指导、企业面试指导和模拟面试，并为学生讲解互联网企业工作环境与工作流程。

（5）专业调研支持

企业将针对本学科，每季度进行一次行业、企业、岗位、就业等方面的专业调研，调研结果将与高校共享，以便高校及时了解行业前沿技术和专业发展方向，以确保与时俱进，保证人才培养的适用性和前瞻性。

13. 毕业标准说明

本专业毕业生最低总学分为 143 学分，学生修完课程，操行评定合格，准予毕业并颁发毕业证书，国家承认其高等教育三年制专科学历。

- 修完规定的所有课程（含实践教学环节），成绩合格，并达到 143 学分。
- 按照要求完成项目开发、设计任务。
- 按照企业要求完成商业项目实施。

附录 G
高等职业院校 VR 虚拟现实专业人才培养解决方案

1.VR 虚拟现实行业背景分析

虚拟现实（Virtual Reality，VR），起源于 20 世纪 60 年代，是指借助计算机系统及传感器技术生成三维环境，创造出一种崭新的人机交互方式，通过调动用户各种感官（视觉、听觉、触觉、嗅觉等）来享受更加真实的、身临其境的体验。广泛应用于游戏、新闻媒体、社交、体育与比赛、电影、演唱会、教育、电商、医学、城市规划、房地产等。

2016 年 5 月 20 日，国务院印发《国家创新驱动发展战略纲要》，将虚拟现实技术提升至国家未来发展战略。VR 虚拟现实作为下一个时代的交互方式，是如今最受关注的前沿科技之一。

2016 年 12 月 20 日，国务院印发《"十三五"国家战略性新兴产业发展规划》，要求加快壮大战略性新兴产业，强调：要把 VR 等战略新兴产业摆在经济社会发展更加突出的位置。

随着硬件性能的提升和成本的大幅度降低，2016 年以来，虚拟现实行业发展迅速，人才需求日益增长。

2.岗位需求分析

（1）行业的发展需要大量的 VR 技术人才

除了医疗、装修、教育等垂直细分领域持续保持用人需求外，视频网站如乐视、爱奇艺、优酷、土豆在招聘网上发出的招聘信息，也同样有 VR 专业技术人才的需求。而当前各种"VR+"应运而生，像 VR+ 游戏、VR+ 教育、VR+ 医疗、VR+ 房地产、VR+ 旅游、VR+ 汽车等行业都积极开拓自身在虚拟现实领域的新突破。现如今，VR 市场越发蓬勃壮大，它对人才的需求也达到了前所未有的高度。薪水自然是每个求职者关注的，无论是技术、产品、设计，还是运营、市场等岗位，VR 行业的薪水较互联网全行业均有一定优势。

对人才的渴求是业内的共识，但目前很多 VR 企业招募到的人才并不理想，VR 人才短缺是全世界的问题。

（2）"VR+"将对互联网模式进行重构

阿里巴巴已推出"Buy+"计划，开辟"VR+ 电商"新商业模式，在淘宝这一世界最大的电商平台上搭建 VR 商业生态，将引领未来 VR 购物体验，甚至颠覆其现有的电商模式。

随着 VR 等新技术的发展，现实世界和虚拟世界将逐渐结合，未来 5 年互联网会发生很大变化，VR 技术将改变商业、金融、房地产、制造、医疗等各个行业及领域。VR 对传统行业商业模式的改变，会像以前互联网商业模式对于传统商业模式的冲击，不是在一个维度上的竞争。

VR 将像电脑、手机一样改变世界。"VR+ 产业"将成为未来新经济发展的重点，VR 产业园区、VR 产业基地、VR 众创空间、VR 产业基金将成为地方经济的新引擎。VR 将成为新的社交平台，无论是在家里、办公室，还是在咖啡厅、酒店、机场、高铁等，移动 VR 可让你时时在虚拟现实的场景中，"VR+"复合型人才将成为紧缺人才。

3. 招生对象、学制与学习形式

（1）招生对象：符合学校报名条件的高中毕业生

（2）学　制：三年

（3）学习形式：全日制

4. 培养目标

VR 虚拟现实专业课程瞄准热门产业需求，以学生就业和未来发展为出发点设计和实施人才培养。以社会紧缺型、技能型人才的培养目标为中心，设计新型培养方案，设计目标是培养应用型的专业技术人才，培养目标是培养具有扎实专业基础、较强工程实现能力、较高综合素质的技能型人才。目标分解为：

• 具备扎实的 3DsMax 应用等专业技术知识。

• 具备 VR 场景设计能力。

• 具备 VR 场景材质设计能力。

• 具备 VR 渲染设计能力。

• 具备在 VR 引擎场景美术能力。

• 具备在 VR 引擎中完成程序交互能力。

• 具备软件工程、项目管理思想和团队协作能力。

针对培养目标，课程进行如下安排（见图 G-1）。

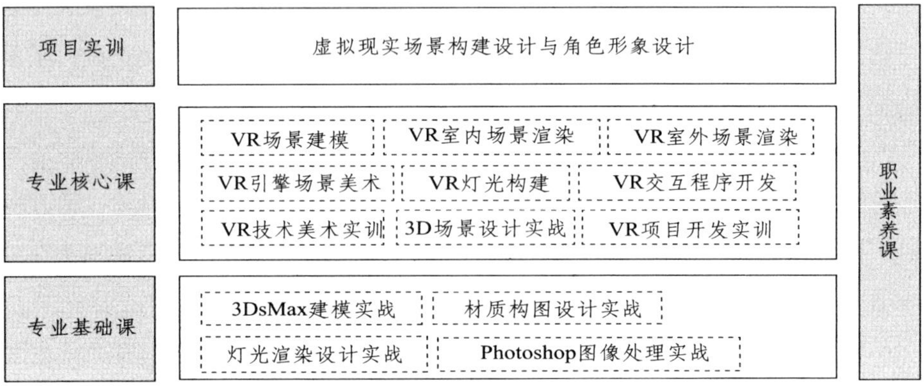

项目实训	虚拟现实场景构建设计与角色形象设计	职业素养课
专业核心课	VR场景建模　VR室内场景渲染　VR室外场景渲染 VR引擎场景美术　VR灯光构建　VR交互程序开发 VR技术美术实训　3D场景设计实战　VR项目开发实训	
专业基础课	3DsMax建模实战　材质构图设计实战 灯光渲染设计实战　Photoshop图像处理实战	

图 G-1　VR 虚拟现实专业人才培养课程图

5. 就业岗位群

(1) VR3D 美术工程师

岗位职责

• 建筑和产品建模：根据参考图片和照片快速准确地建立各种建筑模型和产品模型，包括高中低模。

• 合理展分 UV，绘制贴图，渲染 AO 贴图，制作法线，反射等贴图。

• 高精度模型修改重建为低精度模型。

• 3D 软件模型和材质文件导入。

• 将场景导入 Unity3D 或 Unreal Engine4 引擎。

岗位所需要的职业素养及专业技能

• 有较好的美术专业能力，有较高的审美能力，精通于 VR 技术开发的美术各类资源开发的流程和规范。

• 熟悉 3DsMax 或 Maya、Photoshop 等软件。

• 熟悉低模和高模的制作流程和规范。

• 熟悉 Unity 3D、Unreal Engine4 引擎。

• 能够解决日常制作中的问题，较强的人际沟通技巧，能够与不同领域的团队共事。

• 熟悉 Unity 3D、Unreal Engine4 引擎者优先。

（2）VR 技术美术

岗位职责

• 研究 VR 项目中美术内容制作的各项工具使用。熟悉并研究 Unity3D 或 Unreal Engine4 引擎的各项功能使用。

• 具备在 Unity3D 或 Unreal Engine4 引擎中熟练设计场景，材质及灯光调节，与灯光烘焙。

• 充分了解美术各环节开发中的需求和问题，提供足够的技术支持，为创建和优化美术资源开发的流程和规范提供技术性支持。

• 为达到更好的游戏美术效果，及时做出有效的技术研究工作。

• 根据项目开发中策划、美术和程序的变化，不断地维护游戏美术内容开发流程、规范，以及引擎工具的使用。

• 编写和维护游戏引擎功能使用、游戏美术资源开发的技术文档。

岗位所需要的职业素养及专业技能

• 有较好的美术专业能力，有较高的审美能力，精通于游戏美术各类资源开发的流程和规范。

• 对策划及程序的工作方式有足够的了解，能较好地与策划和程序进行项目协同开发，协助解决美术和程序间的技术问题。

• 能够与团队中各部门职员保持较好的沟通协作状态，有较好的逻辑思维能力，善于管理与自我管理，有较强的自主能动力。

• 精通 3D 美术内容制作工具，包括 3DsMax、Maya、Zbrush、XSI、Photoshop 等。

• 精通至少一种主流游戏开发引擎，如 Unreal Engine、Unity3D 等。

• 熟悉至少一种脚本语言，如 MaxScript、Unreal Script、Mel 等。

• 掌握一种编程语言，如 C++、C# 等。

（3）VR 开发工程师

岗位职责

• 基于 Unity3d、UnrealEngine4 虚幻 4 引擎，对接 Occlus、HTC VIVE 等设备的 VR 项目开发。

• 负责相关技术文档的编写。

• 可视化编程平台需求分析与设计。

• 可视化编程平台工具开发与测试。

• 参与 Android VR 平台上业务应用的功能设计及架构规划。

• 负责 VR 客户端相关产品的设计、编码和实现。

• 负责维护、优化客户端软件以及产品的适配和升级。

• 参与和其他团队的沟通协调。

岗位所需要的职业素养及专业技能

• 熟练使用 Unity3d、UnrealEngine4 虚幻 4 开发，熟悉 3D 技术，对基础建模软件（如 3DsMax、Maya）有了解，熟练掌握虚拟现实程序开发模式。

• 精通 C# 或 JavaScript 语言及面向对象编程，有良好的面向对象编码思想，具有严谨的逻辑思维能力。

• 接触过 HTC VIVE/Occlus 等设备开发，有成功产品案例者优先。

• 具有良好的英语阅读能力，了解 C++。

• 善于学习和自我提高，有独立解决问题的能力。

• 有制作的 VR Demo 者优先。

（4）VR 产品经理

岗位职责

• 负责公司 VR/AR 产品设计，包括收集用户需求，整合内外部解决方案，制定产品规划、设计产品功能等。

• 关注 VR 行业动态，进行研究分析，提升公司 VR 产品的先进性、实用性和科技含量。

• 探索国内外先进的 VR/AR 解决方案及其应用领域，结合公司 VR 产品，提出整合方案，高效地完成外部方案或购买产品的集成转化。

• 配合市场部门，调研市场和用户，引导客户需求，汇总客户用户反馈意见，持续优化产品体验。

• 能够撰写高质量的产品方案文档和细化设计文档，与研发部门协调配合，开发完成高质量的产品。

岗位所需要的职业素养及专业技能

•具备优秀的产品／行业敏锐度和对新事物、新产品的认知能力。有 VR 产品或项目工作经验的优先考虑。

•对虚拟现实、人机交互、三维可视化等领域有一定的产品视野，了解行业现状和发展趋势，渴望能够设计出高品质的 VR 产品。

•强烈的钻研精神，包括对内外部产品和解决方案的深入研究。

•具备较强的信息收集能力和相关数据整理、分析能力，对数据敏感，有较强的文字驾驭能力及创意能力；思维清晰，逻辑性强，具备良好的沟通能力、学习能力、分析和解决问题的能力。

6. 人才培养模式

针对 VR 虚拟现实专业特点及企业实际需求，中关村学院和中关村加一战略新兴产业人才发展中心聚合企业技术专家和教学专家为课程设计了全新的人才培养模式，致力于培养懂产品、懂设计、懂技术、懂"VR+"行业的高级 VR3D 美术设计人才、TA 技术美术专业人才、交互及平台发布程序开发高级工程师。以 VR 产业背景为基础，采用校企联合的模式，应用全新教材，依托雄厚师资，产学研相结合，力求打造适应新形势，具有最新思维和技能的 IT 技术人才。

人才培养模式如图 G-2 所示，以就业为导向，以培养全方位、复合型人才为目标，通过企业调研，设计符合企业需求、以项目实践操作为核心的课程体系，通过高校师资和企业师资共同实施，嵌入企业真实项目案例，最终保证学生达到企业用人需求，与企业用人标准零缝隙。

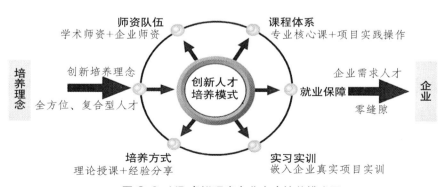

图 G-2　VR 虚拟现实专业人才培养模式图

7. 人才规格

（1）知识结构

① 掌握马列主义基本原理。

②掌握计算机基础知识。

③掌握 3DsMax、Photoshop、AutoCAD、ZBrush 等常用工具软件。

④掌握 VR 虚拟现实中 C#、C++、蓝图（可视化编程）等核心交互技术。

⑤掌握使用 Unity3D、UnrealEngine4 进行 VR 交互项目设计与制作。

（2）能力结构

①具备需求分析能力。

②具备 VR 场景设计能力。

③具备 VR 场景材质能力。

④具备 VR 场景渲染及构建能力。

⑤具备 VR 交互程序开发能力。

⑥具备产品设计能力和软件工程思想。

⑦具备较强的 VR 场景美术与程序开发能力。

（3）素质结构

①热爱祖国，拥护中国共产党，具有坚定的政治立场。

②品行端正，遵纪守法，具有良好的职业道德。

③热爱本职工作，积极上进，具有良好的团队协作能力。

④具备一定的自学能力。

⑤具有一定的商务谈判和销售技巧。

⑥具有优秀的交际能力，语言逻辑性强，良好的客户沟通能力。

⑦具有较强的业务素质和创新能力。

⑧具有健康的体魄，美好的心灵和健康的审美观。

⑨具有较强的心理素质。

（4）专业资格证

证书如表 G-1 所示。

表 G-1　证书

序号	职业资格名称	颁证单位	等级	备注
1	普通话	教育部	2级乙等	必考
2	计算机等级考试	教育部	2级	必考
3	Adobe 交互设计师认证	Adobe	初级	选考

8. 课程体系设计

本专业以职业岗位对实用型人才的职业能力和素质要求为出发点,通过岗位调研、企业调研、从业者调研、毕业生反馈和院校调研等途径,全面了解本专业的人才市场需求情况,确定本专业就业岗位对人才在知识、技能、能力及素质等方面的具体要求,然后经过专业建设指导委员会的反复论证、构造和完善,形成了以就业为导向、以应用为主旨、以能力培养为核心,符合高校教学规律和本专业人才培养目标的课程教学体系。课程体系设计思路如图 G-3 所示。

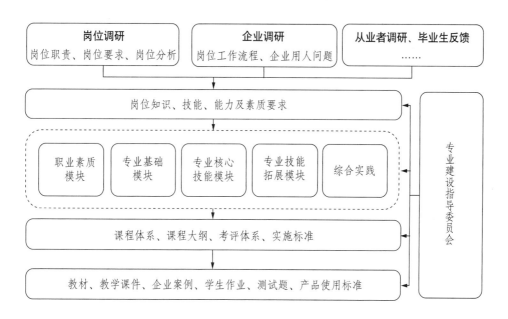

图 G-3　课程体系设计思路图

9. 课程体系

VR 虚拟现实专业课程分为公共课、职业素养课、专业基础课、专业核心课和综合实践课五大模块。本专业总课时为 2962，其中实践性教学占专业课总课时的 78%（见表 G-2）。

表 G-2　VR 虚拟现实专业（专科）课程整体安排表

课程类型	学时分布	学分分布
公共课	682	32
职业素养课	128	8
专业基础课	176	11
专业核心课	696	44
综合实践课	1280	40
小计	2962	135

各模块课程如表 G-3 所示。

表 G-3　VR 虚拟现实专业（专科）课程设置表

课程类型	课程名称
公共基础课程	军训与入学教育 公共英语 思想道德修养与法律基础 毛泽东思想和中国特色社会主义理论体系概论 形势与政策 体育 应用写作 创业教育与职业指导 心理健康教育 艺术修养 计算机应用基础 C 语言程序设计

课程类型	课程名称
职业 素养 课程	职业素养提升——个人部分 职业素养提升——团队部分 职业素养提升——企业部分 职业素养提升——就业部分
专业 基础 课程	3DsMax 建模实战 Photoshop 图像处理实战 材质构图设计实战 灯光渲染设计实战
专业 核心 课程	3D 场景设计实战 VR 场景建模实战 VR 室内场景渲染实战 VR 室外场景渲染实战 VR 引擎场景美术实战 VR 灯光构建实战 VR 交互程序开发实战 VR 技术美术实训 VR 项目开发实训
综合实践课程	顶岗实习 毕业考核

10. 课程介绍

（1）职业素养课（见表 G-4）

表 G-4　职业素养课实训内容表

实训项目名称	职业素养课			
参考学分	8	参考课时	128	开设学期　1、2、3、4
实训目的	通过本实训，要求学生获得沟通与表达、团队协作、责任意识、企业管理制度、企业工作流程、企业人际关系处理、职业发展规划、面试等职业素养知识			

续表

实训项目名称	职业素养课
实训内容	开学典礼、我的大学、安全常识学员礼仪、如何学习、建立自信、战胜自卑、学会感恩、我的团队、团队认知能力训练、团队融入能力训练、团队领导能力训练、赢在沟通、积极聆听、演讲训练、企业架构、企业文化、职业道德、职场礼仪、职场沟通、职场心态、职场发展、快乐工作、职场规划、简历撰写、如何面试、面试技巧、面试常见问题解答、模拟面试、如何通过试用期、如何创业
考核与评定	成绩评定由学生的实训成果、学习表现等方面组成，记分方式为等级方式，分优秀、良好、及格、不及格四个等级

(2) 3D 场景设计实战（见表 G-5）

表 G-5　3D 场景设计实战课程表

学习领域	3D 场景设计实战					
实施学期	三	总学时	64	理论学时	24	实践学时	40
教学方法和手段	案例教学、小组讨论、讲练结合、多媒体教学、实战开发
学习重点	建筑设计场景、室内设计场景、景观设计场景
职业行动能力	照片建模能力、场景设计能力
课程内容	建筑设计场景项目实训	1. 项目分析 2. 建筑场景建模 3. 构图与材质调节 4. 灯光渲染 5. 后期美术处理
	室内设计场景项目实训	1. 项目分析 2. 室内场景建模 3. 家具建模 4. 材质灯光渲染 5. 后期校色效果
	景观设计场景项目实训	1. 项目分析 2. 地形场景建模 3. 添加植物、车、人等景观小品 4. 材质灯光渲染 5. 后期美术
教学基本条件	多媒体教室

（3）VR 场景建模（见表 G–6）

表 G–6 VR 场景建模课程表

学习领域	VR3D 建模					
实施学期	三	总学时	120	理论学时	40	实践学时	80
教学方法和手段	案例教学、小组讨论、讲练结合、多媒体教学、实战开发						
学习重点	建筑室内设计、工业设计、影视等不同客户需求建模技法规范、VR 次世代建模技法与规范						
职业行动能力	产品建模能力、展 UV 贴图能力、高低模制作能力						
课程内容	设计类建模	1. 根据建筑 CAD 图纸按 VR 规范建模 2. 根据室内图纸建模 3. 照片建模					
	工业类建模	1 .POLY 多边形建模 2. 汽车建模技法 3. 雕像建模技法 4. ZB 雕刻建模技法 5. 展 UV 贴图技法					
	次世代建模	1. 精模制作规范 2. 简模制作规范 3. 拓扑技法 1.Substance Designer 制作法线、AO、高光贴图 2. 制作光照 UV					
	模型导出	1.3DsMax 导出到 Unity3D 流程规范 2.3DsMax 导出到 Unreal Engine4 流程规范					
教学基本条件	多媒体教室						

（4）VR 室内场景渲染（见表 G–7）

表 G–7 VR 室内场景渲染课程表

学习领域	3DsMax 室内场景渲染					
实施学期	三	总学时	96	理论学时	32	实践学时	64

续表

学习领域	3DsMax 室内场景渲染	
教学方法和手段	案例教学、小组讨论、讲练结合、多媒体教学、实战开发	
学习重点	主要训练不同空间、不同时间室内场景渲染	
职业行动能力	不同氛围渲染能力、不同风格渲染能力	
课程内容	室内日景渲染	1. 住宅日景渲染 2. 办公日景渲染 3. 展馆日景渲染 4. 商业日景渲染
	室内黄昏渲染	1. 住宅黄昏渲染 2. 图书馆黄昏渲染 3. 展厅黄昏渲染 4. 餐厅黄昏渲染
	室内夜景渲染	1. 别墅夜景渲染 2. 会议室夜景渲染 3. 展馆夜景渲染 4. 商城夜景渲染
教学基本条件	多媒体教室	

（5）VR 室外场景渲染（见表 G–8）

表 G–8　VR 室外场景渲染课程表

学习领域	3DsMax 建筑场景渲染					
实施学期	三	总学时	64	理论学时	24	实践学时	40
教学方法和手段	案例教学、小组讨论、讲练结合、多媒体教学、实战开发					
学习重点	主要训练不同空间、不同时间建筑场景渲染					
职业行动能力	不同氛围渲染能力、不同风格渲染能力					
课程内容	建筑人视日景渲染	1. 别墅日景渲染 2. 公建日景渲染 3. 商业日景渲染 4. 展厅日景渲染				

学习领域	3DsMax 建筑场景渲染	
课程内容	建筑人视黄昏夜景渲染	1. 住宅夜景渲染 2. 商业黄昏渲染 3. 展厅夜景渲染 4. 场馆黄昏渲染
	建筑鸟瞰渲染	1. 住宅鸟瞰渲染 2. 城市鸟瞰渲染 3. 场馆鸟瞰渲染 4. 景观鸟瞰渲染
教学基本条件	多媒体教室	

（6）VR 引擎场景美术（见表 G–9）

表 G–9　VR 引擎场景美术课程表

学习领域	VR 引擎场景美术					
实施学期	四	总学时	48	理论学时	16	实践学时	32
教学方法和手段	案例教学、小组讨论、讲练结合、多媒体教学、实战开发					
学习重点	主要训练在 VR 引擎中拼装场景，设计场景；在引擎中调节材质					
职业行动能力	不同氛围渲染能力、不同风格渲染能力					
课程内容	引擎详解	1. 引擎界面 2. 引擎世界设置与环境				
	引擎场景设计	1. 创建引擎地形 2. 添加花草 3. 添加树木 4. 添加场景道具				
	引擎材质调节	1. 优化整理材质 2. 根据法线、AO 等通道调节程序材质 3. 调节动态材质				
教学基本条件	多媒体教室					

(7) VR 灯光构建（见表 G–10）

表 G–10　VR 灯光构建课程表

学习领域	VR 灯光构建					
实施学期	四	总学时	48	理论学时	16	实践学时	32
教学方法和手段	案例教学、小组讨论、讲练结合、多媒体教学、实战开发					
学习重点	主要训练在 VR 引擎中布置灯光与灯光烘焙技法流程					
职业行动能力	在引擎中设置灯光、灯光烘焙能力					
课程内容	灯光设置	1.灯光类型 2.灯光设置详解				
	灯光烘焙	1.灯光烘焙流程技法 2.构建高质量效果烘焙技法				
教学基本条件	多媒体教室					

(8) VR 交互程序开发（见表 G–11）

表 G–11　VR 交互程序开发课程表

学习领域	VR 交互程序开发					
实施学期	四	总学时	64	理论学时	24	实践学时	40
教学方法和手段	案例教学、小组讨论、讲练结合、多媒体教学、实战开发					
学习重点	主要讲授交互程序开发					
职业行动能力	规划、开发、发布等交互程序					
课程内容	C++ 程序基础	1.C++ 面向对象编程 2.数据结构程序设计 3.基础控件的使用 4.组件的认识 5.向量计算 6.碰撞事件				

续表

学习领域		VR 交互程序开发
课程内容	虚幻引擎图形基础编程	1. 学习虚幻引擎渲染系统 2. HLSL 着色器语言学习 3. FShaderCache 开发学习 4. 基本光照系统开发 5. 代码控制着色器系统
	虚幻引擎可视化蓝图开发	1. 虚幻蓝图设计思想 2. 用蓝图工作 3. 蓝图开发解析
	虚幻引擎 VR 开发	1. 基于 HTC Vive SDK 开发 2. 基于 Oculus SDK 开发 3. 项目打包
教学基本条件	多媒体教室	

（9）VR 技术美术实训（见表 G–12）

表 G–12　VR 技术美术实训课程表

学习领域			VR 技术美术实训			
实施学期	四	总学时	96	理论学时	16	实践学时 80
教学方法和手段	案例教学、小组讨论、讲练结合、多媒体教学					
学习重点	主要综合训练 VR 项目整体实战					
职业行动能力	项目策划、项目管理、团队合作、技术实训					
课程内容	建筑类 VR 项目实战		1. 项目策划 2. 项目分配 3. 项目制作 4. 项目修改 5. 项目成品验收			

297

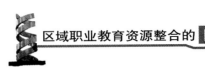

续表

学习领域	VR 技术美术实训	
课程内容	室内类 VR 项目实战	1. 项目策划 2. 项目分配 3. 项目制作 4. 项目修改 5. 项目成品验收
	展览展示类 VR 项目实战	1. 项目策划 2. 项目分配 3. 项目制作 4. 项目修改 5. 项目成品验收
	综合类 VR 项目实战	1. 项目策划 2. 项目分配 3. 项目制作 4. 项目修改 5. 项目成品验收
教学基本条件	多媒体教室	

（10）VR 项目开发实训（见表 G-13）

表 G-13　VR 项目开发实训课程表

学习领域	VR 项目开发实训					
实施学期	四	总学时	96	理论学时	16	实践学时	80
教学方法和手段	案例教学、小组讨论、讲练结合、多媒体教学					

学习领域	VR 项目开发实训	
学习重点	主要综合训练 VR 项目整体实战	
职业行动能力	项目策划、项目管理、团队合作、技术实训	
课程内容	建筑类 VR 项目实战	1. 项目策划 2. 项目分配 3. 项目制作 4. 项目修改 5. 项目成品验收
	室内类 VR 项目实战	1. 项目策划 2. 项目分配 3. 项目制作 4. 项目修改 5. 项目成品验收
	展览展示类 VR 项目实战	1. 项目策划 2. 项目分配 3. 项目制作 4. 项目修改 5. 项目成品验收
	综合类 VR 项目实战	1. 项目策划 2. 项目分配 3. 项目制作 4. 项目修改 5. 项目成品验收
教学基本条件	多媒体教室	

（11）顶岗实习综合实训描述（见表 G–14）

表 G–14 顶岗实习综合实训表

实训项目名称	顶岗实习综合实训描述			
开设学期	五	参考课时	800	参考学分	24
实训目的	1. 增强学生吃苦耐劳精神，锻炼学生承受挫折的心理素质，以利于良好职业首先养成 2. 增加学生对社会的全面了解，丰富学生社会实际经验，提高学生综合素质，进一步增强学生实际操作能力、专业应用能力和岗位适应能力 3. 通过和企业接触与社会交流，改变学生就业观念，培养学生创业精神和创业意识 4. 加强教师与企业的沟通与联系，了解企业对专业人才知识和技能需求，为人才培养方案制订掌握第一手材料			
实训内容	根据专业就业岗位方向，结合顶岗实习单位的实际，提供 VR3D 美术工程师、VR 技术美术、VR 开发工程师、VR 产品经理实习岗位，由学生根据自身特长及兴趣自主选择，实习内容为： 1. 与企业项目经理及其他技术人员沟通 2. 根据需求文档，能够协助制作产品原型 3. 根据项目需求，能够协助制作 VR3D 场景，能够在引擎中设计美化场景 4. 能够使用蓝图制作简单的交互程序 5. 完成项目经理交给的工作			
训练要求	1. 遵纪守法、严格遵守实习单位的规章制度，服务安排，认真完成实习单位工作任务 2. 尊敬师长、团结友爱、正确处理上下级工作关系和人际关系 3. 实习期间认真填写实习日志，实习结束提交《顶岗实习报告》《实习日志》和《实习鉴定表》（须实习单位盖章） 4. 成绩考核：根据学生顶岗实习资料及实习表现按百分制综合评定其毕业顶岗实习成绩			

(12) 毕业设计综合实训描述（表 G–15）

表 G–15　毕业设计综合实训表

实训项目名称	毕业设计			
开设学期	六	参考课时	480	参考学分	16
实训目的	毕业设计是完成教学计划达成培养目标的重要环节，它通过深入实践、了解社会、完成毕业设计任务或撰写论文等诸环节，着重培养学生综合分析和解决问题的能力和独立工作能力；同时，对学生的思想品德、工作态度及作风等方面都会有很大影响。对于增强事业心和责任感，提高毕业生全面素质具有重要意义，是学生在校期间最后学习和综合训练阶段，是学习深化、拓宽、综合运用所学知识的重要过程；是学生学习、研究与实践成果的全面总结；是学生综合素质与工程实践能力培养效果的全面检验；是实现学生从学校学习到岗位工作的过渡环节；是学生毕业及学位资格认定的重要依据；是衡量高等教育质量和办学效益的重要评价内容			
实训内容	1.VR3D 场景设计实训 2.VR 场景渲染实训 3.UE4 交互建筑漫游项目实训 4.UE4 交互综合项目实训			
考核与评定	在各指导老师的指导下按计划有效地完成项目			

11. 教学计划

学校与中关村学院及中关村加一战略新兴产业人才发展中心合作，将传统的学历教育与实用性的 VR 虚拟现实课程相结合。在该专业教学计划中，中关村学院及中关村加一战略新兴产业人才发展中心根据职业需求为学生量身定制专业课程，使学生不仅具有深厚的理论技术水平，同时还能够紧跟行业的发展，学习掌握实用技术，成为企业需要的人才。

本课程体系中课程安排、每门课程的学时数及学生学完考试合格可以获得的学分数如表 G–16 所示。

表 G–16　VR 虚拟现实专业（专科）教学计划表

课程类别	课程名称	学分	总学时	开课学期					
				第一学年		第二学年		第三学年	
				第一学期	第二学期	第三学期	第四学期	第五学期	第六学期
公共基础课程	军训与入学教育	4	82	✓					
	公共英语	8	144	✓	✓				
	思想道德修养与法律基础	3	54	✓					
	毛泽东思想和中国特色社会主义理论体系概论	4	72		✓				
	形势与政策	1	20	✓	✓	✓	✓		
	体育	2	144	✓	✓	✓	✓		
	应用文写作	2	36			✓			
	心理健康教育	2	36		✓				
	艺术修养	1	14	✓					
	计算机应用基础	3	48	✓					
	C 语言程序设计	2	32	✓					
	小计	32	682						
职业素养课程	职业素养提升——个人部分	2	32	✓					
	职业素养提升——团队部分	2	32		✓				
	职业素养提升——企业部分	2	32			✓			
	职业素养提升——就业部分	2	32				✓		
	小计	8	128						

课程类别	课程名称	学分	总学时	开课学期					
				第一学年		第二学年		第三学年	
				第一学期	第二学期	第三学期	第四学期	第五学期	第六学期
专业基础课程	3DsMax 建模实战	3	48		✓				
	材质构图设计实战	3	48		✓				
	Photoshop 图像处理实战	2	32		✓				
	灯光渲染设计实战	3	48			✓			
	小计	11	176						
专业核心课程	3D 场景设计实战	4	64			✓			
	VR 场景建模	8	120			✓			
	VR 室内场景渲染	6	96			✓			
	VR 室外场景渲染	4	64			✓			
	VR 引擎场景美术	3	48				✓		
	VR 灯光构建	3	48				✓		
	VR 交互程序开发	4	64				✓		
	VR 技术美术实训	6	96				✓		
	VR 项目开发实训	6	96				✓		
	小计	44	696						
综合实践课程	顶岗实习	24	800					✓	
	毕业考核	16	480						✓
	小计	40	1280						
合计		135	2962						

12. 教学实施

根据该专业的最终目标：学历＋技能，教学实施的模式也采取分段进行，由理论课和上机课组成。

学生在学习 VR 虚拟现实课程时，使用中关村学院和中关村加一战略新兴产业人才发展中心 VR 虚拟现实配套教材进行学习。

（1）学校教学实施要求

本部分按学校教学实施要求进行。

（2）企业教学实施要求

• 教学环境要求：配有标准教室、投影仪、机房等基本教学环境和工具。

• 岗位要求：本专业实施岗位包括学校教学老师、中心指导员、中心技术专家、中心就业顾问。

（3）学习方式

面授学习，根据课程的设置不同，分别由合作学校、中关村学院和中关村加一战略新兴产业人才发展中心技术专家进行面授教学。

（4）学习支持服务

为学生提供了及时、有效的学习支持和服务。包括：

• 技术专家提供面授辅导，帮助学生答疑解惑；组织学生进行讨论、分享学习的经验。

• 学习过程中，中关村加一战略新兴产业人才发展中心会及时提供优质的学习资源，通过新技术、新知识的讲解，开阔学生的视野，了解技术的发展动向。

• 中关村加一战略新兴产业人才发展中心就业顾问根据课程体系的要求，为学生进行简历书写指导、企业面试指导和模拟面试，并为学生讲解 VR 企业工作环境与工作流程。

13. 毕业标准说明

本专业毕业生最低总学分为 135 学分，学生修完课程，操行评定合格，准予毕业并颁发毕业证书，国家承认其高等教育三年制专科学历。

• 修完规定的所有课程（含实践教学环节），成绩合格，达到 135 学分。

• 取得大学生英语应用能力三级证书。

•按照要求完成项目开发/设计任务。

与上面两个专业一样的培养方式，中关村学院与中关村加一战略新兴产业人才发展中心还为全国特别是京津冀地区的高等职业院校提供了互联网营销、UI 与多媒体交互设计、UE 前端交互设计、跨境电商等专业人才培养解决方案。

参考文献

[1] 方中雄. 京津冀教育蓝皮书 (2016—2017)：京津冀教育发展研究报告——协同发展平台体系建设 [M]. 北京：社会科学文献出版社，2017.

[2] 高兵. 京津冀教育协同发展战略探究 [M]. 北京：知识产权出版社，2016.

[3] 孙善学. 京津冀教育协同发展战略研究 [M]. 北京：首都经济贸易大学出版社，2017.

[4] 张力，李孔珍. 区域教育协同发展的政策方案与理论研究：京津冀教育协同发展对策研究 [M]. 广州：广东教育出版社，2017.

[5] 马树超. 区域职业教育均衡发展 [M]. 北京：科学出版社，2011.

[6] 刘爱玲，薛二勇. 京津冀职业教育协同发展的政策研究 [J]. 北京师范大学学报 (社会科学版),2017(2).

[7] 程恩富，王新建. 京津冀协同发展：演进、现状与对策 [J]. 管理学刊，2015(1).

[8] 王伟哲，闫志利. 京津冀职业教育合作的理论基础与推进措施 [J]. 改革与开放，2015(7).

[9] 王伟哲，闫志利. 京津冀职业教育合作：动因、模式与路径 [J]. 教育与职业，2015(30).

[10] 黄天娥，李冰. 基于文化认同的京津冀职业教育协同发展策略 [J]. 中国职业技术教育，2017(21).

[11] 孔祥清，张蕊. 谈职业教育的资源整合、优化与共享 [J]. 天津职业院校联合学报，2006(4).

[12] 胡秀锦.区域职业教育合作模式与实现机制研究 [J]. 教育发展研究，2012(19).

[13] 李海云.浅析区域职业教育资源的整合与管理 [J]. 当代经济，2013(2).

[14] 胡海锋.区域职业教育资源公共服务平台的构建 [J]. 农村经济与科技，2016(1).

[15] 曹立明，彭天祥.区域职业教育资源整合与现代化职业教育发展 [J]. 江苏开放大学学报，2014(6).

[16] 周劲松.政府主导型区域职业教育资源库建设分析 [J]. 职教论坛，2009(9).

[17] 程洪莉.产业升级过程中北京市海淀区的职业教育发展研究 [J]. 教育与职业，2013(17).

[18] 侯兴蜀.京津冀职业教育协同发展政策研究 [J]. 中国职业技术教育，2016(36).

[19] 荣利颖.京津冀协同发展背景下职业教育的协同发展研究 [J]. 首都师范大学学报 (社会科学版)，2016(2).

[20] 尹利.初探京津冀职业教育合作 [J]. 环渤海经济瞭望，2015(3).

[21] 高兵，李政.京津冀教育协同发展的基本原则与运行机制研究 [J]. 北京教育 (高教)，2015(2).

[22] 郝瑛，王玉.职业教育服务京津冀区域发展对策探析 [J]. 河北能源职业技术学院学报，2014(4).

[23] 高兵.京津冀区域教育空间布局构想 [J]. 北京教育 (高教)，2014(6).

[24] 邱平静.欧盟职业教育跨区域合作启示 [J]. 教育与职业，2014(4).

[25] 田相林.聚焦美国职业教育跨区域合作 [J]. 教育与职业，2014(7).

[26] 王伟哲.京津冀职业教育资源差异及合作机制研究 [D]. 河北科技师范学院，2016.

[27] 张扬.职教园区资源共享机制建设研究 [D]. 浙江工业大学，2011.

[28] 薛二勇，刘爱玲.职教协同发展需政策措施跟进 [N]. 中国教育报，2017-12-19(8).

[29] 刘爱玲.区域教育协同发展进程及特征 [N]. 中国教育报，2017-11-21(8).

[30] 荣利颖, 蔡春. 法治协同：推动区域发展向前走 [N]. 中国教育报, 2017-09-26(8).

[31] 高兵. "破"，是为了更好的立 [N]. 中国教育报, 2017-04-25(8).